KNAUR

Von Sabine Fitzek sind im Knaur Verlag bereits erschienen:
Verrat
Verrückt
Verstorben

Über die Autorin:
Dr. Sabine Fitzek arbeitete nach dem Medizinstudium an den Universitäten Berlin, Erlangen, Mainz und Jena, wo sie sich im Fach Neurologie habilitierte. Danach war sie mehr als zehn Jahre lang als Chefärztin tätig. Heute ist sie Inhaberin einer neurologischen Praxis und schreibt nebenher über gesundheitspolitische Missstände, mit denen sie unfreiwillig immer wieder in Berührung kam und kommt. Überdies berät sie gelegentlich ihren Schwager Sebastian Fitzek zum Thema psychische Extremzustände.

DR. SABINE FITZEK

VERSTORBEN

KRIMINALROMAN

KNAUR

Besuchen Sie uns im Internet:
www.knaur.de

Aus Verantwortung für die Umwelt hat sich die Verlagsgruppe Droemer Knaur zu einer nachhaltigen Buchproduktion verpflichtet. Der bewusste Umgang mit unseren Ressourcen, der Schutz unseres Klimas und der Natur gehören zu unseren obersten Unternehmenszielen. Gemeinsam mit unseren Partnern und Lieferanten setzen wir uns für eine klimaneutrale Buchproduktion ein, die den Erwerb von Klimazertifikaten zur Kompensation des CO_2-Ausstoßes einschließt. Weitere Informationen finden Sie unter: www.klimaneutralerverlag.de

FSC
www.fsc.org
MIX
Papier aus verantwortungsvollen Quellen
FSC® C083411

Originalausgabe Dezember 2021
Knaur Taschenbuch

Ein Projekt der AVA international GmbH
Autoren- und Verlagsagentur
www.ava-international.de
Redaktion: Susanne Wallbaum
Covergestaltung: ZERO Werbeagentur, München
Coverabbildung: sfam_photo / shutterstock.com
Satz: Adobe InDesign im Verlag
Druck und Bindung: CPI books GmbH, Leck
ISBN 978-3-426-52450-3

2 4 5 3 1

PROLOG

Die Nacht ging allmählich in die Dämmerung über. In den hell erleuchteten, im Innern des Gebäudes liegenden Arbeitsräumen der Intensivstation war davon nichts zu bemerken. Der Mann betrat den Raum, betätigte den Hebel des Desinfektionsmittelspenders an der Wand und gab mehrere Hübe in seine linke Hand. Dann desinfizierte er sorgfältig: zunächst die Handinnenflächen, die Außenseiten, die Finger, auch die Zwischenfingerräume, dann die Fingerspitzen und Fingernägel, achtete darauf, dass alles reichlich mit der Flüssigkeit benetzt war, und vergaß auch die Daumenballen nicht, ganz so, wie er es gelernt hatte. Es war ihm zur Routine geworden. Nachdem die Hände getrocknet waren, zog er sich Einmalhandschuhe über, öffnete die Medikamentenschublade und entnahm ihr vier Ampullen. Mit der Eleganz eines Barkeepers, der nachts um vier noch Cachaca, Limette, Rohrzucker und crushed Eis zu einem perfekten Drink mixt, prüfte er die Haltbarkeitsdauer und den Inhalt der Ampullen auf Schwebstoffe, die auf Verunreinigungen hinweisen konnten, indem er jede Ampulle gegen das Licht hielt. Keine Beanstandungen. Aus einem der oberhalb der Ablage angebrachten Kippfächer entnahm er nun zwei 10-ml-Spritzen. Vorsichtig zog er die beiden Papierstreifen am Ende der Verpackung auseinander, um diese so aufreißen zu können, dass der Konus der Spritze beim Herausnehmen steril blieb. In einem zweiten Kippfach waren die grünen 22-Gauge-Kanülen gelagert. Er entnahm eine und verfuhr mit ihr ebenso wie mit der Spritze. Nachdem er Kanüle und Spritze konnektiert hatte, drehte er die erste Ampulle so, dass der rote Punkt, der anzeigte, dass die Sollbruchstelle optimal positioniert war, ihn direkt ansah. Als er den Kopf der Ampulle brach, gab es einen leisen Plopp, als wäre eine Sektflasche entkorkt worden. Mit den übrigen drei Ampullen verfuhr er ebenso. Während er das Metallröhrchen vorsichtig in die Ampulle einführte, achtete er darauf, nicht mit der Kanüle den unsterilen Rand der soeben erbrochenen Glasampulle zu berühren. Mit über Jahren trainierten Fingern zog er den Stempel an und sog damit den Inhalt erst der einen, dann der zweiten Ampulle in die Plastikspritze. Ein schlürfendes Geräusch zeigte jeweils an, dass der gesamte Inhalt einer Ampulle in den Spritzencontainer überführt worden war. Es war nicht ganz zu vermeiden, dass man gegen Ende des Vorgangs auch etwas Luft mit anzog. Prüfend hielt er die Spritze senkrecht gegen das Licht. Mit schnippendem Zeigefinger klopfte er kleine Luftbläschen aus der klaren Flüssigkeit ans obere Ende der Spritze, wo sich die Luft sammeln konnte. Schließlich bewegte er den Stempel der Spritze ein wenig, um das Medikament in den Konus zu drücken. Gerade so viel, dass die Luft entweichen konnte, aber keine Flüssigkeit austrat. Luft zu injizieren, war gefährlich. Es konnte zu Luftembolien kommen. Zwar reichten ein paar kleine Bläschen in einer Spritze dafür nicht aus – es bedurfte schon einer größeren Menge, um einen Tod durch Luftbolus auszulösen –, aber gelernt war nun einmal gelernt. Nachdem er den Inhalt der zwei übrigen Ampullen in eine zweite Spritze aufgezogen und die Kanüle in den Spezialcontainer entsorgt hatte, versah er beide Spritzen mit sterilen Plastikverschlüssen, steckte sie in die Brusttasche seines Kasacks, griff nach einer Hautdesinfektionsflasche, verließ den Arbeitsraum und begab sich ans Bett der Patientin.

Sie schlief, soweit man bei einer komatösen Patientin von Schlaf sprechen konnte. Ihr Brustkorb hob und senkte sich im Rhythmus der pumpenden Geräusche, die die Beatmungsmaschine neben ihrem Bett von sich gab. Kurz betrachtete er die Frau. Ihre Augen waren geschlossen, das Gesicht geschwollen, der gewaltige Körper wölbte sich unter der dünnen Bettdecke. Unter dem kittelartigen Gewand, das man ihr angelegt hatte, war sie nackt. Das war notwendig, um all die Schläuche, die in den Körper hinein- und aus ihm herausgingen, überwachen zu können. Der Monitor oberhalb des Bettes übersetzte die ruhige Herzaktion in einen regelmäßigen 2/2-Rhythmus.

Ein routinierter Blick auf weitere Parameter zeigte dem Mann, dass Sauerstoff- und CO_2-Sättigung im Normbereich lagen, die Beatmungsparameter passten, er regulierte nur den Beatmungsdruck etwas herunter. Erst eine halbe Stunde zuvor hatte er aus dem arteriellen Zugang am Handgelenk eine Blutprobe entnommen, um die Blutgase und die Elektrolyte zu überprüfen: Alles in Ordnung.

Noch einmal desinfizierte er die jetzt behandschuhten Hände, dann trat er an das Bett, ordnete die Schläuche, die zum zentralen Venenkatheter am Hals führten, griff den Dreiwegehahn, nahm den Verschluss, eine kleine rote Plastikkappe, ab, desinfizierte die Ansatzstelle mit dem Sprühdesinfektionsmittel, setzte die Spritze an, drehte den Dreiwegehahn so, dass der Weg von der Spritze zum Venenkatheter frei war, und verabreichte den Inhalt der ersten, dann der zweiten Spritze. Durch Öffnen des Ventils an der laufenden Infusion und erneutes Betätigen des Dreiwegehahns, sodass jetzt der

Weg von der laufenden Infusion zum Patienten freigegeben war, sorgte er dafür, dass das Medikament rasch in den Kreislauf gespült wurde und nicht im Schlauch des zentralen Venenkatheters verweilte. Dann verschloss er den Zugang mit einem frischen Stopfen, regulierte das Ventil der Infusion wieder auf weniger Durchfluss, löschte das Licht und verließ den Raum.

Wenige Minuten später riss der gellende Ton des Notfallalarms die Intensivstation aus dem Schlaf.

KAPITEL 1

Die Nachtbeleuchtung ließ nur seine Umrisse erkennen. Nahezu reglos kauerte er neben dem Bett auf einem Sessel. Die Vorhänge am Fenster waren nicht geschlossen, aber von draußen drang kein Licht in den Raum. Das Blinken der Überwachungsgeräte, die hygienisch glatten Oberflächen aus Metall und Kunststoffen, das Pfeifen der Beatmungsmaschinen, ein gelegentlicher Alarm oder ein kurzes Stöhnen in einer ansonsten stillen und fremden Welt. Manchmal hatte Martin das Gefühl, dass ihm die Wirklichkeit zusehends entglitt. War er hier tatsächlich in einem Krankenhaus? Es hätte auch ein Raumschiff sein können, irgendwo im Weltraum, da, wo Raum und Zeit ineinander übergingen und die Realität nur eine von vielen Parallelwelten war.

Martin Langer sah auf sein Smartphone: kurz vor zwei Uhr. Er fröstelte trotz der Einmaldecke, die ihm jemand gereicht hatte. Um diese Zeit war es immer am schwersten, wach zu bleiben. Die Augen fielen automatisch zu, und er nickte immer wieder ein, träumte wirres oder beängstigendes Zeug. Trotz seiner Müdigkeit wäre er lieber wach geblieben. Mehr als einmal hatte ihm eine besorgte Krankenschwester geraten, doch nach Hause zu gehen, ein paar Stunden zu schlafen und dann erfrischt wiederzukommen.

Wenn er das nur gekonnt hätte! Er wusste, zu Hause angekommen, würde er kein Auge zutun, er wäre in Gedanken immer hier bei ihr am Krankenbett, hätte Sorge, genau in diesem Moment etwas Wesentliches zu verpassen, wobei er sich nicht gestattete, darüber nachzudenken, was »das Wesentliche« denn genau wäre.

Begonnen hatte das Drama vor Monaten. Franka hatte sich nicht fit gefühlt, aber sie hatten das auf die Arbeit, auf das Wetter und auf alles andere geschoben, was einem so als Ausrede einfiel, wenn sich etwas ereignete, das man nicht wahrhaben wollte. Er quälte sich mit dem Gedanken, dass er als Arzt es doch besser hätte wissen müssen. Im Nachhinein lag alles unverkennbar auf der Hand: die Kurzatmigkeit beim Treppensteigen, das Fieber, das kam und ging. Nicht, dass er sie nicht gedrängt hätte, zum Arzt zu gehen. Das hatte er, aber nicht mit genug Nachdruck. Der war in der Geschäftigkeit des eigenen Alltags untergegangen. Außerdem fehlte einem im Privaten die Distanz zu den Dingen. Die brauchte man aber, um die medizinischen Fakten zu einem Bild zusammenzufügen. Nicht umsonst hieß es, dass man nie seine eigenen Angehörigen behandeln sollte. Dennoch. Er konnte sich das nicht verzeihen. Er hätte sich durchsetzen müssen, mehr Druck aufbauen. Hatte er aber nicht.

Es war eine bakterielle Herzklappenentzündung gewesen, und als Franka endgültig zusammenbrach, waren die Herzklappen nicht mehr zu retten gewesen. Man hatte sie zwar durch eine Operation restaurieren können, aber es war zu großen septischen Infarkten im Gehirn gekommen. Embolien hatten sich von den entzündeten Herzklappen gelöst, waren vom Blutstrom ins Gehirn verschleppt worden und hatten dort verheerenden Schaden angerichtet. Als die beiden großen Krisen, die Operation und die Sepsis, überstanden waren und es ihr immer noch nicht besser ging, waren schließlich MRT-Bilder vom Kopf angefertigt worden, die das

Ausmaß der Schäden begreifbar machten. Franka würde sich nie wieder ganz erholen können.

In den folgenden Tagen hatte Martin quälende Zwiegespräche geführt. In seinen Träumen waren sie durch Wälder und Wiesen gelaufen, und er hatte auf sie eingeredet wie auf einen lahmen Gaul. Mit dem Mut der Verzweiflung hatte er versucht, ihr einen Kuhhandel aufzuzwingen: Mit wie viel Behinderung im Alltag wäre sie bereit, sich abzufinden? Mit einer Lähmung? Mit dem Rollstuhl? Mit einer Sprachstörung? Aber Franka hatte in diesen Albträumen nie geantwortet, sie war einfach lachend weitergegangen. Einmal hatte sie ihm den Finger auf den Mund gelegt und ihm bedeutet zu schweigen.

Irgendwann waren diese Träume einfach weggeblieben. Und nun ging es nur noch ums nackte Überleben. Franka lag seit mehr als vier Wochen im Koma, wurde von einer Maschine beatmet und war, obwohl sie schon eine Woche lang keine Betäubungsmittel mehr erhielt, noch nicht wieder aufgewacht. Jeder weitere Tag, der verstrich, das wusste Martin, minderte ihre Chancen. Noch hatte ihn keiner der Kollegen auf die Frage des Organspendens angesprochen. Der nüchterne Anteil in ihm wusste, das würde kommen. Ein anderer, irrationaler Teil rebellierte heftig und sagte, dass das ein gutes Zeichen sei, weil es eben noch nicht so schlecht um sie stehe.

Er stand auf und strich Franka sanft über die Wangen. Wie schmal sie geworden war. Franka war immer schlank gewesen, klein und zartgliedrig, aber jetzt brachte sie wohl kaum noch 45 Kilo auf die Waage. Wie eine Elfe lag sie da in dem für sie zu großen Bett, blass, schon fast ein Wesen aus einer anderen Welt, und jeder einzelne der vielen Schläuche, die aus ihr heraus- und in sie hineingingen, quälte ihn, ein Martyrium, das sie nicht gewollt hätte. Er litt mit ihr, und jeder neue Stich durch ihre wunderbar zarte und weiche Haut, um ihr eine weitere Infusion, eine arterielle Blutdrucküberwachung, oder was sonst für notwendig erachtet wurde, zu legen, schmerzte ihn. Und stach wieder einmal ein Anfänger oder ein ungeschickter Kollege, ohne nachzudenken, vier-, fünfmal zu, bis er endlich traf, hätte Martin ihn erwürgen können. Ausgerechnet er, der als Anästhesist und Intensivmediziner genau dies bei fremden Menschen, ohne mit der Wimper zu zucken, selbst Tag für Tag getan hatte, musste jetzt wegsehen oder das Zimmer verlassen, wenn sie sich an seiner Frau zu schaffen machten.

Martin ging auf den Gang hinaus, um sich etwas die Beine zu vertreten. Die Füße waren ihm in der unbequemen Sesselposition eingeschlafen und zwiebelten. Zwölf Betten wies die Interdisziplinäre Intensivstation auf, in sechs Räumen aufgereiht und von einem langen Gang aus erschlossen. Am Ende des Ganges folgten der Schwesternsitz und dahinter der Arbeitsraum mit den Medikamenten und Vorräten. Auf der anderen Seite des Ganges lagen Toiletten, Bäder, Arztzimmer, weitere Versorgungsräume, Treppenhaus und Aufzug. Die einzelnen Patientenzimmer waren untereinander und vom Flur durch Glaswände abgetrennt. Man hatte bei der Konzeption wohl beabsichtigt, dass wenig Personal die gesamte Station überblicken konnte. Es gab zwar Jalousien vor den Glasscheiben, aber die blieben meist hochgezogen. Im Angesicht des Leids, das sich hier abspielte, rückten Fragen der Diskretion zugunsten der Praktikabilität in den Hintergrund. Wenn man mehrere Patienten in mehreren Räumen zu versorgen hatte, dann musste man den Überblick bewahren.

Martin hatte festgestellt, dass er dünnhäutiger war als früher. Manche Ärzte und Pflegekräfte achteten trotz der üblichen Hektik einer solchen Station auf Diskretion. Sie zogen bei Verrichtungen am Patienten die Jalousien zu oder stellten Paravents auf. Andere verschwendeten an solche Dinge keinen Gedanken. Martin befürchtete, dass er bisher zur zweiten Gruppe gehört haben könnte. Manchmal fragte er sich, ob er überhaupt jemals wieder als Arzt auf einer Intensivstation würde arbeiten können.

Von der Decke hingen gewaltige Ampeln, die die Infusomaten und alles, was man direkt am Bett benötigte, aufnahmen. Überall fehlte es an Platz, wie auf fast allen Intensivstationen, die ja meist nachträglich in alten Gebäuden eingerichtet wurden. Aber selbst neu gebaute Räumlichkeiten waren nicht selten unzulänglich, weil sich die Vorgaben der Architekten mehr an finanziellen Eckpfeilern, an Hygiene- und Brandschutzvorschriften und an Raumnormen für öffentliche Gebäude orientierten als an alltagsarbeitstechnischen Notwendigkeiten. Martin hatte schon auf vielen Intensivstationen gearbeitet, aber keine war optimal konzipiert gewesen. Hier war der viel zu weit entfernte Arbeitsplatz der Pflege das Problem. Die liefen sich die Füße wund, weil die Medikamente und viele der notwendigen Pflegeutensilien am anderen Ende des Flures gelagert wurden. Um sich zu behelfen, hatten sie in jedem Raum einen kleinen Rollschrank mit den notwendigsten Dingen sowie Notfall- und Tagesmedikamenten für den jeweiligen Patienten abgestellt. Eigentlich durften Medikamente nicht frei zugänglich sein, aber irgendwie musste man sich ja den Alltag erträglich einrichten, und die Patienten dieser Station waren in der Regel nicht in der Lage, aufzustehen und Medikamente zu entwenden.

KAPITEL 2

Mittlerweile kannte Martin Langer jeden Pfleger, jede Schwester, jeden Arzt, jede Putzfrau und die meisten Patienten. Da war zum Beispiel der unstete Pfleger Maik, ganz der Technik- und Computerfreak, immer dabei, wenn es etwas zu erklären oder zu managen gab. Mit sämtlichen medizinischen Apparaten kannte er sich exzellent aus. Am liebsten hatte er es, wenn er eine Gruppe von Gesundheits- und Krankenpflegern in Ausbildung oder ganz junge Ärzte um sich scharen konnte. Dann konnte er glänzen, konnte auch gegenüber dem Arzt den Ton angeben, der frisch von der Uni kam, in der Praxis noch kaum Erfahrung hatte und froh war, wenn ihn jemand an die Hand nahm. Auch unter seinen Kollegen war dieser Maik geachtet, wenngleich nicht unbedingt beliebt, wie Martin meinte beobachtet zu haben.

Martin hatte sich längst seinen Reim auf ihn gemacht: einer von den geltungsbedürftigen Männern, die in der Intensivmedizin oder im Rettungsdienst zu kleinen Königen wurden. Das begrenzte Spezialwissen über Reanimation und die Geräte einer Intensivstation konnte man sich aneignen, und die Kehrseite der Medaille war ja: Zauderer konnte man im Notfall eben nicht brauchen. Hier waren Menschen gefragt, die nicht zögerten und diskutierten, sondern rasch Entscheidungen trafen. Das allerdings förderte einen bestimmten Typ Mensch, den Martin unsympathisch fand.

Er hatte mehr beobachtet und gehört, als ihm lieb war. Wenn Maik zur Pflege bei seiner Frau eingeteilt war, war er unruhig. Dann ging er gar nicht nach Hause. Er fand ihn in der Pflege zu ruppig, zu wenig zartfühlend.

Schwester Mareike war das genaue Gegenteil. Martin hatte sie ins Herz geschlossen. Sie ging sanft mit den Patienten um, nahm sich Zeit bei der Versorgung, ihre Maßnahmen hatten mehr von Meditation als von Arbeit. Ihre ruhige Art, die sie umgab wie eine Aura, schien auf die Patienten abzufärben. Bei der Körperpflege stellte sie leise Musik an. Sie wusch mit ruhigen und sicheren Handgriffen, und anschließend massierte sie mit Aromaöl: Rosenholz, Kamille oder Lavendel zur Entspannung am Abend, Lemongras, Limette oder Myrrhe zur Anregung am Morgen. Wenn Mareike Nachtdienst hatte, dann warf nicht selten eine Snoezellampe wechselnde Farbringe an die Decke. Das sollte beim Einschlafen helfen.

Martin, der als Arzt solch psychedelisches Arbeiten früher immer als Hokuspokus abgetan hatte, hatte es jetzt zu schätzen gelernt. Er konnte ja beobachten, wie Franka darauf reagierte. Als Schulmediziner wusste er, dass all diese Maßnahmen nicht evaluiert waren, aber schließlich gab es auch in der Schulmedizin reichlich Dinge, die immer schon so gemacht wurden und die noch nie jemand überprüft hatte. Dankbar ließ er sich von Mareike kühlendes Pfefferminzöl geben, um Franka damit zu massieren, wenn sie wieder einmal von Fieber geschüttelt wurde, das die Medikamente nur für kurze Zeit senken konnten. Vielleicht war es auch einfach das Gefühl, etwas tun zu können. In einer Situation, der man ansonsten hilflos ausgeliefert war, gab einem das Einreiben mit Pfefferminzöl ein klein wenig Autonomie und ein Quäntchen Selbstwirksamkeit zurück. Das war erbärmlich, er wusste es. Aber es half.

Martin griff nach der Hemdtasche. Er hatte Zigaretten und Feuerzeug vergessen. Also machte er kehrt, um sie zu holen. Aus dem Nachbarzimmer winkte ihm Frau Wohlgemut einen matten Gruß zu. Gestern Vormittag noch hatten sie sich unterhalten können, jetzt kämpfte sie mit ihrer Atmungsunterstützung durch die Maskenbeatmung. NIV nannte man das, »non-invasive ventilation«. Anstrengend und unangenehm, weil die Maske sehr fest auf Mund und Nase sitzen musste und der Patient dabei wach war. Aber viel schonender für die Lungen als eine richtige Beatmung, bei der der Patient in ein künstliches Koma versetzt wurde und die Maschine über einen Plastikschlauch, der in der Luftröhre platziert war, mit Überdruck Luft in die Lunge pumpte.

Erst heute Morgen hatte man Frau Wohlgemut den Tubus aus den Luftwegen entfernt. Nach dem Rückfall gestern Abend konnte man jetzt noch nicht mehr erwarten, aber warum war es überhaupt zu diesem Rückfall gekommen? Martin, der hier Angehöriger war, hatte keinen Einblick in fremde Krankenakten und konnte nur auf seine Beobachtung vertrauen, aber die hatte etwas anderes prognostiziert. Frau Wohlgemuts Zustand hatte sich in der vergangenen Woche kontinuierlich gebessert. Sie war bereits einige Schritte ums Bett gegangen, hatte stundenweise im Sessel sitzen können, und er hatte immer wieder einmal ein Schwätzchen mit ihr gehalten.

»Ich werde bald von der Intensivstation entlassen«, hatte sie ihm noch gestern Morgen zugeraunt. Sie freute sich so sehr auf zu Hause. Sie hatte sich auf ihre alten Tage ein neues Auto geleistet, und die Kinder hatten versprochen, sie damit vom Krankenhaus abzuholen.

»Stellen Sie sich vor, Herr Langer, da wird man alt wie ’ne

Kuh und hat noch nie ein nagelneues Auto gehabt.« Dabei hatte sie laut gelacht, ein noch etwas krächzendes, heiseres und trotzdem ansteckendes Lachen. Eine fröhliche Frau mit einer netten Familie, die sich liebevoll um sie kümmerte. Jeden Tag war jemand da gewesen, und Martin hatte amüsiert beobachtet, wie Frau Wohlgemut selbst noch vom Krankenbett die Fäden in der Hand behielt. Sie war eindeutig das Oberhaupt dieser Sippe.

Eigentlich hatte sie nur eine Hüftoperation gehabt. Aber danach war es ihr nicht gut gegangen. Wahrscheinlich lag es an ihrem Lungenemphysem, mutmaßte Martin. Jedenfalls war sie nun schon seit Wochen auf dieser Intensivstation. Gestern dann die überraschende Verschlechterung. Man hatte sie in der Nacht reanimieren müssen. Maik hatte wohl wieder einmal einen großen Auftritt gehabt, das hatte Martin Schwestern hinter vorgehaltener Hand flüstern hören. Er selbst war zu dieser Zeit einige Stunden zu Hause gewesen, und als er wiederkam, hing Frau Wohlgemut schon wieder am Beatmungsgerät. Was nur die Ursache dieser Verschlechterung gewesen war, die sich andererseits so rasch hatte beheben lassen, dass man Frau Wohlgemut heute schon wieder hatte extubieren können? Martins berufliches Interesse war geweckt, aber er hatte nichts aufschnappen können, und fragen wollte er nicht, der Fall ging ihn nichts an.

KAPITEL 3

Martin schlenderte über den Flur zu der überdachten Stahlplattform, wo er eine Zigarette rauchen konnte. Sie führte über eine Treppe in den Garten. Eigentlich hatte Martin sich das Rauchen vor Jahren abgewöhnt, aber jetzt war er rückfällig geworden und rauchte mehr als je zuvor. Trotz eines unübersehbaren Verbotsschildes trafen sich hier vor allem nachts fast alle Schwestern und Pfleger in kurzen Pausen, um eine zu schmöken, bei einer Tasse Kaffee in den Himmel zu schauen und den neuesten Klatsch auszutauschen. Nicht, dass sie viel mit ihm gesprochen hätten, aber sie störten sich auch nicht an seiner Anwesenheit. Meist schien es so, als hätten sie vergessen, dass er da stand, und er war viel zu zurückhaltend und zu sehr mit sich und seinen eigenen Gedanken beschäftigt, um ein Gespräch anzufangen.

Offenbar war heute die Reanimation der letzten Nacht Gesprächsthema. »Das kann mir jetzt doch keiner erzählen, das ist doch nicht normal …«, hörte er eine Schwester aufgeregt zischen. Alles Weitere ging im Gemurmel unter. Martin nahm sich einen der Plastikstühle, setzte sich etwas abseits der Schwestern und Pfleger und versuchte, nicht mitzubekommen, worüber sie redeten.

Die Nacht war für die Jahreszeit angenehm warm, eigentlich zu warm. Von einer Strauchgruppe zur Rechten wehte der Duft von blühendem Flieder herüber und versetzte ihm einen Stich. Warum erinnerte ihn alles immer an Franka? Manchmal schien es ihm, als würde er sich so von ihr verabschieden. Von dem gemeinsamen Leben, den gemeinsamen Erinnerungen. Musste er das alles noch einmal in Gedanken durchleben, um sie gehen lassen zu können? Oft waren es Dinge, die keine besondere Bedeutung hatten, irgendwelche alltäglichen Gespräche oder Begebenheiten. So wie die Sache mit dem Flieder. Sie hatte vor einigen Jahren unbedingt einen Flieder im Garten pflanzen wollen. *Warum ausgerechnet jetzt noch einen Flieder?*, hatte er gefragt. *Der Garten ist doch so, wie er ist, perfekt! Wo soll denn da noch ein Flieder Platz finden?*

Ich mag den Geruch, hatte Franka lachend geantwortet und das Platzproblem durch Nichtbeachtung vom Tisch gefegt. *Er erinnert mich an meine Kindheit.*

Ihn hatte der intensive Fliedergeruch jetzt an diesen Streit erinnert. Der Garten war ihr Refugium. Da nahm er nur Aufträge entgegen, für grobe Arbeiten, die ihr schwerfielen. Bäume fällen, Kompost umschichten und so weiter. Aber er liebte es, mit ihr zu streiten. Sie waren in vielen Dingen so unterschiedlich, und es war ihnen ein Vergnügen, das immer wieder festzustellen, sich an der Andersartigkeit zu erfreuen und sie als Bereicherung zu begreifen. Aus seiner eher sachlichen Betrachtungsweise heraus war der Garten komplett, da war nirgendwo mehr Platz für eine neue Pflanze. Und wenn er etwas hätte umgestalten wollen, was ihm nicht in den Sinn gekommen wäre, dann hätte er erst einmal einen Plan gemacht. Nicht so Franka. Sie kaufte nach Gefühl und überlegte dann, wo die Pflanze noch Platz finden könnte. Und wo kein Platz war, wurde welcher geschaffen, in tagelangen Grabe- und Pflanzorgien, aus denen sie erschöpft, aber glücklich hervorging.

Martin lächelte. Schade, dass auf der Intensivstation keine

Blumen erlaubt waren. Sonst hätte er ihr morgen einen Strauß Flieder mitbringen können. Vielleicht würde er einfach einen kleinen Zweig mitbringen und sie heimlich daran riechen lassen. Oder hatte Schwester Mareike auch Fliederduftöl in ihrem Repertoire? Vielleicht konnte Franka dann wenigstens im Traum in ihre glückliche Kindheit wandern. Der Gedanke gefiel ihm.

Gegen vier, er hatte längst wieder in seinem Sessel neben Frankas Bett Platz genommen, schreckte Martin aus einem kurzen, aber tiefen Schlaf hoch und schaute sich irritiert um. Im ersten Moment wusste er nicht, wo er war. Im Nachbarzimmer war das Licht angegangen. Offenbar sah Pfleger Maik nach der schlafenden Frau Wohlgemut, deren Atmungsparameter sich nach der Maskenbeatmung so weit gebessert hatten, dass sie ohne weitere Atemhilfe hatte einschlafen können. Es schien alles in Ordnung zu sein, denn das Licht ging wieder aus, und Maik verließ den Raum. Wenig später schrillte der Alarm. Ein sirenenartiger, durchdringender Ton erfüllte die Station. Und dann ging alles sehr schnell. Im Nachbarraum entstand professionelle Betriebsamkeit. Schwestern und Pfleger kamen angelaufen. Das Reanimationsbrett wurde aus dem Flur, wo es griffbereit an der Wand hing, herbeigeholt und unter Frau Wohlgemut geschoben. Jemand begann mit der Herzdruckmassage, Pfleger Maik kam mit dem Notarztrucksack angerannt und rief: »Weg da, mein Patient!« Die anderen wichen zurück. Binnen weniger Sekunden verwandelte sich die Station von einem ruhig in der Ewigkeit dahingleitenden Raumschiff in einen Hexenkessel. Alle kämpften um das Leben der Frau.

Martin wandte sich traurig ab. Da hatte Frau Wohlgemut es

offenbar doch nicht geschafft. Er hatte unzählige Reanimationen gesehen und selbst durchgeführt. Jetzt und hier hatte er eine andere Position. Die des Beobachters, die des Angehörigen, die des Mitleidenden, und der wollte sich abwenden und die Augen schießen, wollte die Brutalität des Wiederbelebungsaktes, der auf brechende Rippen keine Rücksicht nehmen konnte, nicht mehr sehen.

Sein Blick fiel auf Frankas Gesicht. Sie hatte die Augen weit offen, als hätte der Notfall sie geweckt und beunruhigt. Ein trügerischer, scheinbarer Blick, hinter dem am Ende doch wieder nur das endlose Koma lag; ein Blick ohne Seele, aus Augen, die langsam von einer Wand zur nächsten schauten, als wollten sie die Situation erfassen oder kommentieren, die aber doch nicht sahen. »Schwimmende Bulbi« hieß das in der medizinischen Fachsprache, und es besagte nichts Gutes. Jetzt sagte es ihm: *Es ist genug.*

Wieder wanderte sein Blick in den Nebenraum, wo die Reanimation noch im vollen Gange war. Mit einem Mal fühlte Martin sich ruhig und klar. Während er das hektische Kommen und Gehen im Nachbarzimmer mit neuer Distanz aus den Augenwinkeln beobachtete – trotz aller Routine sah es von außen betrachtet aus wie das organisierte Chaos –, erledigte er letzte Dinge am Bett seiner Frau, zog die Bettdecke glatt, strich ihr noch einmal über das ehemals volle, gelockte dunkle Haar, das jetzt in fettigen Strähnen an ihrem Kopf klebte, küsste sie und verabschiedete sich mit einem letzten zärtlichen Blick. Schließlich wandte er sich ab und verließ die Intensivstation ohne Hast. Niemand sah ihn, niemand hätte zu sagen gewusst, wann er gegangen war, ob er überhaupt da gewesen war. Zu sehr war er in den letzten Wochen mit der Station verschmolzen, war Teil von ihr geworden. Martin

Langer hatte Abschied genommen. Er würde nicht wiederkommen. So lange hatte er mit dieser Entscheidung gerungen, jetzt konnte er seinen Frieden damit machen.

Erneut durchbrach der schrille Ton der Notrufalarmanlage der Intensivstation die Stille. Wieder ein Notfall! Martin zögerte kurz, dann zog er die Tür der Intensivstation energisch hinter sich ins Schloss. Es war ihm, als streife er die Erlebnisse der vergangenen Wochen wie eine alte Haut ab. Draußen vor dem Haupteingang zündete er sich eine letzte Zigarette an. Er würde wieder aufhören zu rauchen. Die noch kühle Morgenluft tat ihm gut. Auf einmal spürte er die Müdigkeit der letzten Wochen. Er sehnte sich nach seinem Bett, wollte jetzt nur noch nach Hause. Auf halbem Weg zum Parkplatz besann er sich, drehte um und suchte einen Weg über die Grünanlagen zur Rückseite des Gebäudes. Er musste nicht lange suchen, der Fliederduft wies ihm den Weg. Er brach einen Ast. Der intensive, beinahe strenge Duft nahm ihm fast den Atem, ein Geruch von Tod, Abschied und von Trost.

KAPITEL 4

Als gegen sechs Uhr das Telefon klingelte, ahnte Kerstin Lauterbach sofort, dass etwas Schlimmes passiert war. Warum sollte sonst jemand um diese Uhrzeit anrufen?

»Hier ist Schwester Laura von der Intensivstation des Moabiter Krankenhauses. Spreche ich mit Frau Kerstin Lauterbach?«

»Ja«, antwortete Kerstin, »ist etwas mit meiner Mutter?«

Eine kurze Stille entstand.

»Ich muss Ihnen leider mitteilen, dass Ihre Mutter vor wenigen Minuten gestorben ist. Sie hatte einen Herzstillstand. Es tut mir sehr leid. Wir haben alles versucht, sie aber nicht mehr zurückholen können.«

Zurückholen, ein unpassender Begriff, dachte Kerstin. *Er suggerierte, dass der Mensch eigentlich schon »drüben« gewesen war, »auf der anderen Seite des Jordans, im Reich des Hades«.* Sie war selbst ausgebildete Krankenschwester. Sie wusste, dass man niemanden, der die Schwelle des Todes einmal überschritten hatte, »zurückholen« konnte. Allenfalls in der Übergangsphase konnte man das Segel noch herumreißen. Aber was sollte die Haarspalterei in diesem Moment, in dem sie von der Flut ihrer Gefühle fast mitgerissen wurde?

Aber warum? Es ging ihr doch schon wieder so gut, dachte sie immer wieder, während sie ihren Bruder Manfred und die Schwägerin anrief, um sie zu informieren. Noch am Abend, bevor sie selbst schlafen gegangen war, hatte sie auf der Station angerufen, um der Mutter eine gute Nacht zu wünschen.

Wenn die Pflege nicht zu beschäftigt war, dann reichten sie ihr manchmal das mobile Stationstelefon ans Ohr, damit sie kurz miteinander sprechen konnten. »Geht leider nicht, sie schläft schon«, hatte Pfleger Maik gesagt, »alle Parameter sind so weit im Normbereich, aber sie war sehr müde, das ›Niven‹ hat sie sehr angestrengt.«

Dafür hatte Kerstin Verständnis gehabt, sie wusste, wie unangenehm der Mutter die Maskenbeatmung war. Und wenn sie schlief, dann war das sehr gut. Sie hatte nicht gewollt, dass man ihre Mutter extra weckte. Jetzt wünschte sie sich nichts mehr, als dass sie darauf bestanden hätte, sie zu sprechen.

Kerstin Lauterbach war eine etwas stämmige, nicht sehr große Frau Ende dreißig, die von Fremden oft falsch eingeschätzt wurde. Sie wirkte durchsetzungsstark, ja rabiat. Der kräftige Körperbau, der zweifarbige Raspelhaarschnitt, die vielen Tattoos auf brauner Lederhaut, wie sie nur intensives Nutzen eines Bräunungsstudios hervorrufen konnte, die Piercings in Zunge, Nase und Ohren und die Narben auf den Unterarmen – Relikte aus Zeiten in ihrer Jugend, als sie sich geritzt hatte – gaben ihrer Gesamterscheinung etwas Hartes, Wehrhaftes, und ihre Vorliebe für schwarze Kleidung und derbe Stiefel trug erst recht zu dieser Fehlwahrnehmung bei. In Wirklichkeit war Kerstin von sanftem, scheuem Wesen und kämpfte zeit ihres Lebens damit, sich gegen andere durchzusetzen, von ihnen als eigenständige Person mit eigenen Bedürfnissen wahrgenommen zu werden. Wobei das Hauptproblem wohl darin bestand, dass sie sich selbst lange nicht als ein solches Wesen hatte sehen können. Nach mehreren gescheiterten Beziehungen zu Männern, die sie ausgenutzt und missbraucht hatten, unglücklichen Versuchen auch mit Frauen, zwei Psychotherapien, Bergen von Antidepressiva und einigen einsamen Jahren hatte sie endlich Tom kennengelernt, ihren jetzigen Ehemann, der ihre Leidenschaft für Heavy Metal und Labradore teilte, aber auch nichts gegen eine dauerhafte Beziehung und Kinder einzuwenden gehabt hatte. Ein Mann, der sich um ihr Wohlergehen sorgte – ein Umstand, der sie immer wieder in Erstaunen versetzte. Wenn Kerstin morgens aufwachte, dann suchte ihr erster Blick im Nachbarbett nach ihm. Sie konnte ihr Glück noch immer nicht fassen und befürchtete insgeheim, eines Morgens feststellen zu müssen, dass alles nur ein schöner Traum gewesen war.

Zu ihrer Mutter hatte Kerstin ein enges Verhältnis. Die Mutter hatte genau wie sie selbst unter dem brutalen Ehemann, Kerstins Vater, gelitten und war, im Gegensatz zu anderen Familienmitgliedern, die Einzige, die verstanden hatte, dass Kerstin diese Rüstung brauchte, um in der Welt zu überleben. Es verging kein Tag, an dem die beiden nicht telefonierten. Eigentlich war die Mutter mit ihren siebzig Jahren noch nicht alt und recht gesund. Sicher, sie rauchte seit ihrer Jugend, und ihre Stimme hörte sich an wie ein Reibeisen, rau und laut, aber sie war nie ernsthaft krank gewesen, und die Hüftoperation war ein Routineeingriff, zu dem Kerstin, die Krankenschwester in der Familie, sie hatte überreden müssen. Zu lange hatte sie sich schon mit diesen Schmerzen geplagt, und so eine OP war doch heute keine große Sache mehr. Das hatten sie jedenfalls gedacht. Kerstin wurde einfach das Gefühl nicht los, dass sie schuld war am Tod ihrer Mutter. Ohne ihr ständiges Drängen hätte die sich nie operieren lassen.

Zwei Stunden später fand sich die Familie, Kerstin, ihr Mann, ihr Bruder und ihre Schwägerin, deren Töchter und ihre eigenen zwei Söhne, auf der Intensivstation ein, um Abschied zu nehmen.

»Wir haben wirklich alles nur Mögliche getan«, bestätigte ihnen der Oberarzt. »Gestern Abend ging es ihr eigentlich wieder ganz gut. Wenn wir ehrlich sind, wissen wir nicht, was in der Nacht passiert ist. Vielleicht eine Lungenembolie, vielleicht ein Herzinfarkt. Jedenfalls hat das Herz plötzlich aufgehört zu arbeiten, und trotz sofortiger Reanimation hat es nicht wieder zu schlagen begonnen. Wir haben eine Stunde lang um sie gekämpft, mussten aber irgendwann aufgeben. Wenn wir wirklich wissen wollen, was zu ihrem Tod geführt hat, müssten wir eine Obduktion beantragen. Dafür bräuchten wir Ihr Einverständnis.«

Die Angehörigen sahen einander fragend an. Jetzt, in diesem Moment, fühlten sie sich von dieser Entscheidung überfordert. Schließlich sagte Kerstins Bruder Manfred: »Das bringt sie uns doch auch nicht zurück.«

Seine Frau Petra stimmte ihm zu.

»Ich glaube nicht, dass sie das gewollt hätte«, stieß die Nichte Lisa hervor. Man konnte sie kaum verstehen, sie kämpfte mit den Tränen.

Wahrscheinlich haben sie recht, dachte Kerstin und unterdrückte ein leises Unbehagen, das sie nicht recht einordnen konnte, dem sie jetzt aber auch nicht nachgeben wollte. Im Augenblick forderte erst einmal die Trauer ihren Tribut.

KAPITEL 5

Kriminalhauptkommissar Kammowski stand vor seinem Toaster und überlegte, wie er den Toast in den Schlitz bekommen sollte. Da er nicht oft Toastbrot aß, pflegte er den geschnittenen Laib einzufrieren und portionsweise aus dem Gefrierschrank zu nehmen. Bei dieser Scheibe, und auch bei fast allen anderen, wie er mit einem kurzen Blick auf die Packung feststellen musste, war eine Ecke komplett umgeknickt, und sie war in dieser Position gefroren. Da hatte jemand, mutmaßte Kammowski, indem er die gesichteten Fakten messerscharf analysierte, noch bevor das Toastbrot richtig gefroren war, eine Plastikdose Eis in den Gefrierschrank gequetscht, ohne jede Rücksicht auf seinen Toast!

Als »jemand« kamen genau zwei Personen seines Haushalts in Betracht, zwei Personen, die einander oft bis aufs Messer zu hassen schienen, sich aber nichts darin nahmen, ihre – und damit seine – Umgebung in Chaos und Unordnung zu verwandeln und das auch noch für ihr gutes Recht zu halten beziehungsweise alle, die das anders sahen, also ihn, als kleinbürgerlich und spießig abzutun.

Vorsichtig versuchte Kammowski, den inzwischen angetauten Toast zurechtzubiegen. Dabei brach die Ecke ab. Resignierend nahm er eine zweite gefrorene Scheibe aus der Verpackung, schnitt hier die umgeklappte Ecke mit dem Messer ab und steckte die beiden Restteile in das Gerät.

In einem geschlossenen System nimmt die Entropie zu. *Alles auf der Erde strebt den Zustand der Unordnung* an, pflegte sein Freund Klaus zu sagen. *Lohnt sich nicht, dagegen anzukämpfen*, war seine Empfehlung. Der Mann hatte gut reden. Schließlich hatte er seinen Junggesellenhaushalt noch nie für länger als eine Nacht aufgegeben. Seufzend belud Kammowski das Tablett mit seinem Kaffeepott, der Schwarze-Johannisbeer-Marmelade, dem Honig, der Butter und dem Smartphone, auf dem er die Online-Version des *Tagesspiegels* bereits geladen hatte, um es sich auf dem von der Morgensonne beschienenen Balkon gemütlich zu machen. Es war wirklich albern, sich über solche Kleinigkeiten aufzuregen.

Dann fiel sein Blick auf das Marmeladenglas. Hatte sich da etwa Schimmel gebildet? Irgendetwas Weißliches war dort zu sehen. Kammowski öffnete das Glas und trat näher ans Licht, um die Oberfläche genauer in Augenschein nehmen zu können. Nein, kein Schimmel, wie auch, das Glas war ja kürzlich erst geöffnet worden. Nein, »jemand« hatte Butterspuren in »seiner« Marmelade hinterlassen.

Seit Herbst des letzten Jahres lebte seine Tochter nun bei ihm; seit sie einen Medizin-Studienplatz in der Charité bekommen hatte. Nach der Scheidung hatte Charlotte bei ihrer Mutter, seiner Ex-Frau Elly, in Köln gewohnt, war dort zur Schule gegangen und hatte ihr Abi gemacht. Und eigentlich hatte sie nur vorübergehend bei ihm bleiben wollen, bis sie ein Zimmer in einer WG gefunden hätte, aber nun waren fast zehn Monate vergangen, und sie war immer noch da und machte keine Anstalten, sich etwas Eigenes zu suchen. Worüber Kammowski froh war – einerseits. In den vergangenen Jahren hatte er von seinen beiden Kindern nicht viel mitbekommen. Er hatte sich gefreut, jetzt mit Charlotte etwas Gemeinsamkeit nachholen zu können. Aber es war doch manchmal herausfordernd für ihn, dem seine Bequemlichkeit und Rituale wichtiger waren, als ihm bewusst gewesen war.

Zudem war der Einzug von Charlotte in eine kritische Phase seiner Beziehung zu Christine gefallen. Lange hatte Christine sich dagegen gesträubt, mit ihm zusammenzuziehen, sie hatte ihre eigene Wohnung bis heute nicht aufgegeben, baute sie im Streit immer wieder als Drohkulisse vor ihm auf, und manchmal, wenn sie *ihre Ruhe brauchte,* zog sie sich auch für Tage ganz dahin zurück. Aber schließlich hatte sie seinem Drängen doch nachgegeben und war bei ihm eingezogen. Kurz bevor Charlotte ihr Studium aufnahm und sich ebenfalls bei ihm einquartierte. Die Wohnung war riesig, ohnehin eigentlich zu groß für einen Menschen allein. Typischer Berliner Altbau, 3,80 Meter hohe Räume, Parkett, »Berliner Zimmer«, ehemalige »Gesinderäume« im Seitenflügel mit eigenem Aufgang. Sollte er sich später einmal verkleinern wollen, würde man die Wohnung teilen können. Kammowski wohnte hier schon seit dreißig Jahren, hatte einmal in seinem Leben etwas richtig gemacht, wie er gern sagte, und zugeschlagen, als die Wohnung Anfang der Neunzigerjahre verkauft werden sollte. Damals war ihm der Kaufpreis gigantisch hoch erschienen, hatte ihm schlaflose Nächte bereitet und vorübergehend zu einem Verarmungswahn geführt. Heute war die Wohnung das Vierfache wert, aber selbstverständlich wäre es Kammowski nie in den Sinn gekommen, sie zu verkaufen, geschweige denn, woanders leben zu wollen.

Christine hatte Verständnis dafür, dass auch Charlotte ihre Rechte hatte, wie auch dafür, dass er das Gefühl hatte, im Zusammensein mit seiner Tochter etwas nachholen zu müssen. Und die beiden waren einander durchaus auch sympathisch, wenngleich vielleicht auf eine etwas verquere

Art, die sich jedenfalls nicht dadurch auszeichnete, dass sie nett und zuvorkommend oder wenigstens höflich miteinander umgegangen wären. Vielleicht waren sie sich auch einfach in vielen Dingen zu ähnlich und rieben sich deshalb aneinander. Jedenfalls hatten beide eine leidenschaftliche, zum Theatralischen neigende Art – in der Kombination ein explosives Gemisch.

Christine hatte selbst keine Kinder, und wenn sie es auch nie so direkt aussprach: In ihren Augen war Charlotte eine verzogene Göre, die sein schlechtes Gewissen ausnutzte und mit ihr »aus purer Freude am Kampf« rivalisierte.

Erst gestern hatten sie beim Abendessen wieder über etwas gestritten, hatten sich am Ende beide beleidigt in ihre Zimmer verzogen, und Kammowski war mit seinem kaum angerührten Lammeintopf mit Äpfeln, dem selbst gebackenen Baguette und dem Abwasch allein geblieben.

Christine war freie Journalistin und arbeitete gerade an einer Dokumentation über Sterbehilfe. Sie hatte in dem Gespräch die Meinung vertreten, dass es moralisch nicht vertretbar sei, dieses Feld professionalisierten und naturgemäß am Gewinn orientierten Vereinen zu überlassen, und sie hatte schreckliche Dinge darüber berichtet, wie die Not todkranker Menschen und ihrer Angehörigen von skrupellosen Verbrechern ausgenutzt wurde. Charlotte hatte lautstark und energisch für das Recht des Menschen, den Zeitpunkt seines Todes selbst zu bestimmen, votiert, und beide hatten offenbar überhaupt nicht gemerkt, dass sie eigentlich gar keine gegensätzlichen Standpunkte vertraten. An Kammowskis Versuchen, zu schlichten und Gemeinsamkeiten herauszustellen, waren sie jedenfalls nicht interessiert gewesen. Sie hatten seine Einwände vom Tisch gefegt und waren wie die Furien erst aufeinander, dann auf ihn losgegangen und hatten sich anschließend wie Diven in ihre Zimmer zurückgezogen.

Kammowski seufzte und schmiss die verbrannten und rauchenden Toasthälften in die Mülltonne. Dann öffnete er das Küchenfenster, um den Qualm hinauszulassen. Es war noch früh am Morgen, und die Sonne tauchte das erwachende Berlin in schräg einfallendes warmes Licht. Es würde wieder ein sehr heißer Tag werden. Sosehr die Landwirte sich auch nach Regen sehnten, für die Berliner waren die warmen und trockenen Tage und Nächte ein Segen. Sein Blick fiel auf den Balkon im Seitenflügel. Die Wohnung lag überwiegend im Vorderhaus, erstreckte sich aber noch über einen Teil des Seitenflügels. Der Küchenbalkon war nach Osten ausgerichtet, dort ließ er sich gern zum Frühstücken nieder. Der Nordbalkon war der Katze und den Vögeln vorbehalten. Hier pickten Meisen die im Futterhaus ausgelegten Haferflocken und Rosinen auf. Sicher saß Kater Churchill gerade auf der Fensterbank und beobachtete sie. Aber er würde sie nicht fangen können, das schienen die Vögel zu wissen, jedenfalls ließen sie sich durch die Katze nicht davon abhalten, das Vogelhaus aufzusuchen. Kammowski hatte es hoch auf einem Stab montiert, der an der Brüstung angebracht war, und den Balkon selbst mit einem Netz umgeben, das er mit wenigen Griffen öffnen konnte, um das Vogelhaus zu reinigen und Futter nachzulegen. So hatte der Kater auf dem Balkon zwar etwas Auslauf, konnte aber nicht herunterspringen und kam vor allem nicht an das Futterhaus heran. Charlotte hatte ihrem Vater Sadismus vorgehalten, weil er Vögel anlockte, die Churchill nie würde fangen können. Das sei Tierquälerei, denn es liege in der Natur einer Katze, dass sie Vögel fangen wolle. Typisch Charlotte. Sie allein entschied, auf wessen Seite das Recht und sie standen. Dass man auch mit den Vögeln hätte Mitleid haben können, kam ihr offenbar nicht in den Sinn. Churchill war eben ihr alter Familienkater.

»Was überlegst du?«, fragte Christine, die ihn plötzlich von hinten umarmte. Sie verströmte noch die Wärme des Bettes und kuschelte sich, nur mit einem Slip bekleidet und weich, wie sie war, an ihn.

»Ich frage mich, ob ich das Futterhaus entferne. Vielleicht ist es wirklich nicht richtig, dem armen Churchill seine Beute immer vor Augen zu locken, ohne dass er jemals eine Chance hat, seinem Jagdinstinkt nachzugeben.«

»Ja, aber ohne das wird es ihm vielleicht langweilig. Man muss nicht immer alle Sehnsüchte ausleben, aber ohne Sehnsüchte ist das Leben vielleicht etwas trist.«

»Man könnte ihm wenigstens einmal im Monat einen Vogel gönnen«, schlug Charlotte vor, die unbemerkt hinzugetreten war, sich den Kaffeepott ihres Vaters schnappte und austrank. »Gibt's noch mehr?«, fragte sie strahlend und drückte ihrem Vater einen lauten Schmatz auf die Wange und die leere Tasse in die Hand.

»Schicker Pyjama«, sagte sie mit einem Grinsen zu Christine, die den Scherz gut gelaunt aufgriff: »Kannste haben, hab noch mehr davon.« Dann verschwand Christine im Bad.

Kammowski war immer wieder aufs Neue erstaunt, wie seine beiden Frauen sich spinnefeind angiften und im nächsten Augenblick wieder wie beste Freundinnen vertragen und necken konnten. Allerdings war das ein Scherz mit ernstem Unterton gewesen, und er überlegte, ob er Christine später darauf ansprechen sollte. Sie war frei von falscher Scham und lief auch vor Charlotte nackt umher, so wie sie es in ihrer Wohnung auch tun würde. Dass sie sich hier so offensichtlich wohlfühlte, freute ihn, aber er wusste auch, dass es Charlotte störte. Wie wohl alle Kinder wollte sie sich nicht vorstellen, dass ihre »uralten« Eltern sexuell aktive Menschen waren. Das fand sie »ekelig«.

»Meinst du das im Ernst?«, fragte er Charlotte.

»Das mit dem Pyjama? Mann, Papa, das war ein Witz.«

»Nein, das mit den Vögeln, dass wir Churchill einmal im Monat eine erfolgreiche Jagd gönnen sollten.«

Erstaunt blickte Charlotte auf. Sie hatte, offenbar abgelenkt durch ihre Kabbelei mit Christine, den Vogelvorschlag schon wieder vergessen.

»Klar meine ich das, das heißt, ich meine, wir könnten es ihn versuchen lassen. Du glaubst doch nicht wirklich, dass dein alter, dicker, verwöhnter und stadtdegenerierter Kater einen Vogel fangen könnte, selbst wenn du ihn ihm direkt vor die Nase flattern lässt?«

»Ich glaube, du unterschätzt dicke alte Städter«, erwiderte Kammowski etwas beleidigt und strich sich über den Bauchansatz. Ich gehe jetzt Brötchen holen. Du deckst den Tisch und kochst mir neuen Kaffee.«

»Jawoll, Papon«, salutierte Charlotte. »Eine Frage noch …«

»Ja?«

»Soll ich für zwei oder für drei Personen decken?«

Kammowski unterdrückte einen Fluch und ließ die Haustür hinter sich ins Schloss fallen.

KAPITEL 6

Langsam schlenderte Kerstin durch den Park. Sie genoss den Spaziergang am frühen Herbstmorgen. Ein seltenes Vergnügen. Üblicherweise trat sie ihren Dienst um sechs Uhr morgens an. Heute hatte sie für ihre Verhältnisse lange ausschlafen können. Die Veranstaltung begann um neun Uhr, es war erst kurz nach acht. Kerstin freute sich auf die Fortbildung, sie mochte es, in den Dingen, die sie tat, kompetent zu sein. Außerdem war so eine Fortbildung eine schöne Unterbrechung des üblichen Trotts. Sie strebte gerade auf den Eingang des Veranstaltungsorts, eines Hotels im Bezirk Tiergarten, zu, als sie von hinten gerufen wurde. Es war Anne, eine Kollegin, mit der sie sich vor Jahren während der Ausbildung zur Krankenschwester gut verstanden hatte, die sie später aber aus den Augen verloren hatte. Während Kerstin inzwischen in der Hauskrankenpflege tätig war, weil sich das besser mit ihrem Leben als Mutter zweier Söhne vereinbaren ließ, war Anne im Krankenhaus geblieben, hatte die Zusatzausbildung zur Intensivpflege absolviert und arbeitete seither im Ursulinenstift auf der Intensivstation.

»Du kannst froh sein, dass du aus dem Krankenhaus raus bist«, sagte Anne, nachdem sie die Anmeldeformalitäten am Info-Desk erledigt und sich vom Verpflegungstisch einen Kaffee genommen hatten – bis zum Beginn der Veranstaltung waren es noch fast zwanzig Minuten. »Macht keinen Spaß mehr. Die Arbeit verdichtet sich immer mehr, kaum mal eine Verschnaufpause zwischendurch, und das Schlimmste ist, du hast nach der Schicht immer das Gefühl, nicht genug getan zu haben.«

»Ach, ich weiß nicht, das kenne ich von der ambulanten Pflege auch. Die alten Leutchen warten doch immer schon auf einen, wenn man kommt. Viele haben sonst niemanden zum Reden, und dann kommst du, sie freuen sich, aber du hast eigentlich nur wenige Minuten, hetzt von einem zum anderen, wirst nur für das Insulinspritzen bezahlt und nicht fürs Quatschen. Dabei bräuchten die das mindestens genauso wie ihr Insulin. Außerdem fehlen mir oft die Kollegen. Bei der ambulanten Pflege bist du immer auf dich allein gestellt.«

»Das bist du auf der ITS inzwischen auch. Wir sind so knapp eingeteilt, dass du in einer Nacht oft nur deine drei bis vier Patienten zu sehen bekommst, und die können nicht mal mit dir sprechen, weil sie im Koma liegen«, seufzte Anne.

»Ich dachte, da gibt es inzwischen gesetzlich festgelegte Untergrenzen?«

»Ja, die gibt es, aber die Krankenhäuser müssen nur Durchschnittswerte der Personalbesetzung ermitteln. Außerdem sagt das noch lange nichts darüber aus, wie viele der eingeteilten Kollegen auch Fachkräfte sind, mit denen du etwas anfangen kannst. Oft schicken sie uns irgendwelche Aushilfen, die du nur zum Tupferfalten und Zellstoffschneiden einsetzen kannst.«

Sie lachten in Erinnerung an alte Zeiten. Tupfer falten, bevor sie in die Sterilisation kamen, und große Zellstoffstücke mit einer elektrischen Säge in handgerechte kleine Teile schneiden, das waren während der Ausbildung ungeliebte Tätigkeiten gewesen, zu denen die »Öse«, die Stationsschwester, sie gern verdonnert hatte. Heute kamen diese Verbrauchsmaterialien industriell gefertigt, verpackt und sterilisiert in den

Kliniken an. Daher auch die im Gegensatz zu früher ungleich höheren Abfallberge, die ein Krankenhaus so produzierte.

»Und, wie geht's dir so privat?«, wollte Kerstin wissen.

»Geht so, habe mich gerade von meinem Mann getrennt. Oder er sich von mir oder wir uns, das weiß ich noch nicht so genau. Zum Glück haben wir keine Kinder. Und dir?«

»Oh, eigentlich sehr gut, ich bin noch verheiratet und habe zwei Söhne.« Sie holte ihr Portemonnaie aus der Tasche und wies auf ein Foto, das die ganze Familie beim letzten Strandurlaub zeigte. Dann deutete sie auf ein zweites Foto. »Meine Mutter. Sie ist leider Ende April gestorben. Das macht mir immer noch zu schaffen.« Sie schluckte. Noch immer traten ihr Tränen in die Augen, wenn sie an ihre Mutter dachte. Sie fehlte ihr so. Es verging kein Tag, an dem sie sie nicht schmerzlich vermisste, ja, sie hatte das Gefühl, dass das eher mehr als weniger wurde.

»Oh, das tut mir leid.«

Kerstin nickte. »Der Lauf der Dinge. Aber schmerzlich. Spätestens wenn die Eltern sterben, ist die Kindheit vorbei.« Sie versuchte zu lachen. »Sie ist auf einer Intensivstation gestorben. Ganz unerwartet. Es gab Komplikationen nach einer normalen Hüft-Operation, und dann kam eins zum anderen. Aber das Schlimmste war, dass wir damit gar nicht gerechnet hatten. Es hat uns kalt erwischt. Wir dachten, jetzt ist sie endlich über den Berg, da blieb in der Nacht plötzlich ihr Herz stehen. Sie haben sie noch versucht zu reanimieren, aber vergebens.«

Anne wartete einen Moment, bis Kerstin sich wieder gefangen hatte. »Nirgends wird so fachkundig und rasch reanimiert wie auf einer Intensivstation«, sagte sie. »Dann war ihr wohl tatsächlich nicht mehr zu helfen. Und andererseits ein schneller Tod ohne lange Qualen.«

Kerstin nickte und packte ihre Fotos wieder weg. Das sagten viele. Aber es tröstete sie nicht über den Verlust hinweg.

»Intensivstation, das könnte ich nicht«, wechselte sie das für sie zu emotionsgeladene Thema. »Wird dir das nicht auch manchmal zu viel, all das Leiden jeden Tag? Und diese Reanimationen. Ich sehe schon ein, dass sie notwendig sein können. Ich wäre sicher sehr glücklich gewesen, wenn bei meiner Mutter auch die zweite Reanimation erfolgreich gewesen wäre. Nach der ersten hatte sie sich erstaunlich schnell erholt. Aber ich könnte das nicht. Ich war bisher nur wenige Male dabei und finde es furchtbar brutal. Pflege ist für mich etwas Fürsorgliches, nichts, was mit Gewalt zu tun hat.«

»Man gewöhnt sich daran, und wie du selbst sagst: Wenn sie erfolgreich ist, dann gibt einem so eine Reanimation auch ein sehr gutes Gefühl. Jemandem das Leben gerettet zu haben, das ist einfach toll. Aber du hast schon recht, meist geht es ja doch anders aus, dann ist es nicht so schön. Wir hatten im Ursulinenstift vor einigen Jahren mal eine Zeit, da haben wir fast jeden Tag reanimiert, manchmal sogar mehrmals in einer Schicht. Da ist es mir auch zu viel geworden.«

»Und, woran lag es? Hattet ihr einen neuen Arzt, der sein Examen in Übersee gekauft hatte?«

»Nein«, lachte Anne, »wir hatten aber einen Pfleger, der sich sehr merkwürdig verhalten hat. Wir konnten das damals eigentlich alle nicht glauben, es wurde ja auch nicht offen darüber gesprochen. Aber es gab Gerüchte. Irgendwann hat die Leitung ihn dann in den OP versetzt. Da war er allerdings nicht mehr lange, er hat dann das Haus verlassen.«

»Du willst mir jetzt tatsächlich sagen …« Kerstin konnte den Satz vor Entsetzen nicht vollenden.

»Nein, das will ich nicht«, beeilte Anne sich zu beteuern.

»Es gab keine Beweise.« Sie zögerte. »Wir haben nur ein paar Mal leere Kaliumampullen gefunden, wo keine hätten liegen sollen. Und einige Patienten hatten nach einer Reanimation sehr hohe Kaliumwerte. Zu hohe Werte. Auch Patienten, die gar kein Kalium verabreicht bekommen hatten.«

»Dafür kann es ja auch andere Gründe geben«, überlegte Kerstin.

»Genau. Aber komisch war es schon. Vor allem, weil wir, nachdem er versetzt worden war, wirklich wieder weniger Reanimationen hatten.«

»Mensch, Anne, was, wenn da tatsächlich etwas dran war? Warum habt ihr den nicht angezeigt? Und warum hätte er das tun sollen? Etwa aus Mitleid mit den Patienten, die an Maschinen gequält wurden? Du meinst, er wollte den Todesengel spielen?«

»Eine Anzeige hätte ja wohl die Klinikleitung machen müssen. Ich kann dir nicht sagen, warum die darauf verzichtet haben. Vielleicht war der Verdacht doch zu vage, oder sie hatten einfach Angst, dass das an die Öffentlichkeit dringt. Würdest du noch in ein Krankenhaus gehen, in dem so was vorkommt? Und was immer auch seine Motive waren, Mitleid war es nicht. Das waren nicht alles unrettbar Kranke, sondern so weit gesunde Patienten, die nach einer OP bei uns nur überwacht wurden. Das hat uns ja gerade stutzig gemacht. Ich konnte ihn jedenfalls nicht leiden und bin froh, dass er nicht mehr bei uns arbeitet. Dieser Maik Thomasson war wirklich kein sympathischer Kollege.«

Es klingelte zum Zeichen, dass die Veranstaltung beginnen sollte. Sie gingen in den Seminarraum, und die Fortbildung nahm ihren Lauf. Aber Kerstin ging der Name *Maik* nicht aus dem Kopf. Hatte der Pfleger, der ihre Mutter in der Nacht ihres Todes betreut hatte, nicht auch Maik geheißen? Sie erinnerte sich an einen Angehörigen einer Mitpatientin, der selbst Arzt gewesen war, Dr. Langer. Er war, wie sie selbst, häufig am Krankenbett gewesen. Sie hatte sich gelegentlich mit ihm unterhalten, und er hatte immer auch ein freundliches Wort für ihre Mutter gehabt. Sie hatten sogar die Telefonnummern ausgetauscht. Einmal hatten sie auch über die unterschiedlichen Formen von Pflege gesprochen. Auch ihm waren die rüden Umgangsformen dieses Pflegers Maik aufgestoßen. Maik, den Nachnamen wusste sie nicht. Schwestern und Pfleger wurden ja fast immer mit dem Vornamen angesprochen. Vielleicht eine zufällige Namensgleichheit. So selten war der Name Maik nicht. Aber die Gedanken kreisten und ließen ihr keine Ruhe mehr. Einige Tage später gab sie sich einen Ruck und rief auf der Intensivstation des Moabiter Krankenhauses an. Es war erstaunlich leicht, die junge Kollegin am anderen Ende der Leitung zu überreden, ihr den Nachnamen des Pflegers zu verraten, bei dem sie sich für die gute Betreuung ihrer Mutter mit einer Grußkarte bedanken wollte.

»Er heißt Maik Thomasson, aber wenn Sie nur Maik und Intensivstation des Moabiter Krankenhauses schreiben, kommt das auch an.«

KAPITEL 7

»Mathias, bitte nimm dich mal dieser Sache hier an, da ist Fingerspitzengefühl gefragt, wir sind um Diskretion gebeten worden.«

Thomandel, Kammowskis Vorgesetzter, hielt ihn nach der Morgenkonferenz zurück und reichte ihm eine dünne Akte mit dem Aufdruck »Staatsanwaltschaft Berlin«.

»Was ist das?«, fragte Kammowski erstaunt. Normalerweise wurde in Mordfällen, die sie im LKA Berlin zu bearbeiten hatten, nicht *diskret* ermittelt, was immer das heißen sollte.

»Der Staatsanwalt hat uns gebeten, ein paar Ermittlungen durchzuführen. Er glaubt nicht, dass an der Sache etwas dran ist. Er ist sogar davon überzeugt, dass sich hier nur – wie hat er sich noch ausgedrückt – *fehlgeleitete Trauer Bahn bricht*, aber nun hat es einen zweiten Hinweis gegeben, und da kommt Obermeister nicht umhin, der Sache nachzugehen.«

»Die Anzeige ist ein Dreivierteljahr alt, warum jetzt?«, murmelte Kammowski. Er wies mit dem Zeigefinger auf ein Schreiben, das in der Akte abgeheftet war.

»Wie gesagt«, Thomandel nahm ihm die Akte noch einmal aus der Hand und schlug die letzte Seite auf, »deswegen.« Er tippte mit dem Zeigefinger auf einen Brief. »Wir sollen mit Bedacht vorgehen und nicht Elefant im Porzellanladen spielen.«

Kammowski grinste. »Aha, jetzt verstehe ich, warum du mir das gibst, ich bin bei der Staatsanwaltschaft für meine dezenten Ermittlungen bekannt. Wo sind noch gleich meine

Samthandschuhe?« Dabei deutete er eine Pirouette an, als habe er heute nicht nur seine Samthandschuhe, sondern auch ein Tutu an.

Thomandel sah ihn an, als hätte er nicht alle Tassen im Schrank.

»Mathias, du bist hier der dienstälteste Ermittler, und du hast die meiste Erfahrung mit Kriminalität im Gesundheitswesen.« Damit spielte er auf zwei nicht lange zurückliegende Fälle an, die Kammowski bearbeitet hatte. »Hier ist nun mal fürs Erste vorsichtiges Ermitteln gewünscht, das ist eine heikle Geschichte, und solche Dinge können zu schnell viel zu viel Staub aufwirbeln. Ich verlasse mich also auf deine Diskretion und deine Erfahrung. Und noch einmal: Obermeister glaubt nicht, dass ein Fall daraus wird. Mach also deine Arbeit, und schreib einen schönen Bericht.«

»Du willst jetzt aber nicht andeuten, dass ich eine Pro-forma-Ermittlung machen soll, bei der nichts rauskommen darf, weil das zu heikel wäre?«

Kammowski grinste, und in seinen dunklen Augen blitzte der Schalk auf. Thomandel war nicht nach Späßen zumute.

»Mathias, jetzt reicht es. Kannst du nicht einmal ernst bleiben?«

»Pro-forma-Bericht wird erledigt«, verkündete Kammowski und ahmte mit der Akte einen militärischen Gruß nach. Thomandel schüttelte den Kopf und zog sich in sein Zimmer zurück.

Kammowski schlenderte, die Akte unter den Arm geklemmt, in *Doros Café*, wo er sich einen ihrer legendären Kaffees – für ihn viel schwarzer Kaffee, wenig geschäumte Milch und darüber einige Krümel braunen Zuckers – zubereiten ließ. Mit einem lauten Stöhnen sank er in einen der Korbstühle und legte die Füße auf eines der Tischchen. Dann verschränkte er die Arme hinter dem Kopf, schloss die Augen und stöhnte ein zweites Mal.

Doros Café war eigentlich Doros Büro, soweit man eine mit Raumteilern abgetrennte Flurnische so bezeichnen konnte. Aber sie hatte ihren Bereich mit Espresso-Kaffeemaschine, Grünpflanzen und Korbmöbeln so hergerichtet, dass er der mit Abstand gemütlichste Ort im LKA war. Obendrein gab es hier den besten Kaffee. Doro war die ihnen zugeordnete Sachbearbeiterin, die sie in allen Ermittlungen zu unterstützen hatte, aber nie selbst vor Ort ermittelte. Dennoch war ihr »Café« der Ort, wo alle Fäden zusammenliefen, wie selbst Thomandel, der dem »Café-Quatsch« zunächst ablehnend gegenübergestanden hatte, inzwischen anerkennen musste.

»O Mann, Kammowski, machst du mir jetzt wieder die *Ärmste Sau vom Niederrhein?*«, meckerte Doro, auf seine Herkunft und einen seiner Standardsprüche anspielend, und deutete missbilligend auf die hochgelegten Füße.

Erstaunt blickte Kammowski auf. Normalerweise drückte Doro sich sehr gewählt aus und war stets zuvorkommend. Solche Sprüche waren nicht ihr Stil. Na ja, streng genommen hatte sie ihn zitiert. Pflichtschuldig zog er die Füße vom Tisch zurück.

»Oh, sorry, ich habe mich vergessen, meine Liebe.« In *Doros Café* galten Doros strenge Gesetze. Darüber machte man sich vielleicht lustig, man verstieß aber nicht gegen sie. Und um Doro zu besänftigen, angelte er einen Zwanzig-Euro-Schein aus seinem Portemonnaie, erhob sich aus seinem Sessel und steckte ihn – mit einem Hüsteln, damit sein gutes Werk auch registriert wurde – in das rosa Sparschwein auf der Espressomaschine.

Doro schien nicht in bester Stimmung zu sein. Ohne aufzusehen, knurrte sie von ihrem Rechner in seine Richtung: »Danke, das wurde auch mal wieder Zeit«, und arbeitete schweigend weiter. So blieb ihm nichts anderes übrig, als zu seinem Sessel zurückzukehren, den Kaffee zu trinken und die Akte zu lesen, die Thomandel ihm ausgehändigt hatte.

Lustlos blätterte er darin herum. Da waren circa fünfzehn Schreiben, mehrere Aktennotizen über Telefonate aus dem letzten Jahr, in denen eine Frau Kerstin Lauterbach immer wieder einen Pfleger im Krankenhaus Moabit beschuldigt hatte, ihre Mutter getötet zu haben. Soweit Kammowski bei der ersten Durchsicht erkennen konnte, gründete sich ihr Verdacht einzig und allein darauf, dass ihre Mutter von diesem Pfleger behandelt worden war, und dass dieser Maik Thomasson bereits in einem anderen Berliner Krankenhaus, wo er zuvor gearbeitet hatte, von Kollegen verdächtigt worden war, Patienten geschadet zu haben. Das wiederum wusste Frau Lauterbach nur aus einem zufälligen Gespräch mit einer ehemaligen Kollegin dieses Pflegers. Ein Patientenschaden war weder in dem einen noch in dem anderen Hause jemals zur Anzeige gekommen. Also alles nur Hörensagen. Kein Wunder, dass Staatsanwalt Obermeister keine weiteren Ermittlungen aufgenommen hatte.

Diese Frau Lauterbach musste dem Staatsanwalt ganz schön zugesetzt haben, wie Kammowski belustigt den vielen Aktennotizen entnahm. Sie hatte sich, wie es schien, regelrecht auf Obermeister eingeschossen, war so etwas wie seine persönliche Heimsuchung geworden. Immer wieder hatte sie ihn angerufen und eine Untersuchung des Todes ihrer Mutter gefordert. Und immer wieder hatte Staatsanwalt Obermeister ihr, anfangs mit großer Geduld, dann in knapper werdenden

Schreiben und Telefonaten, mitgeteilt, dass es nicht genügend Verdachtsmomente gebe, dass man nicht einfach aus heiterem Himmel eine Exhumierung anordnen könne, dass die Unschuldsvermutung gelte und die Totenruhe zu achten sei und dass, solange kein hinreichender Anfangsverdacht bestehe, nicht ermittelt werden dürfe, weil man Menschen auch vor falschen Beschuldigungen zu schützen habe …

Was also hatte nun seinen Sinneswandel herbeigeführt? Kammowski blätterte vor zur letzten Seite der Akte, auf die Thomandel gedeutet hatte. Hier war ein weiterer Brief abgeheftet. Offensichtlich ein anonymes Schreiben. Es trug ein Datum, 27. Mai dieses Jahres, aber keine Unterschrift. Das konnte jeder geschrieben haben, selbst diese Frau Lauterbach kam infrage!

An die Staatsanwaltschaft Berlin,
hiermit möchte ich meiner Pflicht nachkommen, Unregelmäßigkeiten in der Patientenversorgung am Krankenhaus Moabit zur Anzeige zu bringen. Aus persönlichen Gründen ist es mir leider nicht möglich, das öffentlich zu tun, aber ich hoffe sehr, dass meine Angaben helfen können, einem Mann das Handwerk zu legen, von dem ich annehme, dass er in Ausübung seines Berufes wissentlich und aus niederen Beweggründen Menschen schadet.
Ich spreche von Maik Thomasson, Pfleger auf der Intensivstation im Moabiter Krankenhaus.
Ich habe mehrmals beobachtet, wie dieser Pfleger sich Patienten, die in der betreffenden Schicht gar nicht von ihm betreut wurden, genähert und ihnen ohne ärztliche Anordnung Kalium gespritzt hat, worauf es den Patienten jeweils sehr schlecht ging, und sie reanimiert werden mussten. Dann war

Pfleger Thomasson immer sofort zur Stelle und hat die Reanimation mit markigen Sprüchen wie »Weg da, mein Patient« an sich gerissen.
Über die Beweggründe dieses Menschen könnte ich nur spekulieren, was ich hier nicht tun möchte.
Ich bin mir bewusst, dass ich unerhörte Anschuldigungen erhebe, die ich nicht beweisen kann. Aber ich bin weder Polizist noch Staatsanwalt und muss an Ihre Verantwortung appellieren. Ich selbst komme meiner Verpflichtung nur widerstrebend nach, niemand beschuldigt gern einen anderen Menschen, wenn er keine Beweise liefern kann. Aber wenn ich die Vorgänge, die ich unfreiwilligerweise beobachten musste, nicht fehlinterpretiert habe, dann hat dieser Pfleger bereits mehr als einen Menschen auf dem Gewissen, und ich hoffe, dass meine Anzeige genügend Anfangsverdacht herstellt, um Ihnen eine Untersuchung zu ermöglichen.
Ein aufmerksamer Beobachter

Kammowski schüttelte den Kopf und trank den letzten Rest seines inzwischen kalten Kaffees. Das Ganze war doch mehr als fadenscheinig. Erst erklärte der Staatsanwalt seiner persönlichen Nervensäge Lauterbach, dass er nicht genügend Verdachtsmomente hätte, und dann ging wenige Wochen später ein anonymes Schreiben an die Staatsanwaltschaft und lieferte den Anfangsverdacht frei Haus. *Nachtigall, ick hör dir trapsen.* Was gab es da zu ermitteln? Außerdem war dieser Brief im Mai bei der Staatsanwaltschaft eingegangen. Jetzt war es Juli. Eilig hatte es da offenbar niemand.

Genervt klappte Kammowski die Akte zu, grüßte Doro, die nicht gewillt schien, sich von ihrer anscheinend wichtigen Arbeit ablenken zu lassen, indem sie ihn zurückgrüßte, ging in sein eigenes Büro, das er sich mit seiner Kollegin Svenja teilte, platzierte die Akte mit einem geübten Weitwurf auf dem Stapel »Wiedervorlage bei Gelegenheit oder nie«, den er für aufschiebbare und/oder lästige Dinge im hintersten Regal angelegt hatte, und wandte sich wichtigeren Dingen zu. Es sollten mehrere Wochen vergehen, bis er sich wieder an die Akte in seinem Regal erinnerte.

KAPITEL 8

An einem Freitagabend im August trafen sich die Freunde im *Sandmann:* Christine und Kammowski, sein Freund Klaus und Svenja, die seit einigen Monaten mit Klaus eine Beziehung hatte, was Kammowski mit großem Argwohn beobachtete. Und später kam auch Charlotte vorbei. Kammowski hatte seiner Tochter eine iMessage geschickt, dass es heute ein Sandmann-Abendbrot gäbe.

Der Sandmann war eine dieser rar werdenden, heruntergekommenen Westberliner Vorwendekneipen, in denen die Zeit stehen geblieben zu sein schien. Altes Kneipengestühl, Billardtisch, bekritzelte Wände, von denen der Putz blätterte, Gestank nach abgestandenem Bier und Zigarettenqualm, obwohl auch hier, wie in allen deutschen Kneipen, das Rauchen schon lange verboten war. Aber wenn dieser Geruch sich einmal in die Wände eingegraben hatte, dann saß er fest und ließ sich auch durch einen Neuanstrich kaum vertreiben. Allerdings war der Sandmann seit Jahrzehnten nicht neu gestrichen worden. Hier wechselten die Inhaber häufiger als der Wandanstrich, und genau aus diesem Grund war es so unglaublich, dass immer noch alles fast genauso war wie vor mehr als dreißig Jahren, als Kammowski als *Drückeberger vor der Wehrpflicht gegenüber dem Staat*, O-Ton seines Vaters, nach Berlin gekommen war und diese Kneipe in seiner Nähe für ihn und seinen Freund Klaus zum verlängerten Wohnzimmer geworden war. Vor einigen Monaten hatte mal wieder ein neuer Inhaber das Zepter übernommen, und seither war das Essen um Klassen besser, sodass sie nicht selten abends darauf verzichteten, selbst zu kochen, sondern sich lieber durch die neue Speisekarte des Sandmanns futterten.

Es war wieder ein drückend heißer Augusttag gewesen. Was für ein Wahnsinnssommer! Hatte es überhaupt einmal geregnet in den letzten Wochen? Kammowski konnte sich nicht daran erinnern. Meist hatte die Sonne alles beherrscht, unbarmherzig schweißtreibend am Tag, umschmeichelnd in den Abend- und Nachtstunden. Die Landwirte beklagten enorme Dürreverluste, es gab Gegenden in Deutschland, in denen das Wasser rationiert wurde, aber Christine und er hatten den Sommer genossen: Fast jedes Wochenende und selbst manchmal in der Woche abends waren sie mit dem Motorrad an einen der umliegenden Brandenburger Seen gefahren, und es war fast wie in Italien gewesen.

Kammowski fühlte sich seit langer Zeit endlich einmal wieder rundum glücklich und zufrieden. Die Arbeit mit Svenja, seiner neuen Partnerin, hatte sich eingespielt, sie waren ein gutes Team, auch wenn es ihm immer noch suspekt schien, dass ausgerechnet sein Freund Klaus, der für rasch wechselnde Partnerschaften berüchtigt war, mit der um Jahrzehnte Jüngeren angebandelt hatte. Aber bisher machten die beiden einen harmonischen Eindruck. Und bei ihm selbst war auch alles im Lot. Seit Christine und Charlotte bei ihm wohnten, gab es fast so etwas wie Familienleben. Noch schöner wäre es allerdings gewesen, wenn die beiden sich nicht dauernd angezickt hätten.

Selbst die Beziehung zu seiner Ex-Frau Elly schien sich entspannt zu haben, seit Charlotte da war. Sie telefonierten viel öfter miteinander, und sein Sohn Anian sprach häufiger davon, im nächsten Jahr ein Studium in Berlin beginnen zu wollen. Elly war damit einverstanden. Sie war wohl der Meinung, dass Kammowski jetzt auch mal wieder an der Reihe war, familiäre Verantwortung zu übernehmen. Die Wohnung war groß genug, aber ob Christine der Erweiterung ihrer WG um ein weiteres Kammowski-Familienmitglied so ohne Weiteres zustimmen würde? Nun, sie hatten ja noch ein ganzes Jahr, um das auf sich zukommen zu lassen.

Nach etwas Wartezeit an der Theke, mit viel Glück und dank guter Beziehungen zu Anke, der Bedienung, die als einziges Fossil die Zeit im Sandmann überdauert hatte – sie war stets von den jeweils neuen Inhabern übernommen worden –, hatten sie sich noch einen Tisch draußen auf dem Trottoir sichern können. Es hatte sich wohl herumgesprochen, dass der Sandmann einen neuen, vielversprechenden Koch und Inhaber hatte. Aber es konnte auch einfach an diesem Sommer liegen. Selbst an Wochentagen und mit schlechterem Essen waren die Kneipen mit Außenplätzen in Berlin abends immer überfüllt.

»Landbrot mit gebratenem Fenchel, Ziegenkäse mit Honig und Walnüssen, Salat. Das hört sich nicht schlecht an«, überlegte Klaus.

»Alle belegten Brote sind zu empfehlen, habe sie schon alle durchprobiert«, erwiderte Kammowski. »Und das Brot ist wirklich gut, sie backen es selbst.«

»Aber an dein Brot reicht es nicht heran«, sagte Christine und erntete dafür von Kammowski einen liebevollen Blick und von Charlotte einen unverständlichen Kommentar, in dem vielleicht etwas wie »hört, hört« und »triefender Schleim« anklang.

Kammowski buk in der Tat seit einigen Monaten selbst Brot. Die ersten Exemplare waren noch klägliche, steinähnliche Klumpen geworden, aber inzwischen gelangen die Laibe ganz ordentlich.

»Ja, jetzt kann man sie essen«, gab auch Charlotte gut gelaunt zu, »aber ich finde, den Aufwand lohnt es nicht. Es gibt in Berlin genügend Biobäcker, falls man unbedingt höhere Ansprüche hat.«

Kammowski lachte. Seine Tochter hatte in der Tat keine *höheren Ansprüche* ans Essen. Sie hatte in Bezug auf Nahrung eher die pragmatische, unbekümmerte Art ihrer Mutter geerbt, die ein süßes Teilchen aus der Bäckerei in Gesellschaft von Tee und Buch jederzeit der von Kammowski gepflegten aufwendigen Kocherei vorzog. Für »stinkende Sauerteigkulturen« im Kühlschrank hatte Charlotte nichts übrig, und warum man einen Brotteig aufwendig herstellen, über viele Stunden gehen lassen und das Brot dann noch backen sollte, wenn man es unten im Brotshop in zwei Minuten kaufen konnte, entzog sich gänzlich ihrer Vorstellungskraft. Immerhin räumte sie inzwischen ein, dass Kammowskis Brot besser schmeckte als das vom Discounter, nicht aber besser als das vom Biobäcker. Dass das auch viel teurer war, kam ihr nicht in den Sinn. So war diese Generation, die fast ohne finanzielle Einschränkungen aufwuchs, nun einmal.

Eine Zeit lang hatte Kammowski sich Sorgen gemacht, dass Charlotte vielleicht magersüchtig werden könnte, weil sie sich so wenig für Essen interessierte. Aber so war es nicht. Im Gegensatz zu ihm dachte sie nur nicht dauernd ans Essen, konnte es auch mal für viele Stunden vergessen, weil anderes wichtiger war. Aber wenn sie aß, dann ganz normal und ohne über Kalorien nachzudenken. Essen hatte bei ihr einfach einen anderen Stellenwert, war mehr so etwas wie eine lästige Notwendigkeit. Dafür war sie aber auch gertenschlank, während er immer mit Übergewicht zu kämpfen hatte.

Inzwischen waren die Speisen gekommen, und die Gespräche traten eine Weile ehrfürchtig vor dem Appetit und der Lust des Essens zurück.

»Wie war deine erste Woche?«, fragte Kammowski, als der gröbste Hunger gestillt war.

Charlotte machte seit Anfang des Monats im Krankenhaus eine Famulatur. Jeder Medizinstudent musste während der Semesterferien einige Wochen in einem Krankenhaus in der Pflege mitarbeiten. Charlotte hatte sich den Pflegepraktikumsplatz selbst besorgt, und Kammowski hatte mit großem Erstaunen registriert, dass sie es ohne Fremdhilfe fertigbrachte, morgens um vier Uhr dreißig aufzustehen, um rechtzeitig zum Frühdienst im Krankenhaus zu sein. Bisher hatten sie kaum Gelegenheit gefunden, darüber zu sprechen. Morgens, wenn er aufstand, war Charlotte schon aus dem Haus, und wenn er abends nach Hause kam, lag sie oft schon im Bett, weil das frühe Aufstehen doch ungewohnt war.

»Es ist total interessant. Ich darf da sehr viel machen. Die sind alle echt nett zu mir, ich war sogar schon bei einer Reanimation dabei. Aber ich bin mir noch nicht sicher, ob Intensivmedizin was für mich ist. Ist mir irgendwie zu apparatelastig. Und ich glaube, man stumpft mit der Zeit ganz schön ab.«

»Vielleicht ist es notwendig, sich etwas emotional zu distanzieren bei so viel Leid«, sagte Christine. »Stell dir vor, du würdest immer alles mit nach Hause nehmen, das hältst du auf Dauer vielleicht nicht aus.«

»Ja, das stimmt schon, aber man müsste anders damit umgehen.« Charlotte zögerte und suchte nach den passenden Worten. »Irgendwie würdevoller, meine ich. Bei uns machen manche saublöde Sprüche. Gestern hat zum Beispiel einer bei der Übergabe zu seinem Kollegen von der nächsten Schicht im Spaß gesagt: *Herrn Soundso will ich morgen früh hier nicht mehr sehen, dass wir uns da klar sind.*«

»Was hat er damit gemeint?«, fragte Kammowski.

»Na, diesem alten Mann geht es ziemlich schlecht, seit einigen Tagen schon, und zwischen den Ärzten und der Pflege gibt es Streit, also nicht richtig Streit, aber unterschiedliche Ansichten darüber, ob man weiterhin alles versuchen soll, um ihn zu retten, oder ob man ihn nicht besser sterben lassen sollte. Dieser Pfleger hat ganz klar gemeint, dass er hofft, dass der alte Mann die Schicht nicht überlebt. Ich finde ja auch, dass vieles wie Quälerei aussieht, aber verstehst du, die Art und Weise, wie Thorsten – dieser Pfleger – das zu Maik gesagt hat, das war irgendwie ekelhaft, so als wäre es dessen Aufgabe, den Mann zu entsorgen. Aber diese Art zu reden hat niemanden gestört. Maik hat nur gelacht. Und das Gruselige war: Am nächsten Morgen war der Mann wirklich tot.«

Für einen Moment herrschte beklommenes Schweigen. Schließlich fuhr Charlotte mit ihrer Erzählung fort.

»Wie es aussieht, wollen die Ärzte meist alles bis zuletzt ausreizen. Noch ein Katheter, noch eine Maschine … Die Schwestern und Pfleger empfinden das oft als unnütze Quälerei. Da gibt es Schwestern, die dauernd allen erzählen, wie sehr die Patienten leiden müssten und dass sie das doch sicher nicht gewollt hätten. Schon klar, niemand will leiden, aber ob wirklich alle von denen lieber sterben wollen? Würden sie, solange da noch ein winziger Hoffnungsschimmer ist, wirklich wollen, dass ihr Leben aufgegeben wird? Wer weiß das schon? Ich meine, den Patienten geht es allen nicht gut, sonst lägen sie nicht auf der Intensivstation, aber da schreit keiner vor Schmerzen oder so. Eigentlich wissen wir überhaupt nicht, wie es den Patienten geht, die können es uns ja nicht sagen. Vielleicht wollen sie um ihr Leben kämpfen. Aber viele der Schwestern und Pfleger sehen das anders. Also machen sie den Ärzten Stress, sie sollen endlich die Maschinen abschalten.«

»Aber das kann man doch heute im Vorfeld für sich klären, es gibt Patientenverfügungen, die so etwas regeln«, wunderte sich Christine.

»Ja, die gibt es. Aber erstens hat nicht jeder so eine Patientenverfügung, und zweitens sind die oft so verfasst, dass sie auf die spezielle Situation gar nicht zutreffen. Da steht dann zum Beispiel: *Ich will nicht an Apparate angeschlossen werden, wenn ich mich im Endstadium einer unheilbaren, tödlich verlaufenden Krankheit befinde oder infolge einer Gehirnschädigung meine Fähigkeit, Einsichten zu gewinnen, Entscheidungen zu treffen und mit anderen Menschen in Kontakt zu treten, aller Wahrscheinlichkeit nach unwiederbringlich erloschen ist.* Na ja, wenn du nach einer Herzoperation oder einem Herzinfarkt an einer Beatmungsmaschine liegst, dann trifft weder die eine noch die andere Bedingung zu, oder man weiß einfach noch nicht, ob die Fähigkeit, Entscheidungen zu treffen, unwiederbringlich erloschen ist. Die Pflege sagt, wenn sich die Genesung etwas länger hinzieht: *Wofür hat der denn nun extra eine Patientenverfügung aufgesetzt, in der steht, dass er nicht beatmet werden will?* Und die Ärzte sagen: *Mag sein, aber die Gewissheit, dass die Fähigkeit, Entscheidungen zu treffen, unwiederbringlich erloschen ist, liegt noch nicht vor.* Also machen sie mit der Behandlung weiter.«

Kammowski war sprachlos, wie immer, wenn er realisierte, dass hier nicht mehr sein kleines Charlottchen vor ihm saß, sondern eine junge Frau mit eigenen, sehr differenzierten Gedanken. Klaus, dem Gymnasiallehrer, fiel es leichter, sein Patenkind als aktive Gesprächspartnerin zu betrachten.

»Ich sehe, du solidarisierst dich schon mit deinen späteren Kollegen. Das ist gut so. Aber ehrlich gesagt, ich würde das auch nicht wollen, da bin ich mir ziemlich sicher. Irgendwann ist das Leben eben vorbei, und wenn ich nur noch von anderen Menschen oder sogar von Maschinen abhängig wäre, dann würde ich auch nicht weiterleben wollen. Schon allein die Vorstellung, dass mir ein Fremder den Hintern abwischen soll, finde ich unerträglich. Und ich glaube, die Schwestern und Pfleger sind näher dran am Patienten und können das besser beurteilen als die Ärzte, die nur ihren medizinischen Erfolg im Auge haben.«

»Woher weißt du das denn? Und warum solidarisierst du dich mit der Pflege?«, gab Charlotte etwas pikiert zurück.

Es schien sie zu kränken, dass ihr Patenonkel ihr berufspolitische Motive unterstellte, und Svenja bedachte ihn mit einem strengen Blick, den er aber gar nicht verstand, weil er Charlottes Reaktion gar nicht bemerkt hatte.

Schließlich sagte Christine: »Die meisten denken so, solange sie gesund sind. Aber es gibt auch viele Beispiele dafür, dass sich Menschen selbst mit schwersten Einschränkungen in einem reduzierten Leben einrichten und es genießen können. Das ist, glaube ich, alles eine Frage der Relation. Ich habe für meine Reportage über die Sterbehilfe über das Leben berühmter Leute mit schweren Behinderungen recherchiert. Ein Beispiel ist Stephen Hawking, der Physiker. Er hatte eine tödliche Muskelerkrankung und fand sein eingeschränktes Leben trotzdem lebenswert. Obwohl er schon mit Ende zwanzig nicht mehr laufen konnte und ab Mitte vierzig nur noch über einen Sprechcomputer kommunizierte. Trotz allem war er noch bis 2009 Lehrstuhlinhaber für Mathematik und hat Bücher veröffentlicht, die Bestseller wurden. Nach seinem Tod hat die Universität Cambridge eine Videobotschaft veröffentlicht, die ich ziemlich beeindruckend fand. Er sagte darin – wartet mal, ich lese euch das vor. Sie kramte in ihrer Handtasche, zog das Handy heraus, suchte einen Moment und las schließlich: *Wie schwer auch immer das Leben scheinen mag, so gibt es doch immer etwas, das ihr tun und worin ihr erfolgreich sein könnt. Es kommt darauf an, nicht aufzugeben.* Ich denke, der Punkt ist der: Für den Wert des Lebens gibt es keine von außen festgelegten Kriterien. Keiner weiß, wie es sich anfühlt, solange er nicht selbst in der Situation ist. Der Gesunde spricht dem alten, kranken, behinderten oder sterbenden Leben gern den Wert ab. Das ist vielleicht natürlich. Auch ich kann mir jetzt nichts Schrecklicheres vorstellen, als irgendwann hilflos in einem Bett zu liegen. Aber die Sache ist doch die: Diese Sicht hat vielleicht mehr mit unseren eigenen Ängsten zu tun als mit dem Leid anderer.«

Als Christine verstummte, waren die anderen merkwürdig bewegt.

Schließlich sagte Kammowski: »Na ja, der hatte seine Physik, seine Mathematik, und er hat durch seine Arbeit sehr viel Aufmerksamkeit und Anerkennung bekommen. Otto Normalverbraucher hat aber vielleicht nicht viel mehr als seine körperliche Unversehrtheit, und wenn die weg ist, glaube ich schon, dass vielleicht nicht mehr viel zurückbleibt, nicht genug, um glücklich zu sein.«

»Glück, o weh, das ist ja mindestens so schwer zu definieren wie *Wert des Lebens*«, antwortete Klaus. »Zukunftsforscher behaupten ja, dass die Menschen trotz steigender Möglichkeiten einfach nicht glücklicher werden wollen. Das ist dasselbe wie mit dem Geld. Wenn die Grundbedürfnisse und vielleicht noch etwas darüber hinaus befriedigt sind, steigt der Zufriedenheitsfaktor nicht kongruent zur verfügbaren Menge an Geld, und zu viele Wahlmöglichkeiten verunsichern offenbar mehr, als dass sie glücklich machten.«

»Also ich hätte gegen ein paar mehr Wahlmöglichkeiten und etwas mehr Geld nichts einzuwenden«, meinte Kammowski grinsend.

»Was denn, würdest du dir dann eine Villa am Wannsee kaufen und eine Jacht noch dazu? Oder würdest du vielleicht aufhören zu arbeiten? Das will ich doch nicht hoffen, oder, Kollege?« Svenja knuffte Kammowski freundschaftlich in die Seite.

Kammowski schüttelte bedächtig den Kopf.

»Wegziehen würde ich hier sicher nicht«, räumte er ein, »aber ob ich wirklich weiter arbeiten wollte, keine Ahnung, es gibt schon auch eine ganze Menge anderer Dinge, die ich mir interessanter vorstelle, als mich im LKA herumzuärgern. Ich bin ja noch etwas mehr als nur Bulle.«

»Ach ja?« Alle lachten, als sei es völlig abwegig, sich Kammowski als etwas anderes vorzustellen.

»Aber vielleicht müsstest du dir dann dein Brot nicht mehr selbst backen, sondern wir könnten es uns vom Biobäcker liefern lassen«, schlug Charlotte vor, »und ich würde es mir auch noch einmal ganz genau überlegen, ob ich wirklich morgens um vier aufstehen will, um zu dieser Intensivstation zu fahren. Als Millionenerbin würde ich mir auch gut gefallen. Vielleicht würde ich dann eine Internetkarriere starten, einen Blog: *Das Leben einer Frau mit Geld …*«

»Vielleicht liegt dir nur die Intensivmedizin einfach nicht so, aber es gibt doch sicher auch andere, weniger belastende Bereiche in der Medizin. Kein Grund aufzugeben, meine ich«, sagte Kammowski und klang etwas besorgt.

Das war ihm jetzt so herausgerutscht, gern hätte er es wieder zurückgenommen. Er selbst hatte damals sein Jurastudium abgebrochen, und nun hatte er große Angst davor, diesen Mangel an Durchhaltevermögen an seine Tochter weitergegeben zu haben, auch wenn es bisher in dieser Richtung keinerlei Hinweis gab, wie er halb erstaunt, halb erleichtert immer wieder feststellen musste.

»Wer redet hier von aufgeben, Papon, so schlimm ist es nun auch wieder nicht. Ich mache mir nur so meine Gedanken und finde es abstoßend, wenn einige so blöde Sprüche ablassen. Dann stelle mir vor, dass man da auf Dauer vielleicht abstumpft und genauso wird. Das will ich nicht.«

»Es gibt einfach verschiedene Arten, mit belastenden Dingen fertigzuwerden«, sagte Svenja, »und je unreifer und unsicherer die Leute sind, desto dämlicher und unwürdiger sind ihre Kompensationsstrategien. Das ist bei der Polizei genauso. Wenn uns der Tod persönlich über den Weg läuft, dann versuchen manche Kollegen, so zu tun, als würde ihnen das alles gar nichts ausmachen; die kommen dann besonders cool und flapsig daher. In Wirklichkeit sieht es in ihnen drinnen ganz anders aus.«

»Bei uns haben sie erzählt, dass im letzten Semester Jungs in der Anatomie mal so getan haben, als würden sie mit Leichenteilen kämpfen wie mit Schwertern. Das hat sie wohl fast den Studienplatz gekostet«, bestätigte Charlotte.

Alle lachten. »Seht ihr, uns geht es jetzt genauso, wir sind eigentlich ziemlich betroffen von dem, was Charlotte und

Svenja erzählen, aber es ist leichter, darüber zu lachen, als es an sich heranzulassen«, sagte Christine.

Klaus zeigte auf seinen Teller und zog ein leidendes Gesicht. »Freunde, wollen wir mal das Thema wechseln? Mir ist schon ganz übel.« Das hinderte ihn allerdings nicht daran, bald wieder mit Appetit zu essen und sich, nachdem das Gespräch zu leichteren Themen gewechselt war, noch ein Bier zu bestellen.

Später gingen Kammowski die Gespräche des Abends immer wieder durch den Kopf. Für ihn war es belastend, sich vorzustellen, welch grausamen Dingen sein kleines Mädchen da ausgesetzt war. Sie war noch keine zwanzig Jahre alt! Er machte sich Sorgen, dass das zu viel sein könnte für sie. Aber Christine beruhigte ihn. Ihrer Meinung nach war gerade die Tatsache, dass Charlotte so viel beobachtete und sich ihre Gedanken dazu machte, ein Zeichen dafür, dass sie das alles sehr gut verarbeitete. Und sie schien recht zu behalten. Jedenfalls kam das Thema während der nächsten Tage nicht mehr zur Sprache.

KAPITEL 9

Schwester Mareike ärgerte sich. Der Wäscheschrank mit der blauen Intensivbekleidung war mal wieder nicht aufgefüllt worden, in ihrer Größe gab es keinen Kasack mehr. Immer das Gleiche, warum schafften die nicht endlich neue Wäsche an? Es gab zu wenig Schutzkleidung, und die Laufzeiten der Wäsche waren zu lang, oder wo auch immer das Problem lag, jedenfalls fehlte es ständig an Dienstkleidung. Einige Kollegen versuchten das auszugleichen, indem sie bunkerten. Das machte die Sache nicht besser. Schließlich öffnete sie die Tür zur Männerumkleide und rief hinein: »Habt ihr vielleicht noch Kasacks? Kann ich reinkommen?«

»Klar.« Maik zog sich gerade um. Das hatte ihr gerade noch gefehlt. Mit Maik machte sie nicht so gern Nachtdienst.

»Bedien dich, hier ist alles voll.« Er wies auf einen Schrank, aus dem Arbeitskleidung nur so herausquoll.

»Wieso habt ihr so viel und wir nichts?«

»Keine Ahnung, liegt vermutlich daran, dass wir uns nicht so schmutzig machen«, antwortete Maik und grinste.

Mareike ging nicht darauf ein. Sie überprüfte die Größen der Kasacks. Die hatten offenbar die gesamte Frauenwäsche in die Männerumkleide geliefert, und den Männern war es nicht aufgefallen, oder es hatte sie nicht interessiert, solange ihnen der eigene Vorrat nicht ausging.

Eigentlich hätte sie jetzt auf Usedom in einer Strandbar sitzen und einen Cocktail trinken sollen. Stattdessen war sie hier. Eine Kollegin war krank geworden, eine, die bekannt dafür war, mit jedem Schnupfen eine Woche zu Hause zu bleiben. Die Stationsleitung hatte Mareike zum Nachtdienst eingeteilt. Weil sie so blöd gewesen war, ans Telefon zu gehen. In der nächsten Woche hatte sie Überstunden-frei, und auch das jetzige Wochenende war eigentlich mit »frei« eingeplant gewesen. Sie hoffte, dass es bei dem Wochenendeinsatz blieb und sie danach noch fahren konnte. Warum war sie nur ans Telefon gegangen?

Es war ja nicht so, dass sie nicht gern arbeitete. Im Gegenteil, sie liebte ihren Beruf. Es gab ihr so viel zurück, zu merken, dass ihre Pflege dem Patienten guttat, dass die Angehörigen sie dankbar anlächelten. Wenn nur der ewige Zeitdruck nicht gewesen wäre! Eigentlich sollten sie in einer Schicht nicht mehr als zwei beatmete Patienten betreuen. War das der Fall, dann konnte man ordentlich pflegen, hatte seine Schicht im Griff und ging am Ende mit einem guten Gefühl nach Hause. Seit ein paar Wochen waren es aber meist drei oder sogar vier Patienten, die ihr zugeteilt waren. Was sie daran am meisten ärgerte, war die Tatsache, dass der Station von der Pflegedienstleitung oft Aushilfskräfte von anderen Stationen oder Leasingpflegekräfte zugeteilt wurden, sodass es hieß, was wollt ihr denn, alle Stellen sind besetzt! Aber diese Aushilfen kannten sich auf der Station nicht aus, standen nur im Weg herum oder mussten noch angeleitet und überwacht werden, oder sie erschienen erst gar nicht zum Dienst. Und wenn sie da waren, ärgerte sich das Stammpersonal, weil es selbst für einen Bruchteil dessen arbeiten musste, was die Leasingkräfte verdienten. Viele ihrer Kollegen ließen sich heutzutage nicht mehr von den Kliniken fest anstellen, sondern arbeiteten für Zeitarbeitsfirmen. Eigentlich hätte man Betten sperren müssen. Aber das war natürlich immer das letzte Mittel und oblag einzig dem Chefarzt persönlich, der den Personalmangel ja nicht ausbaden musste.

Ärgerlich war es auch, wenn man durch Sonderschichten wie diese aus seinem üblichen Turnus herausfiel und plötzlich mit Kollegen Dienst hatte, mit denen man nicht so harmonierte. Es gab schließlich solche und solche. Mit dem einen verstand man sich ohne Worte, bei anderen halfen selbst viele Worte nicht. Maik war so ein Kollege, mit dem Mareike nicht so gut zurechtkam. Heute Nacht waren sie zu dritt plus einer Aushilfskraft, die sie allenfalls an die Kaffeemaschine setzen konnten, und die Station war komplett voll, zwölf Patienten, davon sechs beatmete, drei kritisch kranke.

Sie wusste selbst nicht so genau, warum sie Maik nicht mochte. Er hatte ihr nichts getan und sprang bereitwillig ein, wenn man mal einen Vertreter brauchte, aber etwas an der Art, wie er mit seinen Patienten umging, behagte ihr nicht. Sie hatte den Eindruck, dass er immer nur das Nötigste tat: Laut Kurve hatte er die Mundpflege gemacht, aber wenn sie den Patienten nach ihm übernahm, waren Zunge und Lippen borkig belegt, und aus den Wangentaschen ließen sich Essensreste bergen, die dort nicht hingehörten. Wies man Maik darauf hin, kamen Ausreden. Am meisten aber störte sie seine Angeberei. Keine Frage, Maik kannte sich wirklich gut aus, auch mit Geräten, die nicht täglich im Einsatz waren. Er konnte sie in Rekordzeit zusammenbauen und ans Laufen bringen. Aber man hatte immer den Eindruck, dass er sein Wissen nicht weitergeben wollte. Wenn man ihn etwas fragte, half er gern und erklärte viel, aber auf eine Art, dass man am Ende genauso schlau war wie zuvor und sich noch dazu mies fühlte, weil man es immer noch nicht verstanden hatte.

Sie schaute auf den Stationsplan, in dem festgelegt war,

welche Patienten sie in dieser Schicht zu betreuen hatte. Von den vieren, hinter denen ihr Name vermerkt war, kannte sie nur noch Oma Friedrich. Die war schon etwas länger da. Auf Oma Friedrich freute Mareike sich. Sie war eine noch recht muntere, neunzigjährige Dame, die nach einem Sturz eine künstliche Hüfte bekommen und dann eine Lungenentzündung entwickelt hatte. Inzwischen war sie wohl über den Berg, würde sicher in den nächsten Tagen auf die Normalstation verlegt werden können. Noch aber brauchte sie Kreislaufunterstützung durch eine Noradrenalin-Infusion. Irene, die Kollegin aus der Spätschicht, hatte ihr gesagt, dass sie am Nachmittag vergebens versucht hatte, Oma Friedrich gänzlich davon zu entwöhnen. »Sie braucht nicht mehr viel, aber wenn du den Perfusor ganz ausstellst, fällt der Blutdruck ab. Vielleicht besser, wenn du ihn über Nacht auf eins laufen lässt, der Tagdienst kann es dann morgen wieder versuchen.«

Der eigentliche Problemfall aber lag neben Oma Friedrich: Frau Schmitz, eine 120-Kilo-Frau mit Sepsis nach einer verschleppten Infektion eines offenen Beines. Die war noch kritisch, und es war unmöglich, sie allein zu pflegen, dafür würde sie sich Hilfe holen müssen, zumindest zum Drehen und Lagern.

»Bei Frau Schmitz musst du aufpassen«, hatte Irene bei der Übergabe gesagt, »die rauscht bei jedem Wendemanöver mit dem Blutdruck ab. Noradrenalin läuft auf Anschlag, und die Lunge ist auch nicht gut, sehr starke Schleimproduktion, da bist du nur am Absaugen. Wir haben heute versucht, sie stundenweise auf dem Bauch zu lagern, das ging gar nicht gut. Die Ausscheidung ist auch schlecht, Nierenwerte steigen an, wird morgen wahrscheinlich an die Dialyse müssen …«

Mareikes Gedanken schweiften ab. Morgen hätte sie einen

langen Strandspaziergang gemacht. Nun würde sie stattdessen müde ins Bett fallen. Allein diese Frau Schmitz würde sie die ganze Nacht auf Trab halten. Die beiden anderen Patienten waren ihr als unkompliziert übergeben worden, der eine war Alkoholiker im Entzug, und der andere hatte eine schwere Lungenentzündung gehabt und wurde noch von der Beatmung entwöhnt, war aber auf dem Weg der Besserung. Sie trank ihren Kaffee aus, stand auf und machte sich an die Arbeit.

»Guten Abend, Frau Friedrich.«

»Ach, Schwester Mareike, das ist aber schön, dass Sie wieder da sind. Aber Sie sollen doch Oma Friedrich zu mir sagen, Sie erinnern mich an meine Urenkelin.«

Solche netten Momente gab es, und sie entschädigten einen für viel von dem Ungemach, das die Arbeit mit sich brachte.

KAPITEL 10

Die ersten Stunden der Nachtschicht vergingen wie meist, wenn viel zu tun war, recht schnell. Gegen eins trafen sie sich in der Stationsküche. In der Nachtschicht aßen sie, wenn sich das irgendwie einrichten ließ, alle gemeinsam. Jeder brachte etwas mit, oder sie bestellten sich Gerichte beim Italiener oder beim Asiaten. Mareike hatte heute Zutaten für einen großen Salat mitgebracht und ging etwas früher in die Küche, um ihn zuzubereiten. Ihre Patienten übergab sie Luise, der Aushilfe, mit der sie soeben die 120-Kilo-Frau gelagert hatte. Luise hatte sich gar nicht so schlecht angestellt. Sie war zwar keine Intensivfachkraft, aber eine erfahrene Krankenschwester, die in den letzten Jahren in einem Pflegeheim gearbeitet hatte. Das war ihr zu anstrengend geworden. Als Leasingkraft verdiente sie viel mehr und musste für mehr Geld weniger arbeiten als zuvor.

»Ich kümmere mich jetzt mal um den Salat. Kannst du hierbleiben und mich rufen, wenn etwas passiert?«

»Klar, mache ich.«

Maria, die dritte Fachkraft in der Schicht, hatte Buletten mitgebracht und Maik Brötchen. Obwohl sie sich nie absprachen, passte meist gut zusammen, was die Einzelnen so beisteuerten. Und wenn es nicht passte, dann wurde es passend gemacht.

Früher, in der alten Intensivstation des Neuköllner Krankenhauses, wo Mareike vor Jahren gelernt hatte, war noch nachts immer ein Kollege zum Kochen abgestellt worden.

Heute undenkbar! Im Sommer hatten sie draußen im Garten gegessen. Die Intensivstation dort war im Erdgeschoss angesiedelt gewesen, und bodentiefe Fenster hatten sich zur Parkanlage hin geöffnet.

Gedankenverloren schüttelte Mareike den Kopf, während sie die Gurken schälte. Einen Mitarbeiter der Schicht zum Kochen abstellen, davon konnten sie heute nur träumen. Wie war das früher nur möglich gewesen? Die Arbeit war einfach mehr geworden. Na ja, wenn man ehrlich war, hatten die meisten damals das Essen vorgekocht mitgebracht und nur aufgewärmt. Und sie bereitete ja nun auch den Salat zu. Vielleicht war es einfach eine Fehlwahrnehmung. Man neigte dazu, alles, was früher war, zu verklären. Mareike erinnerte sich an eine Fernsehsendung, in der die Aussage »Früher war alles besser« auf ihren Wahrheitsgehalt hinterfragt worden war. In den meisten Fällen stimmte das gar nicht. Das Brot zum Beispiel war zwar teurer geworden, aber in Relation zum Einkommen war es heute viel billiger als früher.

Der Alarm schreckte sie aus ihren Gedanken. Sie warf einen raschen Blick auf den zentralen Monitor. Nulllinie bei Frau Friedrich. Sicher war nur eine Elektrode abgegangen. Luise, die Honorarkraft, war ja im Zimmer. Sie wusste inzwischen, dass man bei einem Alarm erst mal die Kabel überprüfen musste. Aber offensichtlich wusste sie noch nicht, dass man zuallererst den nervenden Alarm auszustellen hatte. Seufzend trocknete Mareike sich die Hände ab, um nach ihrer Patientin zu sehen. Als sie in das Zimmer trat, stand da nicht etwa Luise, sondern Maik war da und machte sich am Monitor zu schaffen.

»Was machst du bei meiner Patientin«, fragte Mareike barsch.

»Na, was wohl«, blaffte Maik zurück. »Ich stelle den Fehlalarm bei *deinem* Patienten aus.« Damit drückte er auf den Knopf, und endlich verklang das nervige Piepen. Dann befestigte Maik ein loses EKG-Kabel wieder an dem Druckknopf der Elektrode auf Frau Friedrichs Brust und schickte sich an, das Zimmer zu verlassen.

Oma Friedrich schlief ruhig und hatte von der ganzen Aktion nichts mitbekommen. Nachdem das Kabel wieder fixiert worden war, zeigte der Monitor eine regelmäßige Herzaktion an. Automatisch wanderte Mareikes geübter Blick zu den Infusionen beider Patienten. Warum war der Noradrenalin-Perfusor bei Frau Schmitz ausgestellt? Mareike korrigierte das rasch.

»Hast du den ausgestellt?«

»Ich? Spinnst du? Warum sollte ich?«

»Wo ist Luise?«

»Keine Ahnung, vermutlich mal auf der Toilette.«

Mareike nickte und sah ihm irritiert hinterher. Er hielt eine Spritze mit einem aufgezogenen Medikament in der Hand. War er mit der Spritze in der Hand von seinem Patienten in das Zimmer von Oma Friedrich und Frau Schmitz gekommen, um einen Fehlalarm abzustellen? Das war doch merkwürdig! Warum hatte er die Spritze nicht beiseitegelegt, wenn er nach Oma Friedrich schauen wollte? Und warum war der Noradrenalin-Perfusor bei Frau Schmitz ausgestellt gewesen? Hatte sie selbst vergessen, ihn nach dem Wechsel der Perfusor-Spritze wieder anzustellen? Konnte eigentlich nicht sein. Das war mindestens eine halbe Stunde her, so lange hielt der Kreislauf von Frau Schmitz ohne medikamentöse Unterstützung gar nicht durch. Da wäre längst der Blutdruck abgefallen, und es hätte Alarm gegeben. Mareike nahm sich vor, mit Luise zu sprechen. Sie musste sich schon darauf verlassen können, dass sie sich an Absprachen hielt. Dann wieder kam ihr das kleinlich vor. Luise gab sich Mühe mit allem. Sie war sicher nur kurz zur Toilette gegangen. Aber trotzdem.

Es war nicht so, dass Mareike misstrauisch geworden war, es war nur ein komisches Gefühl, eine Ansammlung kleiner Umstände, die jeder für sich genommen keinerlei Aufmerksamkeit verdienten, in ihrer Gesamtheit aber dafür sorgten, dass dieses komische Gefühl nicht mehr verschwand. Und so fiel ihr noch etwas auf: Sie hatte, bevor sie in die Küche gegangen war, Luise gebeten, den gelben Abwurfbehälter für spitze Gegenstände, vor allem für Kanülen, gegen einen neuen auszutauschen, weil der alte schon übervoll gewesen war. Luise hatte das auch prompt erledigt, nur hatte sie die neue Box offenbar auf den Nachttisch der Patientin gestellt, wo sie nicht hingehörte. Also ergriff Mareike die Box, um sie am richtigen Ort zu deponieren, auf den Medikamentenrollschrank. Ordnung am Arbeitsplatz war ihr ein lange trainiertes Bedürfnis. Es klackerte, als sie die Abwurfbox in die Hand nahm, was eigentlich nicht sein konnte, denn Luise hatte ja gerade eine ganz neue aus dem Schrank genommen. Mareike öffnete den Deckel, was eigentlich streng untersagt war, um Verletzungen vorzubeugen. Im Innern lagen vier leere Ampullen Ajmalin. Ajmalin? Das war jetzt schon sehr merkwürdig. Frau Friedrich brauchte das Herzmedikament Ajmalin nicht, ihre Nachbarpatientin auch nicht. Und nun fiel ihr die Spritze wieder ein, die Maik in der Hand gehabt hatte. Aber warum hätte Maik in dem Raum von Frau Friedrich ein Medikament aufziehen sollen, das für seinen Patienten gebraucht wurde? Mareike schüttelte den Gedanken ab. Irgendeinen plausiblen Grund würde es schon geben. Was interessierte sie das? Sie hatte nun wirklich genug mit ihren eigenen Patienten zu tun und keine Lust, sich weitere Gedanken um Maik zu machen.

KAPITEL 11

Ottilie Irmgard Friedrich, zeitlebens Otti gerufen, hatte schon viel erlebt und überlebt. Im Alter von neunzig Jahren rechnete sie jeden Tag mit dem Tod, hatte sich aber zuletzt doch gewagt, ihn sich, entgegen anderslautender Vorzeichen, als friedlich auszumalen – ein sanftes Einschlafen im Kreise ihrer Liebsten und im eigenen Bett. Dass ihr das nun doch nicht vergönnt zu sein schien, war ihr fast eine Erleichterung, eine späte Bestätigung der leisen Stimme in ihr, die nie ganz verstummt war: *Trau dem Frieden nicht. Wer bist du denn, dass es dich nicht treffen sollte? Es wäre doch nur gerecht!*

Wenn sie zurückschaute, fand sie, dass nicht alles schlecht gewesen war in ihrem Leben. Streng genommen war es sogar so gewesen, dass zwar um sie herum die Welt zusammenbrach, sie persönlich aber vom Schicksal immer verschont geblieben war, sofern man das bloße Retten der nackten Haut als Schonung bezeichnen wollte. Narben waren dennoch geblieben. Gleichwohl war es ihr immer so unwirklich, ja ungerecht vorgekommen, dass sie selbst nie hatte um ihr Leben laufen müssen.

Otti war sechzig Jahre lang glücklich verheiratet gewesen, hatte drei Kinder, sieben Enkel und fünf Urenkel bekommen. Aber ihr Leben war seit frühester Kindheit von etwas gezeichnet gewesen, das man Angst nennen konnte, wenngleich der Begriff nicht geeignet war, das tatsächliche Gefühl auch nur andeutungsweise zu beschreiben. Angst war ein Zuviel an Gefühl, etwas, das sich mit der Zeit abnutzte, ein sengendes Feuer, das irgendwann erlosch. Ihre Angst hatte mehr mit Verlust zu tun, mit dem Fehlen der Gewissheit, dass alles gut werden würde, und dieses Gefühl nutzte sich nicht ab. An diesem Feuer wurde immer wieder ein Scheit nachgelegt. Was ihr fehlte, war das Urvertrauen, das Nichttraumatisierte sorglos und zuversichtlich durchs Leben gehen ließ, obwohl auch sie keineswegs sicher sein konnten, dass ihnen nicht irgendwann einmal *der Himmel auf den Kopf fallen* würde, wie Otti es gern scherzhaft ausdrückte. Sie hatte in den Achtzigern zu den eifrigen Lesern der Comics um *Asterix und Obelix* gehört, jene mutigen Gallier, die nichts fürchteten, außer, dass ihnen der Himmel auf den Kopf fallen könnte. Nun, der Himmel war nicht Ottis Problem, aber den Wurm, der sich in ihre Seele gefressen hatte und der sie von innen verzehrte, war sie zeitlebens nicht losgeworden. Manchmal wiegte er sie in falscher Sicherheit, behauptete, in Wirklichkeit nicht zu existieren, sondern nur ein Gespinst ihrer Einbildungskraft zu sein – um dann verhöhnend und feixend wieder hervorzubrechen: *Hast du wirklich geglaubt, du wirst mich los?*

Vielleicht hatte Claudia, ihre Enkelin, recht, und es lag wirklich einfach an der schweren Erkrankung, die sie durchmachte, am Krankenhaus, an der Intensivstation, wo der Tod so präsent war, wo die Lichter niemals ganz erloschen und sie aus kurzen Schlafphasen immer wieder von beunruhigenden Geräuschen geweckt wurde.

Ein Pfleger machte sich an ihrem Bett zu schaffen, an den Infusionen. Und mit einem Mal war sie wieder da, diese Angst, raubte ihr den Atem, der nach der Lungenentzündung ohnehin noch schwer ging. Der Herzschlag beschleunigte sich und wurde sogleich als alarmierendes Hämmern von der akustischen Monitorüberwachung vertont: *dong-dong, dong-dong, dong-dong.*

»Was machen Sie da?«, rief Oma Friedrich laut. In Wirklichkeit klang ihre Stimme leise und brüchig und war nur für jemandem zu hören, der direkt neben ihrem Bett stand.

»Alles in Ordnung, Oma, ich habe dir nur deine Nachtmedikation gegeben«, sagte der Pfleger. »Schlaf weiter.«

»Für Sie immer noch Frau Friedrich«, empörte sich die alte Dame. »Ich möchte keinesfalls von Ihnen geduzt werden. Und ich möchte auch nicht, dass Sie mir ohne meine Erlaubnis Medikamente geben.« Doch der Pfleger lachte nur und verließ den Raum, ohne sie weiter zu beachten.

Unter Mühen tastete die alte Dame in ihrem Nachttisch nach dem Handy. Eigentlich waren Handys auf der Intensivstation verboten, aber wenn ihr das Leben etwas mitgegeben hatte, dann eine gesunde Einstellung zu Verboten. *Wir gehen dann über die Straße, wenn kein Auto kommt, und nicht, weil jemand die Ampel auf Grün gestellt hat*, pflegte sie zum Leidwesen ihrer Tochter ihrer Enkelin einzuschärfen. Ihre Tochter hatte sich in ihrer eigenen Kindheit nicht selten wegen der Mutter geschämt, die nicht gewillt war, sich an Normen zu halten, und keiner noch so bizarren Auseinandersetzung aus dem Wege ging. Nicht immer leicht für ein Kind, das in der Schule einfach nur so sein wollte wie die anderen und auch gern eine Mutter gehabt hätte, die nicht überall peinlich lautstark und ungebeten ihre Meinung vertrat. Manchmal hatte ihre Tochter den Verdacht geäußert, dass die Mutter nur für die Auseinandersetzung, für das Rechthaben lebte. Entsprechend kompliziert war das Verhältnis zwischen ihnen beiden immer gewesen. Aber mit den Jahren war auch bei Otti die laute Kampfeslust einer leiseren Sturheit gewichen, und so nutzte Oma Friedrich ihr Telefon auf der Intensivstation nur, wenn sie sich unbeobachtet wähnte. Claudia, ihre Enkelin, hatte ihre Telefonnummer mit einer Ziffer hinterlegt. An die Nummer hätte sie sich nicht erinnert, aber sie musste nur die Eins drücken, und schon wurde sie mit Claudia verbunden. Jetzt überschlug sich ihre Stimme vor Aufregung.

»Du musst mich sofort abholen, Claudia, der Pfleger mit den krüppeligen Ohren ist wieder da. Immer, wenn der Dienst hat, geht es mir schlecht. Er macht mir Angst. Ich will nicht hierbleiben. Bitte bring mich nach Hause. Ich glaube, der will mir ans Leder.«

KAPITEL 12

Maik Thomasson hatte sich sein Leben eigentlich anders vorgestellt. Er war immer davon überzeugt gewesen, für etwas Großes geboren zu sein, aber dann war alles anders gekommen. Er verstand selbst nicht, warum. Da, wo andere einen roten Teppich vorfanden, hatte ihm das Schicksal immer Steine in den Weg gelegt. Und zwar keine Kieselsteine, sondern stets dicke Felsbrocken. In der Grundschule hatte er gute Leistungen gebracht. Aber er war wegen seiner Ohren von den anderen Kindern ausgelacht worden. Eine angeborene Bindegewebsschwäche, die dazu führte, dass seine Ohrmuscheln nicht aufrecht standen, sondern knubbelig geformt waren. *Ohrklops,* hatten sie ihm nachgerufen, und die Lehrer hatten sich nicht darum geschert. Dabei war er ein aufgeweckter Junge gewesen, das hatten alle gesagt. Es war klar, dass er als Erster in der Familie aufs Gymnasium wechselte. Sein Vater sah ihn schon als Arzt oder Richter, aber dann hatte er auf dem Gymnasium Probleme, und in der Oberstufe wurden sie gravierend. Obwohl die Lehrer ihm doch immer bestätigt hatten, dass er hochintelligent sei und alles mit Leichtigkeit bewältigen könne. Letztlich war es ihm nicht gelungen, er hatte versagt. Die Lehrer hatten sein ADHS, sein Aufmerksamkeitsdefizit-/Hyperaktivitätssyndrom nicht gesehen, niemand hatte es wahrgenommen. Damals war das noch nicht so häufig diagnostiziert worden wie heute. Bei seinem Sohn war der Kinderarzt gleich darauf gekommen. Mit dem kleinen Maik aber war niemand zu einem Kinderarzt gegangen. Wenn man Fieber hatte, bekam man Wadenwickel, und wenn das nichts nützte, ging man zum Hausarzt. So war das eben damals. Es war jedenfalls nicht mangelnde Intelligenz, es waren seine Konzentrationsstörungen und das Ausbleiben jeglicher Förderung, davon war er überzeugt, die ihn in der elften Klasse hatten scheitern lassen. Und weil die Erfolge ausblieben, hatte er auch keinen Bock mehr auf die Schule gehabt, hatte mit falschen Freunden »abgehangen«.

Jahrelang hatte er außer Gelegenheitsjobs gar nichts gemacht, und wenn der Vater ihm nicht gedroht hätte, ihn vor die Tür zu setzen – da war er Ende zwanzig gewesen –, hätte er wohl auch die Lehre als Krankenpfleger, die der Vater ihm schließlich aufdrängte, niemals begonnen. Aber er hatte auch keine eigene Idee gehabt, was er stattdessen tun sollte, vielleicht etwas Technisches, aber was? Und er hatte seine Eltern nicht schon wieder enttäuschen wollen. Die Ausbildung hatte ihn gelangweilt, die KollegInnen in der Klasse hatten ihn zu Tode genervt. Durch die Bank kleine, brave Mädchen, um einige Jahre jünger als er selbst, die sich kaum trauten, den Mund aufzumachen. Immerhin hatte er da seine Frau Jenny kennengelernt. Sonst würde er vermutlich heute noch bei seinen Eltern wohnen. Inzwischen hatten sie zwei Kinder, Zwillinge. Jenny machte nur noch wenige Nachtschichten in einem Pflegeheim, wenn er freihatte, ansonsten war sie bei den Kindern zu Hause. Sie hatte ihn damals an die Hand genommen, als es ans Lernen für das Pflege-Examen ging. Im Gegensatz zu ihr war ihm das Lernen schwergefallen. Er hatte auch gar nicht eingesehen, warum er so viel unnützes und langweiliges Zeugs lernen sollte. Er wollte die Dinge verstehen und nicht Auswendiggelerntes abspulen müssen. Das beleidigte doch seine Intelligenz. Die Prüfung hatten sie ihm nicht leichtgemacht. Es hatte da einige AusbilderInnen gegeben, die es geradezu auf ihn abgesehen hatten. Aber er hatte endlich einmal davon profitiert, dass es in der Klasse nur zwei Männer gab. Pfleger waren heiß begehrt, und obwohl die Prüfungsergebnisse nicht gerade glänzend gewesen waren, hatte man ihm gleich eine Stelle angeboten.

Leider hatte ihm die Arbeit nach dem Examen auch nicht besonders gefallen. Alles langweilige Knechterei. Aber inzwischen hatte er eine Familie. Aus der Nummer kam er nun nicht mehr heraus. Besser war es erst, seit er auf der Intensivstation arbeitete. Hier wurden seine Fähigkeiten endlich anerkannt. Mit Geräten konnte er gut umgehen. Er hatte nicht diese Angst vor Maschinen, die viele »Mädels« hatten. Er schaute sich das Teil an, machte sich damit vertraut und beherrschte es dann. Und wenn einmal etwas schiefging, machte er sich auch keinen Kopf. Aus Fehlern lernte man. Inzwischen hatte er sich seinen Platz im Job verdient.

Trotzdem war der Alltag oft sehr eintönig, und er bekam selten die Anerkennung, die ihm zustand, die doch jeder brauchte im Leben. Gäbe es sie, die Pflegenden, nicht, würde doch der ganze Laden zusammenbrechen. Und er war inzwischen ein sehr erfahrener Intensivpfleger. Aber wer hatte das Sagen? Die Ärzte. Die kamen von der Uni, wussten nichts, konnten nichts, wollten und durften aber alles bestimmen. Das war schwer auszuhalten.

Fast noch schlimmer waren aber die Kollegen der Pflege, die auch meinten, ihn bevormunden zu dürfen. Allen voran diese Mareike. Wenn er mit ihr zum Dienst eingeteilt war, war der Tag für ihn gelaufen. Sie nahm sich und ihr Tun ungeheuer wichtig. Dieses Gewese, das sie um ihre Duftöle machte. Grauenhaft. Und diese Meditationsmusik beim Waschen. Allein die machte ihn wahnsinnig. Als ob ein Mensch davon gesünder würde. Die armen Patienten, die diese Dudelei über sich ergehen lassen mussten, ohne sich wehren zu können. Dagegen sagte niemand von den Oberen etwas, im Gegenteil, sie wurde auch noch unterstützt. Jetzt hatte sie einen Rollwagen mit Dingen anschaffen dürfen, die im Zimmer eines Sterbenden angeordnet werden sollten: elektrische Kerzen, Lampen, die bunte Bilder oder Sterne an die Decke warfen, Bücher mit klugen Sprüchen, Deckchen, Kreuze für christliche Patienten und jede Menge anderes Gedöns. Demnächst kam sie vermutlich noch mit Weihrauch an. Als würde irgendetwas davon das Sterben einfacher machen.

Aber das Schlimmste war: Sie signalisierte ihm bei jeder Gelegenheit, dass ihre Pflege besser sei als seine, und sie kontrollierte ihn. *Maik, du hast deine Betäubungsmittel noch nicht eingetragen. Maik, hast du bei Frau Friedrich wirklich Mundpflege gemacht?* Oder: *Hier fehlt noch der Eintrag, dass du die Noradrenalin-Dosis verändert hast, als ich kam, lief der Perfusor aber auf vier. Maik hier, Maik da.* Am liebsten hätte er ihr geantwortet, *kümmere dich um deinen eigenen Dreck.* Aber auf einen offenen Kampf wollte er es nicht ankommen lassen. Mareike hatte im Team auch ihre Peergroup. Zum Glück arbeiteten sie prinzipiell in unterschiedlichen Gruppen. Allerdings kam es dadurch gelegentlich vor, dass sie in unterschiedlichen Schichten dieselben Patienten betreuten, sodass er sich von ihr noch mehr kontrolliert fühlte.

Vielleicht musste er sich doch noch einmal beruflich verändern. Zum Rettungsdienst gehen vielleicht. Da gab es mehr Abwechslung, und mit seiner Erfahrung würde er dort seinen Mann stehen können. Außerdem konnte man im Rettungsdienst die Patienten im Krankenhaus abliefern, und musste ihnen nicht den Hintern abwischen.

Das wäre was, noch mal einen neuen Anlauf machen, vielleicht das Abitur nachholen und dann Medizin studieren. Was hätte er alles werden können mit etwas mehr Unterstützung! Das Leben war einfach ungerecht. Und wenn, dann traf es einen immer gleich ganz dicke.

So wie jetzt. Musste es ausgerechnet in diesem Moment, da er, müde nach dem Nachtdienst, nach Hause fahren wollte, so stark regnen? Und hatte er Jenny nicht schon tausend Mal gesagt, dass die Wischerblätter ausgetauscht werden mussten? Er sah nichts mehr von der Straße. Warum traf es immer ihn? Es würde ihn nicht wundern, wenn er jetzt noch in eine Polizeikontrolle geriete. Und wie diese Mareike geguckt hatte, als er am Bett von der Alten stand. Als hätte er etwas verbrochen. Das würde er sich merken. Noch einmal würde er nicht für sie den Alarm am Patienten überprüfen. Und diese alte Friedrich war auch nicht ganz dicht im Kopf. Wie die ihn immer anstarrte, als sei er der Leibhaftige persönlich. Hoffentlich fand er später wenigstens ein bisschen Schlaf. Wenn es regnete, konnte Jenny nicht mit den Kindern auf den Spielplatz. Sie würden im Haus herumtoben und ihn wecken.

KAPITEL 13

Claudia Ruppert beeilte sich, nach der Arbeit – sie war Rechtsanwaltsgehilfin in einer Kanzlei für Medizinrecht – ins Krankenhaus zu kommen. Sie war leicht genervt. Bei aller Liebe, die sie für ihre Großmutter empfand, die alte Dame konnte ganz schön direktiv sein. Claudia hatte schließlich noch einen Beruf und Familie und konnte nicht immer gleich springen, wenn sie rief. Oma Friedrich hatte sich in den Kopf gesetzt, das Krankenhaus augenblicklich zu verlassen. Keinen Tag länger wollte sie dort verweilen und erst recht keine Nacht. Und wenn sie sich einmal etwas in den Kopf gesetzt hatte, konnte sie störrisch sein wie ein Esel. »Der will mir ans Leder«, hatte sie immer wieder gejammert, und ihre Stimme hatte sich vor Aufregung überschlagen. *Ans Leder.* Welch ein antiquierter Ausdruck! Er weckte unangenehme Assoziationen zu Kadaververwertung und Abdeckern.

Warum musste Otti nur immer so übertreiben? Und wie um Himmels willen sollte sie es bewerkstelligen, ihre Großmutter abzuholen? Kurz erwog Claudia, ihre Mutter Ava, Ottis Tochter, um Rat zu fragen. Die hatte schließlich mehr Zeit, war ja schon berentet. Aber sie hätte den Wunsch doch wieder nur als Fantasterei einer überdrehten alten Frau abgestempelt. Schon seit Monaten vermutete Ava bei ihrer Mutter eine beginnende Demenz. Außerdem lagen die beiden in einem lebenslangen Dauerstreit, dessen jeweils einseitige Interpretationen sie nicht müde wurden, über Claudia auszuschütten, während die nichts mehr wollte, als zu beiden ein gutes Verhältnis zu haben. Also, Ava würde keinesfalls eine Hilfe sein. Aber wie sollte sie das allein schaffen? Oma Friedrich war erst vor einigen Tagen operiert worden, eine Lungenentzündung hatte sie stark geschwächt, und auch wenn sie sich bereits auf dem Weg der Besserung befand – bislang konnte sie noch kaum fünf Minuten aufrecht im Bett sitzen, ohne dass die Luft knapp wurde. Da war auch einem medizinischen Laien wie Claudia klar, dass man sie nicht einfach würde ins Auto packen und ins heimische Bett verfrachten können.

Eine Verlegung in ein anderes Krankenhaus kam nicht infrage, das hatte ihr der Stationsarzt bereits am Telefon kategorisch klargemacht. Zudem hatte er nicht mit seiner Meinung hinter dem Berg gehalten, dass er derartige Ängste für irrational hielt und eher als Hinweis auf ein postoperatives Delir deutete, also einen Verwirrtheitszustand eines vorgeschädigten Gehirns durch eine akute Erkrankung. Eine Entlassung nach Hause könne er daher keineswegs empfehlen, das würde ihre Großmutter aller Wahrscheinlichkeit nach nicht überleben, da wolle er keine Verantwortung übernehmen.

Das müsse er ja gar nicht, hatte Claudia mit einem Anflug von latentem Aufruhr erwidert, wobei ihr durchaus klar war, dass ein Teil dieser aufkeimenden Wut eher von der Halsstarrigkeit ihrer Großmutter herrührte als von der Meinung des Arztes. »Die Verantwortung kann meine Großmutter schon noch selbst übernehmen. Wenn es ihr Wille ist, das Haus zu verlassen, dann werden Sie das nicht verhindern können«, hatte sie ihm entgegengeschleudert.

»Sind Sie denn sicher, dass sie das noch kann, ihren freien Willen bilden?«, hatte er daraufhin mit leicht spöttischem

Unterton gefragt. Als sie nicht antwortete, hatte er eingelenkt und versprochen zu schauen, ob er etwas an den Medikamenten optimieren könne, und noch einmal dringend von einer Entlassung gegen ärztliche Empfehlung abgeraten.

Delirant kam ihr ihre Großmutter eigentlich nicht vor, fand Claudia, als sie am Krankenbett angekommen war. Eher dominant und uneinsichtig. Typisch Otti eben. »Das ist mir egal, Claudia, ich will sofort nach Hause. Lieber in meinem Bett in Frieden sterben als noch eine Nacht hier im Krankenhaus mit diesem Pfleger zubringen.«

»Aber was hat er dir denn getan, dass du so verängstigt bist?«, wollte Claudia wissen.

Darauf wusste Oma Friedrich keine rechte Antwort. »Er schaut mich böse an, und er hat krüppelige Ohren«, sagte sie schließlich. Und ihrer zaghaften Stimme war zu entnehmen, dass sie sich der Schwäche ihrer Argumentation durchaus bewusst war. »Ich glaube eben, dass er mir ans Leder will«, schob sie trotzig nach.

Claudia seufzte. Sollte sie jetzt zur Pflegedienstleitung gehen und sich über einen Pfleger beschweren, der böse schaute und krüppelige Ohren hatte? Was sollte das eigentlich sein, krüppelige Ohren? Sosehr sie ihre Großmutter liebte, Claudia wusste, die alte Dame wurde allmählich tüdelig. Die Dinge gerieten ihr durcheinander, oft vermischten sich Vergangenheit und Gegenwart. Es gab Tage, da konnte sie ihre Kinder, Enkel und Urenkel nicht mehr auseinanderhalten. Aber sie überspielte diese kleinen Fehlleistungen und war charmant wie eh und je, sodass es Menschen, die sie nicht so gut kannten, gar nicht auffiel. Und sie hatte in ihrer Kindheit ja wirklich Schlimmes erlebt. Was genau, wusste Claudia allerdings nicht. Ihre Erzählungen waren da immer etwas nebulös gewesen und von den Ereignissen der Gegenwart überdeckt worden. Wer wusste schon, an welches Scheusal aus der Vergangenheit sie dieser arme Pfleger, der bestimmt gar nichts dafür konnte, erinnerte.

Claudia sprach kurz mit der Stationsleitung, um zu klären, ob es einen Weg gab, die Großmutter von einer anderen Pflegekraft versorgen zu lassen. Aber die Schwester schaute sie nur verständnislos an und sah keine Möglichkeit, in diesem Sinne Einfluss auf die Einteilung des Personals zu nehmen. Schließlich kehrte Claudia in das Zimmer ihrer Großmutter zurück, nahm ihre Hand, strich ihr sanft über die Wange und versprach: »Ich versuche, ab morgen eine Vierundzwanzigstundenbetreuung zu Hause zu organisieren, aber heute musst du noch hierbleiben, Oma. Meinst du, das ist in Ordnung?«

Am Abend rief sie noch einmal an und bestand darauf, mit ihrer Großmutter verbunden zu werden. »Morgen hole ich dich ab, ich habe alles organisiert. Eine Nacht musst du noch aushalten«, sagte Claudia.

»Er ist wieder da«, hauchte Oma Friedrich ins Telefon, für mehr reichte ihre Luft nicht. Claudia hörte ihren schweren Atem, dann war wieder die Krankenschwester am Telefon. »Meine Großmutter hat in ihrer Kindheit schreckliche Dinge erlebt, ich glaube, sie ist jetzt oft wieder in der Vergangenheit, daher die Angst«, warb Claudia um Verständnis. Die Krankenschwester versprach, den Arzt daran zu erinnern, dass er ihr ein angstlösendes Medikament verordnete.

Tief in der Nacht erwachte Ottilie Irmgard Friedrich aus einem unruhigen Schlaf. Sie hörte ihren eigenen Atem schwer und knarzend ein und aus gehen. Ein zentnerschwerer Sack schien auf ihrer Brust zu liegen, mit jedem Atemzug wurde es schwerer, ihn zu stemmen. Sie glaubte, ersticken zu müssen. Das Herz schlug so schnell, dass es ihr die Brust zu sprengen schien. Sie war schweißgebadet. Da war er wieder gewesen, dieser Traum: Sie ist ein Kind. Sie ist mit ihren Eltern an einem Bahnhof. Sie ist in freudiger Erwartung. Eine Reise! Aber der Zug fährt an, und sie schaut zu ihren Eltern, die traurig auf dem Bahnsteig zurückbleiben.

Als Zehn- oder Elfjährige war Otti zur Schwester der Mutter nach England geschickt worden, nach Birchington, einem kleinen Ort in Kent, wodurch sie – als Einzige aus der Familie – der Shoah entgangen war. Sie hatte damals nicht verstanden, warum man sie wegschickte, sich aber auf die Reise gefreut. Es war eine naive, eine kindliche Vorfreude gewesen nach Monaten der Isolation, der Demütigungen und der finanziellen Enge. Erst auf dem Bahnsteig, beim Abschied, hatte sie in den Augen der Mutter gelesen, dass dies ein Abschied für immer war. Aber da war es schon zu spät gewesen, da war der Zug schon angefahren. Und so vordergründig unbeschwert ihr weiteres Leben auch verlaufen war, die kleiner werdende Gestalt ihrer Mutter am Bahnsteig sah sie noch immer vor sich.

Das Schlimmste schien ihr zu sein, dass sie sich an das Gesicht der Mutter nicht mehr genau erinnern konnte. Es verschmolz mit dem ihrer Tante, die ja die Schwester der Mutter war und ihr ähnelte. Und so flehte sie die Mutter in ihren Träumen an, sich umzudrehen, was die Gestalt aber niemals tat.

In Birchington hatte sie ein gutes Leben gehabt und den Mann ihres Lebens getroffen. Bei einem Fußballspiel des örtlichen Vereins, wo der Onkel ehrenamtlicher Platzwart war. Aber hatte sie sich ausgerechnet in einen Deutschen verlieben müssen? Einen von dem Tätervolk, das ihre gesamte Familie ausgelöscht hatte, wie ihr die Tante nicht ohne Bitterkeit vorwarf. Aber war sie das nicht auch, eine Deutsche? Paul Friedrich war 1945 als Kriegsgefangener und Landarbeiter nach Birchington gekommen, er war als Sohn eines Sozialdemokraten in Deutschland selbst in Bedrängnis geraten und hatte 1948 doch wieder zurückgewollt in die Heimat, so freundlich man ihn, den netten Kerl und leidenschaftlichen Fußballer, der im Verein von Birchington mitbolzte, in England auch behandelt hatte. Ohne seine Otti wollte er aber auch nicht mehr sein und sie nicht ohne ihn, also war sie mitgegangen, trotz aller Bedenken, die die Tante vorbrachte.

Und jetzt wieder dieser schreckliche Traum. Von ihren Eltern. Sie waren am Bahnhof, soeben hatte der Vater den Koffer neben sie in den Zug gestellt, den kleinen braunen Lederkoffer mit eingraviertem Namen, den sie noch heute hatte. Der einzige Besitz, der ihr von ihrer Familie geblieben war, abgesehen von dem Spitzentaschentuch, einem Stück Batist, das von der Mutter mit feinem Garn umhäkelt worden war. Damals war in dem Koffer nicht mehr gewesen als Wechselwäsche, ein Bild von Vater und Mutter und ein Brief, den sie der Tante aushändigen sollte. Im Traum hörte sie den Bahnhofslärm, die lauten Durchsagen, das Stimmengewirr der vielen Menschen. Sie sah, wie diese dicke laute Frau auf dem Bahnsteig, die für den Transport der über zwanzig Kinder verantwortlich war, verzweifelt versuchte, den Überblick zu behalten, und die Eltern anherrschte, sie sollten sich zügig verabschieden und gehen.

Und dann fuhr der Zug plötzlich an, und die Eltern blieben am Bahnsteig stehen. Wie schon so oft in ihren Träumen sah sie aus immer größerer Ferne zu ihnen zurück. Nie hatte die

Mutter sich noch einmal umgedreht. Heute schien sich ihr sehnlichster Wunsch zu erfüllen. Voll freudiger Erwartung blickte sie in das Gesicht ihrer Mutter, aber da war nur das fratzenhafte Grinsen eines Clowns mit großen verkrüppelten Ohren. Sie schrie auf und rannte los, und sie wusste, diesmal rannte sie um ihr Leben.

KAPITEL 14

Einige Tage später kam Schwester Mareike gut erholt von ihrem Kurzurlaub an der Ostsee zur Frühschicht zurück in die Klinik. Die Station war wieder voll, zwei Kollegen waren im Krankenstand. Sie seufzte, während sie mit einer Tasse Kaffee vor dem Rechner saß und sich die digitalen Krankenakten der Patienten ansah. Fast niemanden kannte sie noch. Aber so war das auf einer Intensivstation, der Durchlauf war oft immens. Heute war ihr eine Famulantin zugeteilt. Das waren die jungen Ärzte in Ausbildung, die sich auch mal in der Pflege umschauen sollten. Mareike konnte nicht verstehen, warum man die auf die Intensivstation einteilte. Da konnten sie doch nun gar nicht helfen. Und sie anzuleiten, dafür war die Zeitspanne, die sie hier verbrachten, viel zu kurz. Außerdem fehlte es bei den Studenten doch noch an Vorkenntnissen. Sie waren ganz am Anfang ihres Studiums.

Mareike waren heute drei beatmete Patienten zugeteilt. Davon war einer kritisch krank, wurde dialysiert. Aber diese Charlotte schien zumindest nett zu sein, höflich, freundlich, drängte sich nicht auf. Das war schon mal viel wert.

»Wie war dein Urlaub?«, fragte Irene nach der Übergabe, als sie noch bei einem weiteren Kaffee, der Überlebensdroge jeder Station im Krankenhaus, zusammensaßen. Mareike schwärmte ihr von den Sonnenuntergängen am Achterwasser und der schönen Ferienwohnung mit eigener Sauna und Whirlpool vor und zeigte Fotos. In den paar Tagen war sie richtig braun geworden, das Wetter hatte mitgespielt und sich nur von seiner besten Seite gezeigt.

»Wie geht es eigentlich Oma Friedrich? Ist sie inzwischen in der Reha, oder haben die Kinder sie nach Hause geholt?«

»Leider nein. Sie ist aber nicht mehr da. Sie hatte eine schwere Krise, und am nächsten Tag hat ihre Enkelin einen Riesenaufstand gemacht und sie auf eigene Kosten in ein anderes Krankenhaus verlegen lassen.«

»Wie das? Und ich dachte, es ginge ihr ganz gut, als ich aus dem Nachtdienst ins Frei gegangen bin. Was ist denn passiert?«

»Frag nicht«, antwortete Irene, »das war der schrecklichste Nachtdienst, den ich je hatte. Fünf Reanimationen bei drei Patienten. Maik hatte wieder mal seinen großen Auftritt.«

»Ach, Maik hatte Dienst?«

»Was denkst denn du, der zieht die Notfälle an wie Scheiße die Fliegen.«

»Wie redest du denn?«

»Ach, ist doch wahr, das ist doch nicht mehr feierlich, so viele Notfälle hatten wir doch früher nicht.«

Mareike überlegte. Da war etwas dran. Sie arbeitete jetzt schon fast zehn Jahre auf dieser Station, und in den letzten Jahren war die Zahl der Reanimationen drastisch gestiegen, jedenfalls gefühlt. Aber stimmte das auch? Das verfolgte doch keiner systematisch, zumindest wusste sie nicht, dass es da eine Statistik gäbe, wofür auch.

»Ich weiß nicht«, sagte sie schließlich, »früher hatten wir aber auch nicht so komplizierte Fälle, und wir haben öfter mal gesagt: *Der hat sein Leben gelebt, der darf jetzt mal sterben.*«

Irene nickte. »Stimmt, heute muss jeder gerettet werden, egal, wie alt er ist, egal, welche Vorerkrankungen.«

Das war richtig, überlegte Mareike, einerseits: Früher hätte man eine Neunzigjährige wie Frau Friedrich gar nicht mehr operiert. Da war eine Hüftfraktur immer das Todesurteil gewesen. Die Alten waren ins Bett gelegt worden und nie mehr daraus aufgestanden. Heute konnten sie, wenn alles gut ging, nach einer versorgten Hüftfraktur noch jahrelang gut leben. Wer wollte denn definieren, bei wem man was noch machte? Das war doch nicht so einfach.

»Trotzdem, warum passiert das immer bei Maik? Das ist doch nicht normal, oder?«, beharrte Irene.

»Vielleicht ist er gar nicht so gut, wie er immer tut«, sagte Mareike. »Ich meine, er kennt sich schon gut aus, aber ich finde, er ist oft unkonzentriert und nachlässig und ehrlich gesagt auch faul. Neulich habe ich ihn mal erwischt, wie er in der Kurve den Wechsel der Dialyseschläuche als erledigt eingetragen hat, aber er hatte es in Wirklichkeit gar nicht gemacht. Und die Einträge für die Medikamente vergisst er auch dauernd.«

»Echt? Und, was hat er dazu gesagt?«

»Hat natürlich alles abgestritten. Hat gesagt, er hätte erst in der Kurve dokumentiert, was er später noch machen wollte. Aber das war eine Ausrede. Der bleibt doch nie eine Minute länger, als er muss, und wir hatten schon Übergabe gemacht. Da kann er mir nicht erzählen, dass er dann noch hingegangen wäre, um die Schläuche zu wechseln. Außerdem ist das gegen die Regel. Erst wird die Arbeit gemacht, dann wird sie dokumentiert.«

»Na ja, mache ich ehrlich gesagt auch manchmal andersrum. Aber du meinst, der ist grob nachlässig und dadurch kommt es zu Fehlern, die dann für den Patienten tödliche Folgen haben?«

»Na ja, wenn er Medikamente abhakt, aber gar nicht gibt?«

»Aber was sollte das für ein Medikament sein, bei dem es, wenn man es einmal auslässt, gleich solche Konsequenzen gibt?«

»Keine Ahnung, aber komisch ist es schon.«

Dabei beließen sie es zunächst, und jede ging ihrer Arbeit nach. Aber Mareike bekam das Gespräch während der nächsten Tage nicht aus dem Kopf. Die vier Ampullen Ajmalin waren ihr wieder eingefallen und wie Maik mit der Spritze in der Hand neben dem Bett von Frau Friedrich gestanden hatte. Ajmalin wurde ja eher selten verordnet, und wenn, dann wurden nicht gleich vier Ampullen auf einmal gespritzt. Für die Perfusoren brauchte man schon mehrere Ampullen, aber die wurden hinten im reinen Arbeitsraum fertiggestellt, nicht im Patientenzimmer. Irene gegenüber hatte sie sich gescheut, das zu erwähnen. Da gab es schon eine Grenze. Es war ein Unterschied, ob man mal über die Nachlässigkeit eines Kollegen lästerte, oder so einen gravierenden Verdacht aussprach. Ja, was für einen Verdacht eigentlich? Sie traute sich kaum, ihn zu denken. Aber vier Ampullen Ajmalin waren in jener Nacht niemandem verordnet worden, das hatte sie überprüft. Was also hatte Maik damit vorgehabt? Hatte ihr plötzliches Erscheinen vielleicht Schlimmes verhindert? In jener Nacht, aber nicht in der nächsten? Warum war er überhaupt bei Frau Friedrich gewesen, sie war nicht seine Patientin? Wo war Luise gewesen, der sie den Auftrag erteilt hatte, nach den Patienten zu schauen, während sie in der Küche beschäftigt gewesen war? Sie hatte das in der Nacht gar nicht mehr geklärt.

Mareike ging zum Dienstplan. Die Leasingkraft Luise war an den folgenden Tagen nicht bei ihnen eingeteilt. Sie konnte sie nicht fragen. Der Verdacht, der sich da in ihr regte, war ohnehin so ungeheuerlich, dass sie ihn sich immer wieder verbot. Sie mochte Maik nicht und er sie nicht, nun gut, so etwas kam vor. Vielleicht hatte ihr das den Blick verschleiert.

Vor allem, was hätte er davon? Wurde ein Bett frei, kam am nächsten Tag der nächste Patient. Und Oma Friedrich war eine lebenslustige, nette alte Dame. Niemand, den man von den »Qualen« der Intensivmedizin »befreien« musste. Jedenfalls nicht an jenem Abend. Wie es jetzt um sie stand, wusste Mareike noch nicht. Mit neunzig Jahren überlebte man eine längere Phase der Beatmung nicht mehr so ohne Weiteres. Konnte es wirklich sein, dass Maik Frau Friedrich etwas angetan hatte? Aber das machte doch alles keinen Sinn. Und es gehörte sich nicht, schlecht über andere zu sprechen. Das verdarb die Stimmung im Team. Sie saßen hier alle im selben Boot und mussten sich zumindest auf dem kleinsten gemeinsamen Nenner treffen: Sie waren da, um Menschen zu retten und ihnen zu helfen, wieder gesund zu werden.

KAPITEL 15

Max Werner traute seinen Augen nicht. Was er hier las, durfte doch nicht wahr sein! Er hätte gewarnt sein sollen. Hatte Doro nicht merkwürdig gegrinst, als sie ihm die Akte reichte und sagte, dass die Zeugin bereits geladen sei und vor der Tür warte?

Und nun behauptete diese Frau Ruppert, aus der Tatsache, dass ihre Großmutter Angst vor einem Pfleger mit krüppeligen Ohren gehabt hatte, schließen zu dürfen, dass besagter Großmutter in einem Krankenhaus durch einen Pfleger absichtlich Schaden zugefügt worden war, weshalb sie nun immer noch intensivmedizinisch betreut werden musste. Und um dem Ganzen die Krone aufzusetzen, verlangte sie, dass dieser Quatsch polizeilich verfolgt wurde!

»Stellt euch mal vor, was für einen Mist die uns hier auf den Tisch legen«, klagte er einige Zeit später bei Doro im Café. »Eine Neunzigjährige soll in einem Krankenhaus vergiftet worden sein, von einem Pfleger.«

»Wäre ja nicht das erste Mal«, machte Kevin, Max Werners Adlatus, sich wichtig.

»Was willst du denn damit sagen?«, fragte Max Werner.

»Es gibt doch immer wieder mal Fälle, wo medizinisches Personal Schutzbefohlene tötet«, sagte Kevin.

Werner schwieg.

»Was willst du unternehmen?«, rutschte es Kevin heraus, und noch im Sprechen hätte er sich am liebsten auf die Zunge gebissen.

Max Werners Reaktion ließ denn auch nicht lange auf sich warten. Ausdruckslos starrte er Kevin an. »Ich?«, fragte er dann, wobei er das Iiiih in einem langen Bogen nach oben zog und mit dramatischer Geste auf sich wies. »Sicher nichts, aber du«, der Finger wanderte in Richtung Kevin, »wirst Befragungen machen und dann einen schönen Bericht abliefern. Wir müssen dem Staatsanwalt schon irgendetwas vorlegen, damit er die Sache einstellen kann.«

Kevin stöhnte. »Wen soll ich denn da was fragen?«

»Na, alle Personen, die in der betreffenden Nacht auf der Station Dienst hatten, zunächst einmal«, schob Max Werner grinsend hinterher.

Kevin hatte das sichere Gefühl, dass es besser war, jetzt erst einmal nichts mehr zu sagen, und zog ab.

Kammowski, der zufällig gerade dazukam, schaute ihm erstaunt hinterher. »Was ist denn in den gefahren?«

»Arbeit, zur Abwechslung mal Arbeit«, lachte Max.

Kammowski lachte ebenfalls. Max Werner war nicht gerade sein Lieblingskollege im LKA. In den letzten Monaten kamen sie eigentlich recht gut miteinander aus, doch Kammowski hatte beobachtet, dass das nicht selten auf Kevins Kosten ging. Anfangs hatte Max mit ihm geprahlt und keinen Zweifel daran gelassen, dass er die bessere Karte gezogen hatte, als man Kevin ihm und Svenja Kammowski zugeteilt hatte. Inzwischen hatte sich das Blatt gewendet. Kevin vollzog gerade eine Metamorphose vom vielversprechenden Anfänger mit Aussicht auf eine glänzende Karriere zum Reviersündenbock. Immer dasselbe gruppendynamische Spiel. Einer wurde ausgezählt und zur Persona non grata erklärt. Das linderte die Differenzen der anderen untereinander. Kammowski nahm sich vor, zukünftig netter zu Kevin zu sein.

Er kehrte an seinen Schreibtisch zurück, jedoch, es fehlte ihm an Konzentration. Ein unbestimmtes, unangenehmes Gefühl, dessen Ursache er nicht ausmachen konnte, quälte ihn. Es musste ihm anzusehen gewesen sein, denn Svenja fragte, ob ihm die Hunger-Laus über die Leber gelaufen sei, während sie essen war. Der immer an der Grenze zum Übergewicht lavierende Kammowski verweigerte im Gegensatz zur schlanken Svenja den Gang in die Mensa beharrlich, behauptete, dort werde man vergiftet oder zumindest mit schlechten Kohlehydraten ernährt.

»Ich weiß auch nicht«, sagte er, »ich werde den Eindruck nicht los, dass ich irgendetwas Wichtiges vergessen habe. Aber ich komme nicht drauf, was es ist.«

»Tja, alter weißer Mann, so ist das eben ab einem gewissen Alter.«

»Du weißt schon, dass dein Mann mein Jahrgang ist, oder?«, schoss Kammowski zurück und vergaß sein schlechtes Gewissen.

KAPITEL 16

Am Mittag bei Schichtanfang stellte Schwester Mareike fest, dass sie wieder einmal mit der Honorarkraft Luise zum Dienst eingeteilt war. Den ganzen Nachmittag arbeiteten sie zügig, aber ohne größeren Stress nebeneinander. Luise war eine der wenigen Leasingkräfte, die man als Entlastung empfinden konnte. Sie war freundlich und umsichtig, packte an, wo es nottat, und vor allem sah sie die Dinge, die getan werden mussten, ohne dass man sie erst darauf hinweisen musste. Erst am Abend gab es Gelegenheit zu einer kurzen gemeinsamen Pause.

»Kannst du dich noch an unseren letzten gemeinsamen Dienst erinnern? Ist schon einige Wochen her. Da lag unter anderem eine alte Dame, die Frau Friedrich, hier in der fünf.«

»Ja, an die erinnere ich mich gut. Die war nett, hat die ganze Zeit von ihren Enkeln und Urenkeln erzählt.«

»Erinnerst du dich vielleicht auch noch, dass ich in die Küche gegangen bin, um den Salat zu machen, und dich gebeten habe, im Zimmer der alten Dame zu bleiben? Irgendwann ging der Alarm los, aber du warst nicht bei den Patienten.«

Luise überlegte. »Ja, ich erinnere mich gut. Maik war mit mir im Geräteraum und hat mir die Beatmungsgeräte erklärt. Dann hat er gesagt, ich soll noch mal selbst ein bisschen mit den verschiedenen Funktionen herumspielen. Für den Moment könne er das Zimmer mit beaufsichtigen. Das war doch in Ordnung, oder? Es war ja bis dahin recht ruhig gewesen.«

Mareike nickte. Es brachte jetzt nichts, mit der Kollegin darüber zu diskutieren, wer in jener Nacht wem gegenüber weisungsbefugt gewesen war. Aber sie war nun entschlossen, das Ganze nicht mehr auf sich beruhen zu lassen. Sie wollte wissen, was genau da in der Folgenacht, als sie schon im Urlaub gewesen war, passiert war. Vielleicht konnten ihr die Angehörigen weiterhelfen, vielleicht konnte auch Frau Friedrich selbst etwas berichten. Immerhin hatte die Familie sie auf eigene Kosten verlegen lassen. Das machte man doch nicht ohne Grund! In der elektronischen Patientenakte suchte sie nach den Kontaktdaten von Frau Friedrich und notierte sich die Telefonnummer der Enkelin.

Am Abend wählte sie die Nummer, und Claudia Ruppert ging auch gleich ans Telefon. Sie freute sich sehr, dass Mareike sich nach ihrer Großmutter erkundigte. Mareike sagte ihr wahrheitsgemäß, dass sie sich mit Frau Friedrich so gut verstanden hätte und sehr geschockt gewesen war, als sie nach ihrem Urlaub hörte, dass man sie in ein anderes Krankenhaus verlegt hatte. Was denn da vorgefallen sei? Schnell kamen sie überein, dass es sich besser machte, wenn man sich persönlich sprach, und so verabredeten sie sich für den folgenden Nachmittag in dem Krankenhaus, in dem Frau Friedrich jetzt lag. Es ging ihr etwas besser, die Intensivstation hatte sie bereits verlassen können.

Frau Friedrich war noch sehr schwach, sah aber in ihrem zarten, batistenen Rosennachthemd und der sicher selbst gehäkelten cremefarbenen Bettstola, die sie um ihre Schultern gelegt hatte, reizend aus. Selbst die bereits schütteren Haare wirkten frisch onduliert, die Fingernägel waren naturfarben lackiert. Vermutlich hatte die Enkelin geholfen, oder sie hatte eine Friseurin organisiert. Diese zarte alte Dame war von einer natürlichen Eleganz, der weder Krankheit noch Siechtum etwas anhaben konnten. Jetzt lächelte sie matt und bedankte sich herzlich für die schönen Blumen, die Mareike mitgebracht hatte, obwohl das ganze Zimmer bereits eher einem Blumenladen als einer Krankenstube glich und Mareike sich sogleich Vorwürfe machte, nicht lieber etwas Konfekt und eine Zeitschrift mitgebracht zu haben.

»Schau mal, Oma, wer dich da besucht, die nette Schwester Mareike aus dem Moabiter Krankenhaus.« Mareike war sich nicht sicher, ob Frau Friedrich sie wirklich wiedererkannte.

»Sie hat gute und schlechte Tage«, räumte Claudia später auf dem Flur ein. Sie waren gleich nach der Begrüßung zwanglos zum Du übergegangen. »Heute ist eher ein schlechter Tag, aber Unkraut vergeht ja bekanntlich nicht«, fügte sie lachend hinzu. »Diesmal war es wirklich knapp. Wir haben nicht geglaubt, dass sie das noch einmal überleben würde.« Und dann berichtete sie von den Befürchtungen, die ihre Großmutter am Tag vor der Verschlechterung ihres Zustandes geäußert hatte. »Ich bin mir inzwischen sicher, dass sie recht hat. So etwas bildet man sich doch nicht ein. Und es konnte sich auch niemand im Krankenhaus erklären, warum diese Verschlechterung eingetreten ist. Sobald sie wieder bei Sinnen war, hat sie mir erzählt, dass das Letzte, woran sie sich erinnert, der Pfleger ist, vor dem sie so viel Angst hatte, und zwar, wie er an ihren Schläuchen hantiert habe. Das Problem ist, dass sie immer noch phasenweise völlig durcheinander ist. Aber in den wachen Momenten ist sie fest davon überzeugt, dass dieser Pfleger sie umbringen wollte.« Claudia verstummte im Angesicht der erstmals laut ausgesprochenen Ungeheuerlichkeit. Dann fuhr sie beherzt fort: »Ich habe inzwischen Anzeige erstattet. Aber niemand will einer neunzigjährigen, zeitweise verwirrten Frau Glauben schenken. Wir müssen abwarten, inwieweit sie sich wieder erholt, aber wenn, dann werden wir das nicht auf sich beruhen lassen, das kannst du mir glauben, Mareike.«

Mareike nickte und schwieg. Verschwieg ihre Zweifel, die sagten, dass das Gehirn einer so alten und so kranken Frau sich auch mal Dinge einbilden konnte, Dinge, die eher das Produkt einer neuronalen Fehlfunktion waren, entsprungen einem deliranten Zustand, der auf Intensivstationen selbst bei Menschen mit jüngerem Gehirn nicht selten beobachtet wurde. Allerdings vergaßen die meisten Menschen ihre intensivmedizinischen Fantasien und Halluzinationen rasch wieder – zum Glück, war man geneigt zu sagen. Und dass Maik »an den Schläuchen« von Frau Friedrich hantiert hatte, war nun auch nicht weiter verwunderlich. Schließlich arbeitete er auf der Station.

Obwohl sie sich Claudia nahe und verbunden fühlte, widerstand Mareike der Versuchung, ihr von ihren eigenen Beobachtungen zu berichten. Sie wollte nicht noch Wasser auf die Mühlen der Befürchtungen und Selbstvorwürfe schütten, dafür war sie ein viel zu besonnener Mensch. Aber sie beschloss, am nächsten Tag die Stationsleitung um ein Gespräch zu bitten.

KAPITEL 17

Sie lag jetzt fast nur noch im Bett und starrte vor sich hin. Nicht, weil sie bettlägerig war, aber wenn niemand sie anzog und in den Tagesraum führte, dann stand sie auch nicht auf. Und es fehlte ja immer an Zeit. Anfangs hatte Kammowski sich noch über Missstände im Heim seiner Mutter aufgeregt: Als sie ihr fremde Kleidung anzogen, als eine Mitbewohnerin ihre Couchkissen zerschnitt, als ihr Goldring verschwand, als sie die Kaschmirdecke in der Waschmaschine auf die Größe eines Topflappens zusammenschrumpften, als sie sie nachts in ihrem Zimmer einschlossen und dann behaupteten, sie würde sich selbst einschließen. Inzwischen hatte er aufgehört, die gehetzte Pflege zu kritisieren. Die gaben überwiegend ihr Bestes. Und irgendwie war ihm auch das Ziel abhandengekommen. Warum sollte sie noch aufstehen und in den Tagesraum gehen? Sie nahm ihre Umwelt kaum noch wahr. Ob sie nun im Bett lag oder im Tagesraum saß, war einerlei. Seine Mutter verschwand allmählich, nichts konnte diesen Prozess aufhalten. Und eine Station voller Dementer adäquat zu versorgen, hätte es einer Eins-zu-eins-Betreuung rund um die Uhr bedurft.

Der demenzielle Prozess hatte bei seiner Mutter schon vor Jahren eingesetzt, sie hatte immer mehr Alltagsfertigkeiten verloren, und Kammowski hatte schließlich gegen ihren anfangs heftigen Widerstand sein Elternhaus in Dinslaken aufgelöst und sie nach Berlin geholt. Sie hatte sich erstaunlich gut eingelebt, obwohl sie zuvor immer wieder gedroht hatte, sie werde sich das Leben nehmen, wenn jemand von ihr verlangte, ihr Haus zu verlassen und in ein Heim zu ziehen.

Nachdem sie sich einmal damit abgefunden hatte, schien sie sich jedoch wohlzufühlen, wahrscheinlich hatte sie einfach vergessen, dass es einmal anders gewesen war. Sie führte lebhafte Gespräche mit anderen Heimbewohnern, flirtete eine Zeit lang sogar mit einem alten Herrn. Einige Wochen lang waren die beiden unzertrennlich, saßen Händchen haltend beieinander und gaben sich Küsschen, bis seine Tochter, die davon unangenehm berührt war, dem ein Ende setzte, indem sie ihren Vater in ein anderes Heim brachte. Die Mutter vergaß ihren Freund noch am selben Tag und fragte nie wieder nach ihm. Aber selbst ihre Angehörigen vergaß sie. Kammowski hatte Fotos von Verwandten in ihrem Zimmer aufgehängt, auch eins von seinem Vater. Eine Zeit lang wies die Mutter immer wieder auf das Bild und fragte, wer denn dieser fremde Mann sei, und wenn man versuchte, ihr zu erklären, dass das ihr verstorbener Mann sei, schaute sie sehr misstrauisch drein.

Kammowski hatte zunächst alles versucht, ihr das Heim zu ersparen, hatte Pflegekräfte engagiert, die sie aber nicht hereinließ oder so schlecht behandelte, dass sie entnervt aufgaben. Irgendwann war das von Berlin aus nicht mehr zu händeln gewesen. Was sollte er denn tun, wenn die Nachbarin abends um elf anrief und ihn darüber informierte, dass seine Mutter bei zehn Grad Außentemperatur im Nachthemd im Garten stand und einen ratlosen Eindruck machte?

In den ersten Monaten hatte sie noch bei ihm gewohnt und war tagsüber in eine Tagespflege gegangen. Wenn sie morgens von dem Fahrdienst abgeholt wurde, hatte sie zwar wie ein Rohrspatz über die lange Fahrt »zur Arbeit« geschimpft und ihm heftige Vorwürfe gemacht, dass sie in ihrem Alter doch nun wirklich anderes verdient hätte, als so hart arbeiten zu müssen, aber das Leben hatte sich auf diese Art irgendwie einrichten lassen. Nur die Wochenenden und Nächte waren oft hart gewesen und hatten ihn an die Grenze seiner Belastbarkeit gebracht. Sie konnte sich ja keine Minute selbst beschäftigen.

Nachts wachte sie oft mehrmals auf, lief in der Wohnung umher und rief »hallo«. Dann stand er auf und führte sie zurück zu ihrem Bett, wie ein kleines Kind. Und als erwachsener Mann seine Mutter duschen und dafür sorgen zu müssen, dass sie sich die Zähne putzte, war auch schwierig gewesen. Aber irgendwie waren sie ein gutes Team geworden, und Kammowski hatte endlich – nach Jahren der Sprachlosigkeit – wieder einen emotionalen Zugang zu seiner Mutter gefunden. Sein Vater hatte ihm nie verziehen, dass er sein Jurastudium nicht geschafft hatte und als »Drückeberger« nach Berlin gezogen war. Die Mutter hatte dem Vater nur wenig entgegengesetzt, und so war der Kontakt zwischen ihnen fast komplett eingebrochen. Nach dem Tod des Vaters hatte sich das etwas normalisiert, aber sie waren einander nie mehr so nahe gekommen wie während seiner Kindheit. Kammowski hatte es ihr übel genommen, dass sie nicht mehr für ihn eingestanden war, und sie hatten es nie fertiggebracht, sich auszusprechen.

Inzwischen war er sich zwar nicht mehr sicher, ob sie ihn erkannte, aber sie fühlte sich in seiner Nähe ganz offensichtlich wohl, nahm ihn als vertraute Person wahr. Ihr Sprechvermögen hatte sich nach und nach völlig aufgelöst. Eine Zeit lang hatte sie immer denselben Satz vor sich hergesagt: »Ich weiche und ich war, ich war und ich weiche.« Das war zwar ein sprachliches Stereotyp gewesen, vermutlich ohne tieferen Sinn, aber es traf den Sachverhalt auf eine grausame Art und Weise, die ihn immer wieder erschauern ließ.

Inzwischen sprach sie fast gar nicht mehr. Selbstständig gegessen und getrunken hatte sie schon lange nur noch, wenn man es ihr vorsetzte und sie immer wieder dazu anhielt. Nun aß sie nur noch, wenn man ihr die Speisen an den Mund reichte. Aber wenn man ihr ein Lied vorsang, lächelte sie und summte mit. Sie war noch eine von den Grundschullehrerinnen gewesen, die es als ihre Aufgabe ansahen, den Kindern das Singen beizubringen, und ihr Repertoire an Liedern war auch in der Demenz noch zu großen Teilen abrufbar gewesen. Aber auch das verebbte jetzt.

Charlotte verlangte neuerdings, er solle im Heim durchsetzen, dass sie nicht mehr gefüttert wurde. Charlotte hatte immer ein enges Verhältnis zu ihrer Großmutter gehabt, und sie hatte sich, seit sie in Berlin war, rührend um sie gekümmert, hatte sie mindestens einmal pro Woche besucht, war mit ihr spazieren gegangen, hatte mit ihr gemalt und gesungen. Jetzt sagte sie, das sei nicht mehr ihre Großmutter, und man solle sie endlich sterben lassen. Würde man ihr nicht immer wieder Flüssigkeit und Nahrung an den Mund reichen, würde sie von sich aus nichts mehr zu sich nehmen. Sie würde innerhalb weniger Tage einfach sterben, da war Kammowski sich sicher. Aber wollte er das? Wieder nahm er ihre faltige Hand und streichelte sie. Sie lächelte, sie reagierte auf die Berührung. Sollte er sie wirklich einfach so gehen lassen?

KAPITEL 18

Willst du mir jetzt ernsthaft sagen, dass Maik mit Absicht Patienten schadet?«, fragte Schwester Raffaela, die Stationsleiterin der Intensivstation des Moabiter Krankenhauses, und sah irritiert von ihrem Schreibtisch auf. »Wie kommst du denn auf die Idee? Hast du irgendwelche Beweise?«

Schwester Raffaela brütete gerade über dem Dienstplan für Oktober. Eigentlich sollte der schon seit Tagen fertig sein. Der Betriebsrat saß ihr ebenso im Nacken wie die Kollegen, die ihre Wochenenden und Kinderbetreuungen planen wollten. Aber wie sollte man einen Dienstplan erstellen, wenn es einfach zu wenig Personal gab und das vorhandene krank wurde und nahezu jeder Sonderrechte geltend machte? Außerdem hatte sie kaum einmal eine halbe Stunde Zeit am Stück, um an dem Plan zu arbeiten, weil sie dauernd irgendwo einspringen musste oder gestört wurde, wie jetzt von Mareike.

»Beweise? Was erwartest du von mir? Ich bin doch kein Polizist. Und ich spioniere meine Kollegen auch nicht aus. Ich dachte nur, es ist meine Pflicht, dir meine Beobachtungen mitzuteilen. Ich bin hier nur eine kleine Pflegekraft, du bist die Leitung.«

Innerlich stöhnte Schwester Raffaela auf, aber sie versuchte, sich nichts anmerken zu lassen. Schon wieder ein Hieb in diese Richtung. Sie war eine der Jüngsten im Team, aber vor einem Jahr, als die alte Stationsöse in Rente gegangen war, hatte man ihr den Leitungsjob mehr oder weniger »übergeholfen«. Sie hatte sich keineswegs darum gerissen. Andererseits war sie natürlich auch stolz gewesen, dass ihr so kurz nach dem Abschluss des Leitungslehrgangs diese Stelle angeboten wurde. Wenn sie sich damals hätte ausmalen können, was da auf sie zukam, dann hätte sie vermutlich dankend abgelehnt. Nein sagen konnten die anderen offenbar besser als sie. Die Beschwerden der Kollegen über den letzten Dienstplan hallten noch in ihren Ohren.

Nein, da kann ich nicht, da kommt meine Oma.

Nein, mit dem will ich nicht arbeiten, das geht überhaupt nicht, wir harmonieren nicht.

Nein, ich arbeite nicht schon wieder am Wochenende, ich habe jetzt fünf Wochenenden in Folge gearbeitet, willst du meine Familie zerstören?

Nein, da muss ich zum Zahnarzt …

Plötzlich war sie die Vorgesetzte einer Gruppe von Schwestern und Pflegern, die ganz überwiegend älter und erfahrener waren als sie selbst. Mit einer Ausnahme hatte sich keiner von ihnen um die Leitungsstelle beworben, aber das hinderte sie keineswegs daran, unentwegt zu stänkern und ihre Entscheidungen zu konterkarieren oder zumindest zu hinterfragen. Ständig ließen sie durchblicken, dass sie selbst eigentlich besser geeignet gewesen wären, die Intensivstation zu leiten, dass sie qualifizierter, schlauer und erfahrener waren, und das Schlimmste daran war, dass sie vermutlich recht hatten. Keiner von ihnen war so blöd gewesen, sich auf so einen Schleudersitz-Posten zu bewerben, der noch dazu kaum mehr Geld einbrachte, dafür aber jede Menge Ärger. Hinzu kam, dass das gesamte Team in zwei Gruppen gespalten war. Die einen scharten sich um Maik und einige meist jüngere Kollegen, die zweite Gruppe, um Martina, ihre Stellvertreterin, eine ältere

Schwester, die sich als Einzige neben ihr um die Leitung beworben hatte, aber nicht berücksichtigt worden war.

Sie selbst stand nun ständig im Kreuzfeuer der rivalisierenden Gruppen, und wenn die sich ausnahmsweise einmal einig waren, dann konnte sie sicher sein, dass sie sich gegen sie verbündet hatten. Im Grunde war sie kurz davor zu kündigen, und jetzt auch das noch. Mareike war eigentlich immer eine der Vernünftigeren gewesen, aber natürlich gehörte sie zur Anti-Maik-und-pro-Martina-Gruppe.

Sticheleien innerhalb des Teams gab es ständig, aber eine solche Anschuldigung? Das war schon ein ganz anderes Kaliber. Natürlich hatte auch sie sich bereits über die vielen Reanimationen Gedanken gemacht. Aber Himmel, sie waren nun einmal eine interdisziplinäre Intensivstation mit einer großen Kardiologie im Haus. Da starben Menschen. Einem Kollegen vorzuwerfen, dass er absichtlich Patienten schadete, das war einfach jenseits ihrer Vorstellungskraft. So viel Neid, Missgunst und Konkurrenz so ein Krankenhaus auch hervorzubringen vermochte, am Ende war man sich doch in einem einig: Dem Patienten sollte geholfen und nicht geschadet werden. Am Ende des Gesprächs war Schwester Raffaela stolz, dass sie Mareike zur Besonnenheit hatte verpflichten können.

»Stell dir doch mal vor, jemand sagt so etwas über dich«, hatte sie angeführt und damit Mareike tatsächlich ins Grübeln gebracht.

»Ich dachte nur, ich muss es dir mal melden«, sagte Mareike schließlich und versprach, mit keinem anderen darüber zu reden und keine Gerüchte in Umlauf zu bringen.

Als Mareike gegangen war, gelang es Schwester Raffaela nicht, sich wieder auf den Dienstplan zu konzentrieren. Sie mochte Maik auch nicht gerade. Aber er war einer der wenigen, der ohne Murren Dienste übernahm, und er war wirklich einer der Besten und Erfahrensten in der Abteilung. Klar, er gab ganz gern an. Sie hätte das nie laut gesagt, aber natürlich fand sie, dass männliche Kollegen auf Intensivstationen gelegentlich Imponiergehabe draufhatten, einige wollten eben den Gockel machen. Doch das war noch lange kein Grund, solche Anschuldigungen gegen einen von ihnen in die Welt zu setzen.

Versonnen sah sie aus dem Fenster. Eichhörnchen jagten einander durchs Geäst der altehrwürdigen Linde. Hier auf dem Krankenhausgelände waren es noch ausschließlich rotbraune Eichhörnchen. Sie hatte gelesen, dass von außerhalb Europas dunkelbraune Eichhörnchen einwanderten und die einheimischen verdrängten. Invasive Arten – das gab es im Tier- wie im Pflanzenreich. Raffaela wohnte mit ihrem Mann in einem kleinen Reihenhaus in Spandau, das sie von ihrer Großmutter geerbt hatte. Vom Nachbargrundstück wucherte der japanische Staudenknöterich in ihren Garten. Die Nachbarn, die nicht viel mit Garten am Hut hatten, fanden ihn »schön« und sahen überhaupt nicht ein, warum sie sein Wachstum begrenzen sollten. Glaubte man dem NABU und anderen Organisationen, die Raffaela ins Feld geführt hatte, so sollten diese Arten nach Möglichkeit bekämpft werden, weil sie sich auf Kosten der heimischen Flora ausbreiteten. Aber sosehr sie sich auch ärgern konnte über die Ausläufer der Staude, die überall in ihrem Garten ungebeten auftauchten – war das nicht der Lauf der Welt von Anbeginn? Neue Arten im Pflanzenreich, bei den Tieren und selbst beim Menschen kamen, verdrängten alte oder vermischten sich mit ihnen, und danach war alles anders, nicht unbedingt schlechter, aber anders.

Raffaela zwang sich, die Träumerei, die sie sich kurze Zeit gestattet hatte, zu beenden. Heute Nachmittag wollte sie mit ihrer Tochter ins Schwimmbad gehen, sie durfte nicht wieder Überstunden machen. Ab morgen war sie in ihrem Jahresurlaub. Am liebsten hätte sie die ganze Angelegenheit vergessen. Doch auch wenn sie die von Mareike erhobene Anschuldigung ungeheuerlich fand – gar nichts zu unternehmen, das war ihr dann doch zu heiß. Wofür gab es Vorgesetzte? Sollte sich doch der Pflegedienstleiter Hausmann damit befassen. Entschlossen griff sie zum Telefon.

Sie konnte förmlich sehen, wie Hausmann die Hände über dem Kopf zusammenschlug.

»Kannst du dir den Skandal vorstellen, wenn solche Verdachtsmomente an die Öffentlichkeit gelangen? Dann können wir den Laden hier dichtmachen. Denk nur mal an die Arbeitsplätze!«

Schwester Raffaela stimmte ihm voll und ganz zu. Sie hatte mit dem Gespräch ihre Pflicht getan. Und wenn Gregor Hausmann entschied, das Ganze auf sich beruhen zu lassen, dann war das sein gutes Recht.

Pflegedienstleiter Gregor Hausmann, im Krankenhausjargon kurz PDL genannt, war allerdings ebenso wenig gewillt, die Verantwortung allein zu tragen. Dafür war er schon zu lange im Geschäft. Er wusste genau, wann es brenzlig werden konnte, deshalb informierte er noch am selben Tag die Geschäftsführerin der Klinik, Wiebke Werner-Wohlfahrt, die wiederum unverzüglich ihren Regionalgeschäftsführer anrief. Auch hier war man sich über die Brisanz der Geschichte im Klaren. Allerdings verschob sich die Bewertung der Sachlage mit jeder Etage, an die sie weitergereicht wurde, von der moralischen Empörung, dass so etwas möglich sein sollte, hin zu dem persönlichen Ärger, den die Angelegenheit womöglich auf der Metaebene anrichten konnte.

»Sieh zu, dass du die Kuh vom Eis kriegst, sonst gehst du mit unter, Wiebke. Mit so etwas ist nicht zu spaßen.«

KAPITEL 19

Wiebke Werner-Wohlfahrt, die wegen der drei W in ihrem Namen und wohl auch wegen ihrer Figur hinter vorgehaltener Hand etwas despektierlich »XL-Double-U« genannt wurde, war eine vom Typ her kräftige Frau mit etwas groben Gesichtszügen und einem Hang zu auffälligem Goldschmuck. Sie war keineswegs eine Frau, die die Kuh auf dem Eis tanzen ließ. Eine Kuh gehörte in den Stall, nicht aufs Eis. Wiebke Werner-Wohlfahrt war willens- und durchsetzungsstark, was sie erst kürzlich bewiesen hatte, indem sie sich von einem stattlichen Übergewicht auf Normalgewicht hungerte.

Im Betrieb, den sie als Landesanstalt übernommen und einem privaten Träger zugeführt hatte, war sie wegen ihrer rigorosen Umsetzung marktwirtschaftlicher Grundsätze gefürchtet. Für die zum Teil seit vielen Jahren im Betrieb tätigen Mitarbeiter hatte es zahlreiche schmerzliche Änderungsprozesse gegeben. Sicher notwendig, wenn man aus einem mit Landesmitteln geförderten Unternehmen, bei dem die Finanzlöcher am Ende von der öffentlichen Hand gestopft wurden, einen gewinnorientierten Betrieb machen wollte – notwendig, aber eben schmerzlich.

Zum Haus gehörten mehrere Standorte, und zunächst einmal waren die bisher drei unabhängigen Verwaltungen zu einer zusammengefasst worden. Das aber hieß für die Mitarbeiter der so abrupt zusammengewürfelten Abteilungen, dass sie künftig bis zu sechzig Kilometer würden fahren müssen, um an ihren neuen Arbeitsplatz zu kommen. Viele der älteren

Kollegen hatten daher freiwillig gekündigt, ein erwünschter Nebeneffekt, denn das Zusammenlegen der Abteilungen sollte natürlich einen reinigenden Schrumpfungsprozess mit sich bringen. Das Problem an solch einer Umstrukturierung war aber, dass ein Arbeitgeber auch eine Strukturverantwortung für den Landkreis hatte, der sich der private Träger von einem Tag auf den anderen gnadenlos entzog: In Abteilungen, in denen die Mitarbeiter nicht freiwillig gingen, wurde »nachgearbeitet«. Das Fuhrparkpersonal hatte man drastisch reduziert, den Fuhrparkleiter wegen Unfähigkeit zum einfachen Fahrer degradiert, als er sich außerstande sah, mit dem verbleibenden Personal die bisherigen Pflichten weiter abzudecken. Als er das Feld dennoch nicht räumen wollte – wohl auch nicht konnte, weil er mit der Region verbunden war und ein Alter erreicht hatte, in dem man üblicherweise nicht mehr ortsflexibel ist –, beschuldigte man ihn, den Dienstwagen privat genutzt zu haben. In der Tat hatte er an einem Tag sein zu Hause vergessenes Frühstücksbrot mit dem Dienstwagen abgeholt – sein Zuhause befand sich fünfzig Meter vor dem Gelände des Krankenhauses. Dass er die vielen Jahre zuvor für die kommenden und gehenden Geschäftsführer unzählige privat initiierte Fahrdienste erledigt hatte, spielte bei der Entscheidungsfindung im Arbeitsrechtsprozess keine Rolle.

Wiebke Werner-Wohlfahrt war sich im Klaren darüber, dass die Angelegenheit mit dem Pfleger der Intensivstation für das Haus ernste Folgen haben konnte, und dass ihr weiteres Fortkommen im Konzern davon abhing, wie rasch und diskret sie handelte. Andererseits musste sie auch so offen und entschieden vorgehen, dass ihr später niemand mangelnde Transparenz oder fehlenden Aufklärungswillen vorwerfen konnte.

Zunächst einmal zog sie Erkundigungen ein, ließ sich die Akte von diesem Pfleger vorlegen: Hier gab es keine besonderen Vermerke. Der Mann war jetzt vier Jahre im Unternehmen und hatte von seinem vorletzten Arbeitgeber gute Zeugnisse vorgelegt. Zwischen diesen Anstellungen war er einige Zeit arbeitslos gewesen, hatte in verschiedenen Jobs gearbeitet, sich dann in einem Altenheim versucht und festgestellt, dass das nichts für ihn war. So stand es jedenfalls in seiner Bewerbung. Ein Zeugnis über die Zeit im Altenheim hatte er nicht vorgelegt. Werner-Wohlfahrt merkte auf. Es war ein schwerwiegender Fehler der Personalabteilung, nicht danach gefragt zu haben. Sie nahm sich vor, der Personalleiterin eine Rüge zu erteilen. Allerdings gestand sie sich ein, dass man ihn auch mit einem schlechten Zeugnis aus dem Altenheim genommen hätte. Fachkräfte waren am Markt dünn gesät. Ein Pfleger mit der Weiterbildung Intensivmedizin klopfte nicht jeden Tag an ihre Tür. Und sicher entsprach seine Angabe, dass er sich im Altenheim nicht wohlgefühlt hatte, der Wahrheit.

Sie entschied sich, das Thema auf die Tagesordnung ihres »Jour fixe« zu setzen, wie sie die turnusmäßigen Besprechungen von Pflegedienstleitung, Geschäftsführerin und dem Ärztlichen Direktor, Dr. Ullrich, neuerdings gern nannte. Nicht an die erste Stelle, nein, zunächst gab es wichtigere Dinge zu besprechen, aber am Schluss, wenn alle schon genervt auf die Uhr schauten und weder Zeit noch Lust hatten, lange zu diskutieren … da war dieser Punkt genau richtig platziert.

Dr. Ullrich, Chefarzt sowohl der Anästhesie als auch der Intensivmedizin, gab sich sehr erstaunt. Bislang sei der betreffende Pfleger nur durch sein hochkompetentes Handeln aufgefallen. Wohingegen Schwester Raffaela oft Unsicherheiten offenbare. Möglicherweise sei sie mit der Leitung der Station doch überfordert und fühle sich durch die überzeugendere Performance von Pfleger Maik in die Ecke gedrängt. Das war natürlich ein Seitenhieb gegen die Pflegedienstleitung, die sich für die jüngere der beiden Kandidatinnen entschieden hatte, ohne den Chefarzt zu fragen, der seinerseits, wenn man ihn gefragt hätte, für Schwester Martina votiert hätte, was wiederum daran lag, dass er vor Jahren ein Verhältnis mit Martina gehabt hatte und sich ihr noch verpflichtet fühlte.

Pflegedienstleiter Hausmann korrigierte, dass ja nicht Schwester Raffaela diese Beobachtung gemacht habe, sondern Schwester Mareike.

Chefarzt Ullrich überlegte. Offensichtlich konnte er sich an keine Schwester Mareike erinnern.

PDL Hausmann half seinem Gedächtnis auf die Sprünge: »Schwester Mareike ist die Kollegin, die die Aromatherapie und andere Ansätze zur basalen Stimulation auf Ihrer Station eingeführt hat.« Seitenhiebe zu verteilen, hatte inzwischen auch er gelernt.

»Natürlich kenne ich Schwester Mareike, die Snoezeltante«, empörte sich der Chefarzt. Die Art und Weise, wie er das sagte, ließ keinen Zweifel daran, dass er, hätte er zwischen ihr und Pfleger Maik zu wählen, sich immer für Letzteren entscheiden würde und dass er von der Snoezeltherapie nicht viel hielt.

»Herr Chefarzt, ich muss doch sehr bitten«, ereiferte sich PDL Hausmann, der sich persönlich dafür eingesetzt hatte, dass Schwester Mareike im letzten Jahr trotz des sehr schmalen Fortbildungsbudgets ein Seminar zur basalen Stimulation hatte besuchen können.

Ullrich merkte, dass er zu weit gegangen war. Zum Glück meldete sich der Notfallfunk in seiner Kitteltasche und lieferte ihm einen guten Grund, diese unerfreuliche, zeitraubende und nutzlose Besprechung für seinen Teil für beendet zu erklären. Auch die anderen Teilnehmer sahen keinen weiteren Gesprächsbedarf.

Geschäftsführerin Wiebke Werner-Wohlfahrt stand auf, gab jedem die Hand – eine Hand, die trotz aller zur Schau gestellten Dominanz immer eine leichte Feuchte aufwies – und sagte: »Dann sind wir uns also einig, meine Herren. Wir behalten das zunächst im Auge und bewahren absolutes Stillschweigen.« Nachdem die anderen den Raum verlassen hatten, seufzte sie und gab endlich der Versuchung nach, die sie während der gesamten Besprechung gequält hatte: dem Griff in die Keksschale.

KAPITEL 20

An einem Freitagnachmittag Mitte September – Svenja und Kammowski saßen in ihrem Dienstzimmer und unterhielten sich über ihre Pläne für das anstehende Wochenende – platzte Thomandel zu ihnen herein, und seine sturmumwölkte Stirn verhieß nichts Gutes.

»Mathias, was ist aus der Sache mit dem Krankenhaus geworden?«

»Was für eine Sache mit dem Krankenhaus?« Kammowski fuhr fort, in seiner Motorradzeitschrift zu blättern.

»Sag mal, kannst du das nicht zu Hause machen?« Thomandel deutete auf die Zeitschrift.

»Ich habe Mittagspause«, behauptete Kammowski und blätterte weiter.

»Jetzt komm mir nicht auch noch blöd, an einem Freitag um drei Uhr nachmittags macht man keine Mittagspause. Ich hatte dir vor Wochen einen Auftrag erteilt.« Dabei zog er das Wort *Wochen* extra in die Länge und ließ begleitend im Takt der Silben seinen Zeigefinger auf die Tischplatte schnellen. *Plop, plop.* Dann wies er auf Kammowski. »Und du, mein Lieber, wirst deine Mittagspause jetzt mal unterbrechen. Staatsanwalt Obermeister fragt an, wo unsere Ermittlungsergebnisse bleiben. Nicht ganz zu Unrecht, wie ich meine. Denn genau das frage ich mich auch gerade.« Jetzt richtete er den Zeigefinger auf die eigene Brust. Damit war die Luft raus, und Thomandel ließ sich schlapp auf einen der Besucherstühle fallen.

Kammowski klappte das Heft zu und warf es auf seinen

Schreibtisch. Ja, da war etwas, irgendwo in einem verborgenen Winkel seines Gedächtnisses. Er wusste nur nicht, was. Aber sein Gewissen regte sich vage, und das reichte, um sich alle Anflüge von Sarkasmus ausnahmsweise einmal zu verkneifen.

Stattdessen sagte er: »Hilf mir bitte mal auf die Sprünge, Manfred. Ich hab gerade echt keine Ahnung, wovon du sprichst.«

»Also wirklich, Mathias, vor etlichen Wochen habe ich dich mit einer etwas heiklen Ermittlung betraut. Obermeister meinte, wir sollten da mal vorsichtig nachfühlen, wobei er selbst der Meinung war, dass an der Sache nichts dran ist. Daran musst du dich doch erinnern.«

Tatsächlich regte sich in den Untiefen von Kammowskis Erinnerung etwas. »Ah, die Sache mit der Anzeige einer Angehörigen, die behauptet, ihre Mutter sei in einem Krankenhaus getötet worden. Stimmt, jetzt erinnere ich mich. Tut mir leid, Chef. Das habe ich völlig vergessen.« Er machte eine bedeutungsschwangere Pause, zuckte mit den Achseln und fügte mit erhobenem Zeigefinger hinzu: »Aber die üblichen drei Monate, die wir zum Ermitteln haben, sind noch nicht verstrichen, und es gibt keine Vorschrift dazu, wann man seine Mittagspause zu nehmen hat, oder?«

Thomandel verdrehte die Augen. »Mathias, also wirklich, kannst du nicht mal fünf Minuten ernst bleiben?« Hilfe suchend schaute Thomandel zu Svenja, die so tat, als hätte sie das gesamte Gespräch gar nicht mitbekommen, weil sie wichtige Dinge am Rechner zu erledigen hatte.

Kammowski stand auf und kramte in seinem Regal. »Da ist ja das gute Stück«, rief er. Und zu Svenja gewandt: »Du hast gehört, was der Chef gesagt hat. Das hier«, er wedelte mit der

Akte, »hat jetzt oberste Priorität. »Vielleicht braut Doro uns noch einen Kaffee, bevor sie ihre Maschine in den Wochenendmodus versetzt, schließlich ist meine Mittagspause gerade brutal beendet worden. Dann können wir uns mal bei einem Kaffee schlaumachen, um was es da eigentlich geht.«

»Wir?«, zischte Svenja, als Thomandel kopfschüttelnd, aber erleichtert den Raum verlassen hatte.

»Na, sind wir ein Team oder nicht? Einer für alle, alle für einen. Außerdem finde ich, dass du ohnehin viel zu viel Zeit mit diesem Weiberhelden verbringst.«

»Dieser Weiberheld ist dein bester Freund, soweit ich weiß, oder?« Svenja grinste.

Kammowski ließ keine Gelegenheit aus, gegen Klaus zu sticheln, behauptete, dass sie viel zu jung sei für ihn und überhaupt, dass sie nicht zusammenpassten. In Wirklichkeit befürchtete er, dass Klaus sie irgendwann enttäuschen würde. Er kannte ihn schließlich nicht erst seit gestern. Klaus und die Frauen, das war ein eigenes Thema. Er war ein guter Freund, keine Frage, ein Freund schon seit der Kindheit. Aber als Partner war er völlig ungeeignet, daran gab es nichts zu deuteln. Seiner, Kammowskis, Meinung nach.

»Das heißt noch lange nicht, dass ich ihn an meine Tochter oder meine Kollegin ranlasse«, grummelte er.

»Kammowski, ich bin nicht deine Tochter. Und bei deiner Kollegin geht dich das nichts an. Das ist meine Sache, nicht deine.«

»Klar, hab ich vielleicht was anderes behauptet? Nun komm schon, lass uns mal schauen, ob wir Thomandel heute noch etwas liefern können, womit er den Schlund der Staatsanwaltschaft füttern kann.«

Zehn Minuten später waren sie zu dem Schluss gekommen, dass man einmal mit dieser Frau Lauterbach, der Tochter der Verstorbenen, würde sprechen müssen.

»Doro, kannst du uns bei Frau Lauterbach in Adlershof anmelden, und kriegen wir noch einen Kaffee?«, rief Kammowski gut gelaunt auf den Flur hinaus.

Keine Antwort.

»Raumschiff an Doro, bitte melden!«, versuchte er es noch einmal. Diesmal kam die Antwort umgehend: »Hör auf zu schreien, Kammowski, ich bin nicht taub, und vor allem bin ich nicht dein Dienstmädchen, ruf selbst an.«

»Ich mach das schon«, sagte Svenja rasch und griff zum Hörer. Fünf Minuten später hatte sie Frau Lauterbach erreicht und verabredet, dass sie in einer Stunde zu ihr nach Hause kämen. Zwanzig Minuten später saßen sie im Auto, auf dem Weg in die Seidenbaustraße in Adlershof.

»Soll einer behaupten, dass wir nicht schnell können«, lachte Kammowski.

Während Svenja am Telefon Klaus erklärte, warum sie heute nicht wie verabredet gemeinsam zum Sport gehen konnten, grinste Kammowski selbstzufrieden in sich hinein und suchte nach einem geeigneten Sender, der sie auf ihrer Fahrt Richtung Südosten begleiten konnte. Am Ende entschied er sich ohnehin immer für Radio 1, aber Svenja gegenüber tat er so, als sei er da völlig offen und entscheide jeweils anhand des aktuellen Musikangebots.

»Was ist eigentlich in der letzten Zeit mit Doro los?«, fragte er, nachdem sie eine ganze Weile schweigend und Radio hörend stadtauswärts gefahren waren. »Die ist schon seit einigen Wochen so mürrisch, findest du nicht?«

»Nein, mürrisch finde ich sie nicht. Sie ist nur nicht so gut drauf, sie hat Liebeskummer.«

»Oh!« Kammowski war ehrlich überrascht. »Das wusste ich nicht, hat mir keiner gesagt. Ich wusste ja nicht mal, dass sie verliebt ist.«

Svenja verzog den Mund. »Hast du sie denn mal gefragt?«

»Natürlich nicht. Warum sollte ich, wenn sie nicht von sich aus was erzählt, gehe ich davon aus, dass sie nicht darüber sprechen will. Ich finde immer noch, dass es nicht so gut ist, Privates und Dienstliches zu mischen.«

Svenja schüttelte entschieden den Kopf. Das sah sie anders. Es hatte nur eines kleinen Anstoßes bedurft, und Doro hatte ihr ihr Herz ausgeschüttet. Sie war nun schon einige Jahre mit ihrem Freund zusammen, und sie hatten erst kürzlich eine gemeinsame Wohnung gesucht, gefunden und eingerichtet. Aber dann war er nicht eingezogen, hatte den Termin unter fadenscheinigen Gründen immer wieder verschoben und ihr dann offenbart, dass er sich trennen wolle. Nun saß Doro in einer neuen Wohnung, die für sie allein viel zu teuer war, und wusste nicht weiter. Aber der Stoffel von Kammowski bekam so etwas ja gar nicht mit.

Frau Lauterbach war eine etwas stämmige Frau mit vielen Tattoos und Kurzhaarfrisur, die auf den ersten Blick recht resolut wirkte, auf Kammowski aber einen offenen und netten Eindruck machte. Sie freue sich sehr, dass man sich nun endlich ihrer Anzeige annehme, erklärte sie und lächelte. Sie arbeite als Krankenschwester in der ambulanten Pflege, habe Frühschicht gehabt und sei deshalb bereits zu Hause. Sie bewohnte mit ihrem Ehemann und zwei Söhnen, die nicht zu Hause zu sein schienen, eine Vierzimmerwohnung in einem Komplex, der einer Wohnungsbaugenossenschaft gehörte, gelegen in einer Seitenstraße des Adlergestells, einer der großen und viel befahrenen Ausfallstraßen Berlins. Frau Lauterbach hatte sie ins Wohnzimmer gebeten. Der Lärm der Straße drang bis zu ihnen herein, die Sirenen eines Notarztwagens waren so laut, dass man sein eigenes Wort nicht verstand.

»Wollen Sie einen Kaffee?«, rief sie ihnen von der Küche aus zu. Und noch bevor Svenja und Kammowski sich auf eine Antwort verständigt hatten, kam sie schon mit der Kaffeekanne und drei Tassen herüber. »Wollte eh gerade welchen trinken.«

Sie lachte, und Kammowski dachte, dass er sich die »Heimsuchung des Staatsanwalts« anders vorgestellt hatte, nicht so normal, nicht so nett.

Die Mutter von Frau Lauterbach war vor rund anderthalb Jahren im Moabiter Krankenhaus auf der Intensivstation gestorben. »Sie war an der Hüfte operiert worden«, berichtete ihre Tochter, »hatte ein künstliches Gelenk bekommen. Ein Routineeingriff. Zunächst ist auch alles gut gegangen, aber es kam immer wieder zu Verschlechterungen ihres Zustands, die sich die Ärzte nicht erklären konnten. Und dann ist sie von einem Tag auf den anderen gestorben.« Ihre Stimme war belegt. Das Ganze ging ihr immer noch nahe. »Für uns war das wirklich ein Schock, das dürfen Sie mir glauben. Ich hatte erst wenige Tage zuvor mit dem Stationsarzt gesprochen, meine Mutter hatte die Operation gut überstanden, hatte dann aber Lungenprobleme und musste auf die Intensivstation. Aber es ging ihr besser, sie sollte bald in die Reha entlassen werden. Und dann rufen sie plötzlich am frühen Morgen an und sagen, dass sie gestorben ist. Ich konnte das erst gar nicht glauben. Und die Ärzte wussten auch nicht, warum. Schon in der Nacht davor hatte es eine Verschlechterung gegeben, die sich niemand erklären konnte. Nach ihrem Tod wurde eine plötzliche Rhythmusstörung des Herzens vermutet oder eine Embolie. Aber geklärt worden ist das nie.«

»Das ist wirklich sehr traurig«, warf Svenja vorsichtig ein, »aber man hat ja keine Garantie auf einen guten Verlauf. Es kann doch immer zu Komplikationen kommen.«

Frau Lauterbach schüttelte energisch den Kopf. »Glauben Sie mir, das habe ich auch erst gedacht, aber ich hatte die ganze Zeit ein ganz komisches Gefühl. Es gab da einen Pfleger, dem ich nicht über den Weg getraut habe. Wenn der bei meiner Mutter war, haben sich mir die Nackenhaare aufgestellt.«

Svenja und Kammowski schauten einander verstohlen an. Aufgestellte Nackenhaare waren vor Gericht nicht unbedingt verwertbar.

Frau Lauterbach hatte den Blick registriert. »Jetzt halten Sie mich für verrückt, genau, wie alle mich für verrückt halten, mein Mann, mein Bruder, meine Söhne. Immer wieder haben sie gesagt, dass ich mich da in etwas hineinsteigere, und irgendwann habe ich das auch geglaubt. Bis ich auf einer Fortbildung diese frühere Kollegin aus dem Ursulinenstift getroffen habe. Sie hat mir erzählt, dass es vor Jahren in ihrem Haus einen Verdacht gegen einen Pfleger gegeben hatte. Wegen der vielen Reanimationen auf der Intensivstation. Er musste dort gehen, und was denken Sie, wo der Mann heute arbeitet? Sie schaute sie erwartungsvoll an. »Genau, im Moabiter Krankenhaus. Und was glauben Sie, wer Dienst hatte in der Nacht, in der meine Mutter gestorben ist?«

»Dieser Pfleger?«

»Bingo, Sie haben es begriffen. Genau dieser Pfleger. Maik Thomasson.« Sie schwieg, um ihre Worte nachhallen zu lassen.

»Die Kollegin hat Ihnen gesagt, diesem Pfleger sei gekündigt worden, weil er Patienten geschadet hatte?«, fragte Kammowski ungläubig. »Uns ist nicht bekannt, dass der Ursulinenstift Polizei oder Staatsanwaltschaft eingeschaltet hätte.«

Frau Lauterbach gab einen verächtlichen Grunzlaut von sich. »Das war natürlich nicht der offizielle Grund. Man konnte ihm ja nichts beweisen. Aber alle haben es gewusst. Hinter der vorgehaltenen Hand haben alle getuschelt, dass er im Verdacht stand, etwas mit den Todesfällen zu tun zu haben.«

»Das sind gravierende Vorwürfe, die Sie da erheben. Wenn das stimmt, hätte das Haus Anzeige erstatten müssen«, wandte Svenja noch einmal ein.

»Haben sie aber nicht. Und genau dieser Kollege arbeitet unbehelligt weiter als Pfleger im Moabiter Krankenhaus, und genau dieser Kollege …«, sie sprach jetzt mit erstickter Stimme, und Tränen ließen ihre Augen unnatürlich glänzen, »… genau dieser Pfleger hat meine Mutter auf dem Gewissen. Entschuldigen Sie bitte.«

Sie stand auf, holte sich aus einer Schublade im Flur ein Taschentuch und schnäuzte sich. Einen Moment später kam sie zurück und fuhr mit ihrem Bericht fort. »Während meine Mutter auf dieser Intensivstation war, lag da eine noch recht junge Frau. Frau Langer, ihr Mann ist selbst Arzt. Mit dem habe ich mich damals oft unterhalten, auch über diesen Pfleger. Herr Dr. Langer hatte auch keine gute Meinung von ihm. Und das war lange bevor der Verdacht aufkam, dass er etwas mit dem Tod meiner Mutter zu tun haben könnte. Herr Langer hatte sich damals beurlauben lassen und war Tag und Nacht bei seiner Frau. Er hat sicher auch einiges beobachten können. Vielleicht fragen Sie den einmal«, schlug Frau Lauterbach abschließend vor.

»Sie glauben, seine Frau könnte auch durch die Hand des Pflegers gestorben sein?«, fragte Svenja.

Frau Lauterbach zögerte. »Nein, das würde ich nicht behaupten wollen. Sie war wohl sehr krank. Ich meine, unrettbar krank. Aber das kann Ihnen der Mann sicher besser erzählen. Seine Frau ist in derselben Nacht gestorben wie meine Mutter.«

»Was hältst du von der Sache«, fragte Svenja, als sie wieder im Auto saßen. Die Rückfahrt verlief zum Glück antizyklisch zum Feierabendverkehr; sie kamen gut voran, während sich auf der Gegenfahrbahn der Verkehr in endlosen Blechschlangen staute.

Kammowski überlegte lange, bevor er antwortete. »Sie ist vielleicht etwas überspannt, und der Tod der Mutter hat ihr vermutlich auch zugesetzt. Andererseits kann ich schon verstehen, dass man misstrauisch wird, wenn man ohnehin einen Verdacht hegt, und einem dann noch so eine Geschichte erzählt wird.«

»Du meinst also, wir gehen der Sache weiter nach?«

Kammowski überlegte wieder und zuckte die Achseln. »Zumindest sollten wir uns diese Anne einmal vorknöpfen. Wer so haarsträubende Geschichten erzählt, dem muss man auf den Zahn fühlen. Wenn sie Lügen verbreitet, dann sollte dieser Dame klar werden, dass sie Rufmord betreibt.«

Schweigend fuhren sie durch den dichten, aber fließenden Verkehr auf der Stadtautobahn. Die Sonne stand schon tief, und dunkle Gewitterwolken türmten sich am Himmel zu einem dramatischen Licht-und-Schatten-Gemälde auf.

Das mochte Kammowski so an Svenja, dass sie nicht unentwegt schnattern musste. Da konnte man sich die Wolken ansehen, seinen Gedanken nachhängen und den Impulsen folgen, die aus den Tiefen des Gedächtnisses wie Blasen heraufstiegen. Schließlich sagte er: »Erinnerst du dich, dass Max neulich eine Anzeige auf dem Tisch hatte, über die er sich beschwert hat, weil sie so fadenscheinig war?« Als Svenja nicht antwortete, fuhr er fort: »Hatte da nicht eine Neunzigjährige behauptet, im Moabiter Krankenhaus von einem Pfleger vergiftet worden zu sein?«

Svenja konnte sich nicht erinnern. Vielleicht hatte sie auch gar nicht dabeigesessen, als Max Werner diese Sache bei Doro zum Besten gab, aber sie begriff blitzschnell. »Oh, dann wären es also schon zwei.«

»Das würde auch erklären, warum die Staatsanwaltschaft jetzt auf einmal drängt.«

KAPITEL 21

Gleich am Montag sprachen sie Max Werner und Kevin nach der Morgenbesprechung, als sie alle noch bei einem Kaffee zusammensaßen, auf die Sache an. Kevin konnte sich gut erinnern, er hatte damals verschiedene Zeugen gehört. Zunächst hatte er mit Frau Ruppert, der Enkelin der Geschädigten, gesprochen. Die Großmutter, eine Frau Friedrich, hatte sich tatsächlich wieder erholt und ein paar Wochen später aus dem anderen Krankenhaus nach Hause entlassen werden können. Dorthin hatte ihre Enkelin sie auf eigene Kosten bringen lassen, denn die Kasse wollte das nicht übernehmen. »Ich habe auch mit der Großmutter selbst gesprochen«, berichtete Kevin, »aber die Frau ist steinalt, die wusste gerade noch ihren Namen, aber beim aktuellen Datum hörte es dann schon auf.«

Er wies auf einen der Rechner. »Ist alles dokumentiert. Der Bericht ist wie üblich an die Staatsanwaltschaft gegangen. Bisher wurde keine Anklage erhoben, soweit ich weiß.«

Schweigen machte sich breit. Schließlich sagte Thomandel: »Ist schon komisch. Da haben wir jetzt von zwei Seiten ähnlich lautende Beschuldigungen. Wenn da was dran wäre, dann wär das ein Hammer. Stellt euch mal vor: Du gehst in ein Krankenhaus, weil du hoffst, dass dir geholfen wird. Du weißt ohnehin, dass in Krankenhäusern viel schiefgeht, dass da auch nur Menschen arbeiten. Menschen, denen Fehler unterlaufen, sei es aus Unwissenheit, sei es aus Gedankenlosigkeit, Übermüdung oder Übermut. Aber dennoch vertraust du denen doch. Bleibt dir ja auch nichts anderes übrig. Als Laie verstehst du nichts von der Sache. Aber du würdest doch nie auf die Idee kommen, dass dich da einer absichtlich zu Tode spritzen will.«

»Wenn es wirklich passiert ist«, gab Werner zu bedenken. »Das können immer noch Hirngespinste sein. Und ich kann mir nicht vorstellen, dass das dem Staatsanwalt reicht.«

Wieder schwiegen sie.

»Wollen wir nicht lieber den Ball flach halten?«, fragte Werner schließlich. »Wir haben doch genug echte Fälle und müssen uns keine möglichen zusammensuchen.«

»Ja, aber wenn da was dran wäre, dann wär das schon ein Hammer …«, wiederholte sich Thomandel.

»Du bist der Chef«, gab Werner leicht pikiert zurück.

»Wir sollten zumindest diese Anne einmal vorladen, die frühere Kollegin von der Lauterbach. Die hat den Stein doch ins Rollen gebracht«, schlug Kammowski schließlich vor. »Und es wird auch nicht schaden, noch einmal mit Claudia Ruppert und ihrer Großmutter zu sprechen. Und dem Krankenhaus, in dem der Pfleger früher gearbeitet hat, sollten wir auch einmal einen Besuch abstatten.«

»Kinder, das ist ein guter Plan, macht das«, gab Thomandel erleichtert von sich. »Dann haben wir doch eine ganz andere Entscheidungsgrundlage.«

Für einen Vorgesetzten wies Thomandel erstaunlich wenig Alphatier-Eigenschaften auf, wie Kammowski nicht zum ersten Mal feststellte. Er war immer froh, wenn er sich dem Vorschlag eines seiner Mitarbeiter anschließen konnte.

Max Werner schien das nicht zu passen. »Wenn die mal noch lebt«, maulte er, während sich die Runde allmählich auflöste.

»Wen meinst du?«, fragte Thomandel.

»Na, die Neunzigjährige, die den Pfleger beschuldigt hat. Die war schon so klapprig.« Immerhin erklärte er sich aber bereit, im Ursulinenstift vorbeizufahren und die Geschäftsführung zu dem ehemaligen Pfleger Maik Thomasson zu befragen.

Sie lebte noch und war für ihre inzwischen einundneunzig Jahre erstaunlich agil und sehr entschieden. Tipptopp gepflegt und geschmackvoll gekleidet, thronte sie in einem gemütlichen Ohrensessel mit Fußbänkchen, umsorgt von ihrer Enkelin, bei der sie inzwischen wohnte.

»Glauben Sie mir, Herr Kommissar und Frau Kommissarin«, sie bedachte sie beide mit einem verschmitzt-freundlichen Blick, der sich jedoch, als sie fortfuhr, rasch umwölkte: »Ich sehe so etwas. Der Mann ist böse. Ich habe es in seinen Augen gesehen. Nach einem neunzigjährigen Leben kann man den Menschen durch die Augen direkt in die Seele schauen. Er hat sich in dieser Nacht an meinen Schläuchen zu schaffen gemacht, dabei war er gar nicht für mich zuständig. Dann habe ich in seine Augen gesehen. Und direkt danach bin ich ins Koma gefallen und erst Wochen später wieder erwacht«, gab sie freundlich, aber bestimmt von sich. »Der Mann hat den bösen Blick, glauben Sie mir!«

»Ja, sie hat sich gut erholt, darüber sind wir auch ganz glücklich. Aber ihr Gedächtnis hat Aussetzer«, gab die Enkelin freimütig zu, als sie sie zur Tür begleitete. »Das geistige Niveau, auf dem sie vor dem Ereignis war, hat sie nicht wieder erreicht. Dennoch glaube ich ihr. Sie hat mich damals immer wieder angerufen, wohlgemerkt *vor* dem Ereignis. Sie hat gesagt, sie hätte Angst vor diesem Pfleger, und mich angefleht, sie aus dem Krankenhaus abzuholen. Ich konnte das leider nicht so schnell organisieren. Ich mache mir heute solche Vorwürfe, das können Sie mir glauben.«

»Aber wie können Sie so sicher sein, welchen Pfleger sie meinte?«, fragte Svenja. »Hat sie sich denn den Namen gemerkt?«

»Nein, Namen hat sie zunächst nicht genannt. Aber das musste sie auch nicht. Der betreffende Pfleger hatte eindeutige körperliche Merkmale, die sie beschreiben konnte. Wissen Sie, wenn es nur um meine Großmutter gehen würde, dann könnte ich das Ganze auf sich beruhen lassen. Wir gehen einfach nie wieder in dieses Krankenhaus. Aber wenn das, was meine Großmutter beschreibt, zutrifft, dann hat dieser Mann das nicht zum ersten Mal getan, und dann wird er es wieder tun.«

»Ist Ihnen denn ein anderer Fall bekannt?«, wollte Kammowski wissen.

»Nein«, gab Frau Ruppert zu. »Aber genau das sollten Sie meiner Meinung nach herausfinden, oder nicht?«

»Sie hat recht«, sagte Svenja, als sie bereits auf dem Heimweg waren. »Wenn zutrifft, was sie befürchtet, dann wird er es wieder tun. Welche abstrusen Gründe er auch immer für seine Taten hat. Vielleicht ist er psychisch krank, oder er ist wirklich die Verkörperung des Bösen.«

»Das Böse, gibt es das denn? Haben wir nicht auf der Polizeischule gelernt, dass das Böse in jedem von uns steckt und nur die passende Gelegenheit braucht, um ans Tageslicht zu treten?«

»Das trifft sicher auf Gelegenheitstäter zu, auf Totschläger, die aus einem Affekt heraus handeln. Aber bei solchen, die gezielt und mehrfach Taten begehen, liegen die Dinge anders.

Bei denen gibt es keine moralische Verantwortung. Denk an Soziopathen, die kein Mitgefühl für andere kennen.«

Kammowski nickte, sagte aber nichts mehr. Er fand, über das Böse in der Welt sollten sich Philosophen Gedanken machen, nicht Polizeibeamte.

KAPITEL 22

Für den nächsten Vormittag hatte Doro Anne Mars einbestellt. Anne Mars war eine unkomplizierte sportliche Person, die in T-Shirt und Shorts erschien, für die sie in den Augen kritischer Zeitgenossen trotz ihrer noch respektablen Beine vielleicht etwas zu alt war. Das jedenfalls war Svenjas Kommentar dazu. Kammowski fand sowohl Kleidung als auch Beine ganz okay und argwöhnte wieder einmal, dass Svenja an Frauen strengere Maßstäbe anlegte als an Männer, aber er ließ es nicht auf einen Streit ankommen.

Anne Mars hatte am Telefon sofort zugesagt zu kommen; sie habe ohnehin einen freien Tag und wolle später noch »in die Stadt« – was immer sie damit meinte in Berlin, wo ja irgendwie überall Stadt war. Und wenn sie angesichts der Einbestellung erstaunt oder besorgt gewesen war, dann ließ sie sich das jedenfalls nicht anmerken.

Neugierig sah sie sich im LKA um und nahm Doros Angebot, ihr einen Cappuccino zu machen, freudig an. Sie gab sofort zu, mit ihrer Kollegin über Maik Thomasson gesprochen zu haben, aber das sei doch nicht verboten, oder? Sie betonte, sie habe darauf hingewiesen, dass es damals keinerlei Beweise gegeben hatte.

»Aber haben Sie nicht behauptet, dass Sie Kaliumampullen gefunden haben und die Verstorbenen erhöhte Kaliumwerte aufwiesen?«

Anne Mars schüttelte energisch den Kopf. »Nein, so war das nicht. Erstens habe nicht ich die Kaliumampullen gefunden, das hat mir eine andere Kollegin erzählt. Zweitens gibt es auf einer Intensivstation nun mal die eine oder andere Kaliumampulle, und drittens gibt es viele Gründe, warum Patienten nach einer Reanimation erhöhte Kaliumwerte aufweisen können.«

»Aber ist es denn üblich, nach einer erfolglosen Reanimation, wenn der Mensch also verstorben ist, die Kaliumwerte im Blut zu bestimmen?«, wunderte Svenja sich laut.

»Nein, eigentlich nicht«, gab Anne Mars zu. »Wie gesagt, da kamen Gerüchte und Vermutungen auf. Wer dann die Untersuchung angeordnet hat, weiß ich auch nicht mehr. Das war sicher einer der Ärzte.«

»Und Sie sagen, die Klinikleitung hätte daraufhin beschlossen, den Mann in eine andere Abteilung zu versetzen?«, fragte Kammowski nun in etwas schärferem Ton. »Dann hätte doch ein Verdacht bestanden, den man hätte anzeigen müssen. Davon ist mir aber nichts bekannt.«

»Hören Sie«, empörte sich Anne Mars. Sie fühlte sich zu Unrecht in die Ecke gedrängt. »Ich bin da nur eine einfache Krankenschwester. Es gab Gerüchte, ja. Aber niemand hat offiziell mit uns darüber gesprochen. Der Mann wurde irgendwann in den OP versetzt, ob auf eigenen Wunsch oder auf Veranlassung der Klinikleitung, ob aus organisatorischen Gründen oder wegen eines Verdachts – keine Ahnung. Und weitere zwei oder drei Monate später war er ganz weg aus dem Haus. Wir haben damals vermutet, dass er von sich aus gegangen ist, weil er keinen Bock auf den OP hatte. Aber nichts Genaues weiß man nicht. Ich habe den dann auch nie wieder gesehen.«

»Und Sie persönlich, die Sie mit Herrn Thomasson zusammengearbeitet haben, was denken Sie? Könnte es sein, dass an den Beschuldigungen etwas dran ist?«

Mit dieser Frage hatte Svenja die eben noch intakte Abwehr von Frau Mars etwas durchlässiger gemacht. Lange sagte die Krankenschwester nichts, dann gab sie zu: »Der Mann war mir unsympathisch. Der war so ein Angeber, musste sich immer in den Vordergrund drängen. Maik war immer der Größte, der Beste, viel besser als jeder Arzt und selbstverständlich besser als jeder andere Pfleger, von Schwestern wollen wir hier gar nicht anfangen zu reden. Die Prahlerei ging einem auf den Wecker. Als die Gerüchte damals aufkamen, habe ich schon für möglich gehalten, dass da was dran sein könnte. Immer, wenn er Dienst hatte, häuften sich die Reanimationen, und wenn er mehrere Reanimationen in einer Schicht »an Land gezogen hatte«, wie er sich ausdrückte, dann konnte man geradezu sehen, wie er aufblühte, wenn Sie so wollen, wie er sich daran aufgegeilt hat. Aber das kann auch Zufall sein, oder? Und man kann doch einen Menschen nicht einfach so verdächtigen, nur weil er einem unsympathisch ist.« Sie verstummte. »Ich selbst habe nie etwas Konkretes beobachtet. Soweit ich weiß, haben damals einige Kollegen mit der Klinikleitung gesprochen.«

»Können Sie uns Namen nennen?«

Nein, das konnte Anne Mars angeblich nicht. Das sei doch jetzt schon wieder Jahre her. »Ich muss mal drüber nachdenken, vielleicht fällt mir noch jemand ein, wenn ich wieder zu Hause bin. Die arbeiten alle längst nicht mehr bei uns.«

»Bei so was verstecken sie sich dann gern wieder hinter den Obrigkeiten«, blaffte Kammowski, als Anne Mars gegangen war. »Aber hat nicht jeder Einzelne die Verpflichtung, in seinem Bereich Verantwortung zu übernehmen?«

»Leichter gesagt als getan«, meinte Doro. »Du kannst doch nicht einfach solche Anschuldigungen in Umlauf bringen. Stell dir mal Vergleichbares in unserem Team vor. Offenbar haben ja diejenigen, die was beobachtet hatten, Meldung an ihre Vorgesetzten gemacht, und die haben dann nichts unternommen. Weil es keine Beweise gab. Weil man den Einzelnen auch vor falschem Verdacht schützen muss.«

»Ich weiß nicht«, gab Kammowski zu bedenken. »Beobachtungen haben doch die vor Ort gemacht – oder eben nicht. Die Verantwortung an die Obrigkeit abgeben, das hat Eichmann auch gemacht.«

Jetzt sah Svenja entrüstet auf. »Findest du nicht, dass das zu weit geht? Du kannst diese Krankenschwester doch nicht mit dem Monster Adolf Eichmann vergleichen!«

»Das tue ich auch nicht«, beschwichtigte Kammowski, der mit Interesse registrierte, dass Svenja sofort gewusst hatte, wovon er sprach. »Ich sage nur, dass die Mechanismen sich immer ähneln: Wegschauen, das Böse nicht sehen wollen, eigene Verantwortung negieren, sich darauf verlassen, dass andere schon die richtigen Entscheidungen treffen, weil eigenes Denken anstrengend und unbequem wäre.«

»Ich halte nichts davon, leichtfertig solche Vergleiche anzustellen. Damit verharmlost du die Verbrechen der Nazis, damit wirst du dem Leid der Opfer nicht gerecht.«

Svenja war ehrlich empört. Ihre Wangen hatten sich gerötet. Sie saßen wieder im Auto, waren auf dem Weg zu Dr. Langer, von dem Frau Lauterbach gesagt hatte, dass seine Frau in derselben Nacht im Moabiter Krankenhaus gestorben war wie ihre Mutter, aber Svenja schien in Gedanken immer noch bei Kammowskis Satz festzuhängen.

Es verging ein langer Moment, dann sagte er: »Ich behaupte doch nicht, dass die Verbrechen der Nazis mit dem Wegsehen einer Krankenschwester gleichbedeutend sind. Ich sage nur, die Mechanismen sind dieselben. Und wenn wir die nicht benennen, nicht auch in der heutigen Zeit aufspüren dürfen, dann tun wir so, als sei das damalige Böse etwas Mystisches, ein heiliger böser Gral, über den man nicht sprechen darf; etwas, das einfach so über uns gekommen ist wie ein Gewitter an einem heißen Tag. Außerdem verleitet das zu der verdammt bequemen Annahme, dass es zu so etwas heute nicht mehr kommen kann. Das glaube ich aber nicht. Ohne das millionenfache ›normale‹ Wegsehen der Menschen, das Delegieren der Verantwortung an die da oben, hätte das damals nicht passieren können. Und genauso passieren heute Dinge, die nicht passieren würden, wenn mehr Menschen Verantwortung übernähmen.«

Sie waren inzwischen auf der Stadtautobahn. Plötzlich brach die Sonne durch die Wolken und illuminierte die an ihnen vorüberziehende Stadt blitzlichtartig wie die Kulisse eines klassischen Dramas. Gleich würde ein heftiger Regenschauer niederprasseln, danach vielleicht ein Regenbogen am Himmel erscheinen. Sie schauten sich das Naturschauspiel schweigend an.

»Hannah Arendt«, sagte Svenja schließlich, »die Banalität des Bösen.«

Kammowski meinte den Namen Hannah Arendt schon einmal irgendwo gehört zu haben, wusste aber nichts Genaues damit anzufangen. Da er Svenja gegenüber keine Wissenslücke zugeben wollte, gab er nur ein zustimmendes Brummen von sich. Egal, wer diese Arendt war, er hatte das Gefühl, dass Svenja ihn verstanden hatte, das reichte ihm.

Martin Langer bewohnte eine idyllisch gelegene Altbauwohnung in einer Villa in Nikolassee.

»Schöne Wohnung, vielleicht etwas weitab vom Schuss«, konstatierte Kammowski, während er sich neugierig umsah, was etwas distanzlos war, Dr. Langer aber nicht zu stören schien.

»Es geht, über die Avus ist man relativ schnell im Zentrum«, erwiderte er freundlich. »Aber ehrlich gesagt, war es meine Frau, die sich in diese Wohnung verliebt hat. Wenn es nur nach mir gegangen wäre, wären wir in Mitte wohnen geblieben. Sie wollte unbedingt einen Garten, und inzwischen möchte ich ihn auch nicht mehr missen.« Er wies auf die von hohen Glasscheiben umschlossene, geräumige Loggia, von der aus eine Treppe nach draußen in den Garten führte. Hier bot sich dem Betrachter ein kleines Wunderwerk gärtnerischen Könnens mit üppig blühenden Stauden, Sonnenhut und Lavendel, durchsetzt von Präriegräsern unterschiedlicher Größe, umschlossen von einer hohen Eibenhecke. Den hinteren Bereich nahm eine Sitzgruppe aus Teakholz ein, beschattet von einem mächtigen Baumsolitär. »Der Flieder«, sagte Martin Langer mehr zu sich selbst, der wird allmählich zu groß, ich muss ihn beschneiden.«

»Vielleicht erst im nächsten Frühjahr nach der Blüte«, kommentierte Kammowski zu Svenjas Erstaunen fachmännisch.

Martin Langer nickte versonnen. »Ja, sonst blüht er nicht.« Dann sah er zum Himmel: »Es wird wohl gleich regnen, sonst hätten wir auch draußen Tee trinken können.«

Die beiden Männer waren einander sympathisch, das merkte Svenja, aber auch sie fühlte sich angezogen von dem Mann, der ihnen den Tee nun in der Loggia servierte.

»Ich habe mir eine Auszeit genommen, das heißt, ich bin immer wieder einmal als Honorararzt tätig, man muss ja von etwas leben. Aber meine Stelle als Oberarzt einer Intensivstation habe ich noch nicht wieder aufgenommen. Mein Arbeitgeber ist mir sehr entgegengekommen. Die Stelle wird immer noch für mich frei gehalten. Ich weiß aber ehrlich gesagt nicht, ob ich das jemals wieder kann.«

»Der Tod Ihrer Frau …?«

Martin Langer nickte.

»Sie war wohl sehr krank?«, fragte Svenja.

Martin Langer nickte noch einmal. »Ja, aber es war kein Krebs. Sie hatte einfach eine verschleppte Infektion der Herzklappen, und dann haben nach und nach alle Organe ausgesetzt.«

»Tragisch«, murmelte Kammowski.

Martin Langer nickte zum dritten Mal. Sein Blick wanderte in den Garten, der inzwischen von heftigen Sturmböen gepeitscht wurde. »Mit etwas mehr Glück hätte sie das Ganze auch unbeschadet überleben können, aber das Schicksal hatte anderes mit uns vor.« Er versuchte, seine Emotionen hinter einem etwas schiefen Lächeln zu verbergen.

»Herr Langer«, schlug Kammowski einen etwas offizielleren Ton an. »Wir haben eine Anzeige vorliegen, wonach ein Pfleger auf der Intensivstation des Moabiter Krankenhauses absichtlich Patienten schaden soll. Sie haben viele Stunden am Bett Ihrer Frau verbracht. Haben Sie etwas beobachtet, das uns weiterhelfen könnte?«

Martin Langer schwieg. Er schien ganz auf den Garten konzentriert, in dem inzwischen ein heftiger Landregen niederging. »Tut den Pflanzen ganz gut«, sagte er schließlich, »hat viel zu lange nicht geregnet.« Dann blickte er auf, irritiert, als wundere er sich, wer da in seinem Wohnzimmer saß.

Schließlich fing er sich. »So eine Intensivstation ist ein Mikrokosmos. Da tobt der Bär, wenn Sie verstehen, was ich meine: Neid, Eifersucht, Missgunst, Bescheidenheit, Angebertum, Engagement, Heldentum, Unfähigkeit, Überforderung, Faulheit, Fleiß, Freude, Trauer, Wut, Verzweiflung. Alles zusammen ein explosives Gemisch. Aber in einem sind sich alle einig: Sie arbeiten dort, um Menschen zu helfen. Wie und in welchem Ausmaß, was richtig ist und was falsch, darüber wird nicht selten heftig gestritten. Aber am Ende ziehen doch alle an einem Strang. Das ist der gemeinsame Nenner.« Für einen Moment schwieg er wieder, dann fuhr er fort: »Ich habe auf vielen Intensivstationen gearbeitet, auf guten und weniger guten. Aber dieses Grundprinzip war immer vorhanden, bei allen. Die Moral, wenn Sie so wollen. Ich habe nur ein einziges Mal gezweifelt. Und das war bei diesem Pfleger. Maik Thomasson.« Er machte wieder eine Pause, und erst als Kammowski schon dachte, es würde nichts mehr kommen, fuhr er fort: »Aber ich selbst habe nie etwas beobachtet, das mich sicher sein ließe. Am Ende war es immer nur ein Gefühl. Verstehen Sie? Gefühle sind nicht justiziabel.«

Beim Abschied sah Kammowski ihm noch einmal eindringlich in die Augen. »Lassen wir mal das Justiziable weg, Herr Langer. Glauben Sie, dass sich dieser Pfleger Thomasson am Tod Ihrer Frau schuldig gemacht hat?«

»Nein«, antwortete Langer entschieden und überraschend prompt. »Aber vielleicht am Tod einiger anderer.«

Auf dem Rückweg rief Doro an. Wann sie denn wieder im LKA einträfen, Thomandel habe eine Besprechung mit allen Beteiligten einberufen, auch Staatsanwalt Obermeister wolle hinzukommen.

»Muss das heute noch sein?«, maulte Kammowski in die Freisprechanlage, aber Svenja sagte, sie würden in zehn Minuten wieder »im Lande« sein und selbstverständlich zur Besprechung dazustoßen.

»Sag ich doch immer, das Leben ist einfacher, seit du im Team bist«, rief Doro; man hörte sie förmlich durchs Telefon strahlen.

Kammowski schüttelte den Kopf und grinste. »Zumindest Doro hast du ganz schön um den Finger gewickelt.«

KAPITEL 23

Werner berichtete gerade über seine Befragungen im Ursulinenstift, als Svenja und Kammowski den Raum betraten. »Die Geschäftsführung hat inzwischen gewechselt. Wir haben uns die Personalien der früheren Geschäftsführung notiert und werden auch sie noch befragen. Außerdem erhalten wir Listen der Mitarbeiter, die zur fraglichen Zeit mit Herrn Thomasson zusammengearbeitet haben. Das wird aber Zeit kosten, die alle einzubestellen, das sind ziemlich viele, und nicht in allen Fällen haben wir die aktuellen Meldeadressen. Doro und Kevin haben das schon in Arbeit. Die neue Geschäftsführung weiß nicht viel von den Vorkommnissen vor einigen Jahren, sichert aber vollumfängliche Zusammenarbeit zu«, fuhr Werner fort. »Immerhin, die Personalakte dieses Pflegers ist noch vorhanden«, er deutete auf einen Aktendeckel, der vor ihm auf dem Tisch lag. »Aber da steht nicht viel drin. Hier gibt es einen Eintrag, wonach Kollegen der Intensivstation ihn beschuldigt haben, bei der Arbeit Fehler zu machen. Herr Thomasson hat alle Anschuldigungen von sich gewiesen, und man kann der Akte auch nicht entnehmen, was genau ihm die Kollegen vorgeworfen haben. Von Fehlern mit Todesfolge steht da jedenfalls nichts. Das ist jetzt nicht verwunderlich, denn dann hätten sie ja die Polizei einschalten müssen. Haben sie aber nicht. Wenn es tatsächlich zu schuldhaft verursachten Todesfällen gekommen ist, müsste man klären, wer sich da strafbar gemacht hat.«

Staatsanwalt Obermeister legte die Stirn in tiefe Falten.

»Das ist alles Jahre her, und bisher haben Sie nur Spekulationen.«

»Was ist denn mit den erhöhten Kaliumwerten, die man nach Reanimationen gefunden hat, und mit den leeren Kaliumampullen? Davon hat uns doch diese Anne Mars berichtet«, warf Kammowski ein.

»Davon steht hier nichts«, erwiderte Werner. »Das ist zumindest nicht in seiner Personalakte dokumentiert. Mehr haben wir im Moment nicht.« Er atmete einmal tief durch und fuhr dann fort: »Sie haben ihn in einen anderen Bereich versetzt, vermutlich weil er dort nicht mehr so viel Schaden anrichten konnte. Aber wie Herr Obermeister sagt, das sind alles Spekulationen. In der Akte steht nur, wann er in den OP versetzt worden ist, nicht, warum. Die Versetzung scheint ihm nicht gepasst zu haben. Kurze Zeit später hat er die Klinik verlassen. Das Kündigungsschreiben liegt in seiner Akte.« Wieder deutete er auf die Pappaktendeckel vor sich auf dem Tisch.

»Vielleicht haben sie auch einen Deal gemacht. *Du gehst, wenn wir die Klappe halten.* Die wollten sicher den Ruf ihres Hauses nicht gefährden«, gab Kammowski zu bedenken.

»Halte ich auch für möglich«, sagte Werner. »Dafür könnte auch sein Zeugnis sprechen. Die haben ihm nämlich ein richtig schönes Zeugnis mitgegeben.« Grinsend öffnete er die Akte und las vor: »›Herr Thomasson beherrscht alle Techniken der Intensivpflege exzellent. Er war stets mit größtem Engagement und zu unserer vollsten Zufriedenheit für seine Patienten tätig.‹ Oder hier: ›Hat das Haus zu unserem Bedauern auf eigenen Wunsch verlassen, um sich neuen Erfahrungshorizonten zuzuwenden.‹«

»Was für ein schwulstiges Geblubber ist das denn?«, ereiferte sich Svenja. »Und warum schreiben die dem ein so gutes Zeugnis, wenn sie vermuten, dass er Mist gebaut hat?«

»Ich sage doch, die haben einen miesen Deal gemacht, um ihn loszuwerden. Dass der damit an einem anderen Haus ungehindert weitermorden konnte, haben sie billigend in Kauf genommen. Oder es war ihnen egal.« Kammowski machte ein finsteres Gesicht.

»Nein, nein. Das muss nicht der Grund sein«, schaltete sich der Staatsanwalt ein. »Wenn ein Mitarbeiter den Betrieb verlässt, hat er ein gesetzlich geregeltes Anrecht auf ein positiv formuliertes Arbeitszeugnis. Die Betriebe dürfen da nichts Negatives reinschreiben, sonst kann das arbeitsrechtliche Konsequenzen haben und jahrelange Prozesse nach sich ziehen. Davor scheuen die Personalchefs verständlicherweise zurück. Außerdem schützt das Gesetz in erster Linie Arbeitnehmer vor Willkür des Arbeitgebers.«

»Ja, davon habe ich auch gehört«, sagte Svenja. »Da soll es eine Art Geheimsprache geben. Wenn der Mitarbeiter nur mäßig gut war, dann sagen sie *zu unserer vollen Zufriedenheit*, und wenn er eine totale Niete war, dann schreiben sie *zu unserer Zufriedenheit.*«

»Bei diesem Thomasson haben sie aber *vollste Zufriedenheit* geschrieben«, gab Kammowski zu bedenken. »Das wäre dann ein *Sehr gut*. Das hätten sie nicht schreiben müssen, oder?«

»Dann war es vielleicht doch ein Deal«, schlussfolgerte Werner, der bei Staatsanwalt Obermeister immer gern das letzte Wort behielt.

Eine Viertelstunde später hatten auch Kammowski und Svenja ihre mündlichen Berichte über die Einvernahmen von Anne Mars, Ottilie Friedrich, deren Enkelin Claudia Ruppert, Frau Lauterbach und Dr. Langer abgeliefert.

»Was machen wir nun aus der Sache?«, überlegte Staatsanwalt Obermeister laut. »Zwei klagende Angehörige, eine verwirrte alte Dame, eine Versetzung in eine andere Abteilung und das Bauchgefühl eines Anästhesisten, der seine Frau verloren hat. Meine Herren – und Damen«, beeilte er sich mit Blick auf Doro und Svenja hinzuzufügen, »das reicht leider nicht für einen Anfangsverdacht. Wir können nicht aufgrund eines Bauchgefühls ermitteln. Da machen wir uns strafbar. Ich fürchte, uns bleibt nichts anderes übrig, als die Sache auf sich beruhen zu lassen.« Fragend blickte er in die Runde. »Oder ist jemand anderer Meinung?«

»Das Problem ist, dass wir es hier vielleicht nur mit der Spitze eines Eisbergs zu tun haben«, wandte Kammowski ein.

Der Staatsanwalt sah ihn aufmerksam an. »Sie meinen, es gibt noch mehr Todesfälle?«

»Na ja, gesetzt den Fall, dass der Verdacht doch nicht unbegründet ist, dann hängt die Größe des Eisbergs sicherlich vom Motiv dieses Mannes ab.«

Svenja stöhnte laut auf. »Ich verstehe überhaupt nicht, warum eine Pflegekraft in einem Krankenhaus so etwas tun sollte. Aus falsch verstandenem Mitleid vielleicht?«

»Ja, in der Tat, so etwas kommt vor«, sagte der Staatsanwalt. »Ich erinnere mich an eine Mordserie in Sonthofen, 2003 oder 2004 muss das gewesen sein. Da war wohl zum Teil Mitleid mit Todkranken im Spiel. Aber nicht nur. Es hieß in den Prozessakten, der Angeklagte habe zum Teil wie am Fließband und zum Teil auch selbstherrlich gehandelt.«

»*Selbstherrlich*, das ist ein ziemlich antiquierter Begriff. Auf welches Motiv soll der denn verweisen?«, hakte Kammowski nach.

»Vielleicht auf ein herrliches Gefühl, wenn man über Leben und Tod eines Menschen entscheiden kann, so wie früher ein Gutsherr, der Leute hinrichten ließ?«, schlug Kevin vor. »Dann ginge es um Macht?«

»Schwer zu sagen, in Prozessakten geht es ja immer um Schuld im juristischen Sinn und nicht um die psychologische Klärung eines Motivs«, sagte Werner.

»Das ist nicht ganz richtig«, entgegnete Obermeister, der Werner auch gern wissen ließ, wer hier den höheren Rang hatte. »Es wird schon in der Regel ein psychologisches Gutachten eingeholt. Und es geht immer darum, zu klären, ob niedere Beweggründe vorlagen. Wenn jemand nachweislich im weitesten Sinne Sterbehilfe leistet, weil er der Meinung ist, dass der Betroffene furchtbare Qualen erleidet, dann könnte das mildernde Umstände in der Urteilsfindung bedingen. Das kann den Unterschied zwischen Totschlag und Mord ausmachen. Aber in den Fällen von Tötungen in Krankenhäusern, Pflegeheimen oder bei Schutzbefohlenen geht es keineswegs immer um Mitleid. 2006 hatten wir hier in Berlin ja einen spektakulären Fall. Sie werden sich vielleicht erinnern. Die Krankenschwester Irene B. tötete Patienten auf der kardiologischen Intensivstation der Charité. Sie wurde 2007 wegen Mordes in fünf Fällen verurteilt. Der Vorsitzende des Schwurgerichts sah es als erwiesen an, dass diese Krankenschwester keine Sterbehilfe leisten wollte, sondern aus Heimtücke gehandelt hatte. Wieder so ein Begriff, der im Alltag kaum noch geläufig ist. In der Rechtsprechung sind damit verachtenswerte, sittlich auf niedrigster Stufe angesiedelte Taten gemeint, bei denen jemand hinterlistig handelt, indem er die Arglosigkeit des Opfers ausnutzt. Klassisches Beispiel ist der Mord im Schlaf.«

»Immer noch sehr abstrakt, finde ich«, sagte Kammowski.

»Wenn ich meine reiche Freundin im Schlaf töte, weil sie gerade ein Testament zu meinen Gunsten aufgesetzt hat, dann könnte ich das nachvollziehen. Aber warum tötet eine Krankenschwester? Was hat sie davon?«

»Der Richter damals hat es in seiner Urteilsbegründung so formuliert, dass die Angeklagte immer dann getötet hätte, wenn sie der Meinung gewesen sei, die Patienten müssten jetzt sterben. Weil sie gestört hätten oder weil sie ohnehin keine hohe Lebenserwartung mehr gehabt hätten. In einigen Fällen soll ein Angehöriger ahnungslos am Bett gesessen haben, während die Krankenschwester den tödlichen Cocktail spritzte. In einem weiteren Fall waren die Ärzte gerade dabei, den Patienten zu reanimieren, als die Schwester das tödliche Medikament verabreichte. So als wollte sie es ihnen mal so richtig zeigen. *Hier entscheide ich, wer lebt oder stirbt, nicht ihr.*«

Wieder stöhnte Svenja laut auf. Diesmal sahen alle überrascht zu ihr hin. »Das ist ja furchtbar. Ich begreife das nicht, das übersteigt mein Vorstellungsvermögen! Wie ist das möglich? In einem Beruf, in dem man anderen helfen soll? Kann es denn wirklich sein, dass man nach Jahren im Job so abstumpft, dass man so etwas einfach tut, weil man es kann, weil man mächtiger sein möchte als alle anderen? Da setzt mein Verstand einfach aus. Und wieso, bitte schön, kriegt das keiner von den Kollegen mit?«

Obermeister nickte. »Das hat das Gericht damals auch kritisiert. Kollegen hätten den schroffen Umgang der B. mit den Patienten beobachtet, ruppig in Worten und Taten, und dennoch hätten sie nicht reagiert. Einen Pfleger hat es wohl gegeben, der fand eine leere Ampulle, hegte den Verdacht, dass Irene B. den Patienten getötet haben könnte, und sprach mit zwei Kolleginnen darüber. Aber dann ist er in den Urlaub gefahren, und auch die Kolleginnen, die er ins Vertrauen gezogen hatte, haben geschwiegen.«

Eine beklemmende Stille trat ein.

Werner sah auf die Uhr. »Ist spät geworden, Kollegen. Wie gehen wir nun in unserem Fall weiter vor? Ist es ein Fall? Wollen wir den Kerl nicht einfach mal verhaften? Dann kann er wenigstens kein Unheil mehr anrichten … vielleicht gesteht er ja?«

Aller Blicke ruhten auf dem Staatsanwalt. Der schüttelte den Kopf. »Wenn er nicht gesteht, und selbst wenn er es täte – was wollten wir am nächsten Morgen dem Haftrichter erzählen? Jeder Spinner kann ein Geständnis ablegen. Das reicht keineswegs für eine Verurteilung, nicht einmal für Untersuchungshaft. So leid es mir tut, wir haben einfach nichts in der Hand. Nichts, was auch nur die Aufnahme von Ermittlungen rechtfertigen würde. Und wir müssen auch den Schutz eines möglicherweise Unschuldigen beachten. Wenn wir dort Ermittlungen aufnehmen, dann bleibt dieser Verdacht an dem Mann hängen.«

»Aber wir könnten doch wenigstens mal unverbindlich mit früheren Arbeitskollegen sprechen«, schlug Kammowski vor. »Vielleicht ist dem einen oder anderen doch etwas aufgefallen, und sie haben nur noch nicht ausdrücklich darüber gesprochen?«

Thomandel sah Kammowski scharf an. »Mathias, du hast doch gehört, was Herr Obermeister gesagt hat. Wir werden nicht ermitteln.«

KAPITEL 24

Du musst endlich etwas tun!« Charlotte weinte, als sie von ihrem Besuch bei der Großmutter im Heim zurückkam. »Sie erkennt mich nicht einmal mehr. Sie hat immer Inge zu mir gesagt.«

Inge, das war die ältere Schwester gewesen, zu der Kammowskis Mutter ein sehr enges Verhältnis gehabt hatte. Inge war schon seit achtzehn Jahren tot.

Kammowski schluckte. »Wie stellst du dir das vor? Sollen wir sie verhungern und verdursten lassen?«

»Sie isst und trinkt nicht mehr. Folglich hat sie keinen Hunger und keinen Durst. Ich finde es nicht richtig, dass die ihr das Essen und Trinken aufzwingen. Die Schwester hat mir heute eine Flasche Wasser hingestellt und gesagt, dass ich dafür sorgen muss, dass sie das trinkt. Weißt du, was das für eine Quälerei ist?«

»Für wen, für dich oder für sie?«, fragte Kammowski.

Das machte Charlotte noch wütender. »Für sie *und* für mich. Ich kann es nicht mit ansehen, wie sie gequält wird!«

»Jetzt mach mal einen Punkt. Jemanden zum Trinken anhalten ist doch keine Quälerei.«

»Doch, wenn derjenige das gar nicht will, ist es das.«

»Woher weißt du, dass sie das nicht will?«

»Weil sie vielleicht die Lippen zusammenkneift, Papa? Ich geh da jedenfalls nicht mehr hin. Ich werde nicht bei einer Zwangsernährung mitmachen. Das ist unmenschlich«, schrie sie, rannte in ihr Zimmer und schlug die Tür hinter sich zu.

»Was ist unmenschlich?«, fragte Christine, die in diesem Moment zur Tür hereinkam.

»Charlotte meint, man sollte ihre Großmutter nicht zum Essen zwingen«, erklärte Kammowski.

»Tut das denn jemand?«, wunderte sich Christine.

»Na ja, sie hat keinen Appetit, und sie hat keinen Durst. Von sich aus isst und trinkt sie gar nichts. Die haben vom Heim schon so einen Kalorien- und Flüssigkeitsplan, der erfüllt werden muss. Die Schwester hat mich erst kürzlich angesprochen. Sie wollen, dass wir ihr eine PEG legen lassen, so einen Ernährungsschlauch durch die Bauchdecke. Das ist für die Pflege einfacher, da können sie ihr dreimal am Tag Flüssigkeit und Nahrung zuführen, ohne dass sie etwas schlucken muss.«

»Und? Machst du das?«

»Ich weiß es nicht, aber ich kann sie doch nicht einfach verhungern und verdursten lassen, oder?«

»Nein, das kannst du nicht. Mich solltest du übrigens auch nicht verhungern lassen, ich muss mir meine Streicheleinheiten in der letzten Zeit ja geradezu erbetteln.« Sie schmiegte sich von hinten an ihn, fuhr mit der Hand unter sein T-Shirt und kniff ihn liebevoll in seine Speckrollen. »Na? Wollen wir im Bett eine Vorspeise einnehmen und später noch im Sandmann was essen?«

Kammowski zögerte. Charlotte war da. Sie hatte sich zwar schmollend in ihr Zimmer verzogen, aber das hieß nicht, dass sie nicht jederzeit wieder herauskommen und in ihrem Schlafzimmer auftauchen konnte. Es war schließlich erst früher Abend.

Christine erriet seine Gedanken, lachte und sagte: »Wenn sie das wagt, muss sie auch mit dem leben, was sie sieht, meinst du nicht?« Damit öffnete sie seinen Gürtel und versuchte, ihn hinter sich her Richtung Schlafzimmer zu ziehen. Selig grinsend folgte er ihr, doch dann drehte er sicherheitshalber den Schlüssel im Türschloss um, bevor er sie hochhob und zum Bett trug.

KAPITEL 25

Während der folgenden Tage dachte Kammowski nicht mehr viel an Maik Thomasson. Sie hatten andere Fälle, es war stets genug zu tun. Nichts davon beeindruckte ihn nachhaltig; Arbeit, die man um siebzehn Uhr gedanklich im LKA lassen konnte. Dagegen war eigentlich nichts einzuwenden, wie er fand.

An den Abenden nutzten Christine und er das schöne Spätsommerwetter für ausgiebige Motorradfahrten in die brandenburgische Umgebung. Erst am letzten Wochenende hatten sie einen Ausflug zum Kloster Chorin gemacht, um in den Ruinen des Kirchenschiffs ein Barockkonzert unter freiem Himmel zu genießen. Das gotische Zisterzienserkloster war, wie sie der Dauerausstellung entnahmen, von Karl Friedrich Schinkel als Baudenkmal entdeckt und vor dem Verfall gerettet worden. Heute diente es als Ausflugsziel, Veranstaltungsort und Ausstellungsstätte.

Am Montagnachmittag stellte Doro einen Anruf von Kerstin Lauterbach durch.

»Herr Kammowski, ich wollte nur mal kurz nachfragen, ob Sie denn nun Ermittlungen aufnehmen?« Sie klang hoffnungsfroh.

Es tat Kammowski leid, sie enttäuschen zu müssen. »Wenn es nach mir ginge, würden wir ermitteln, aber es geht leider nicht nach mir, und der Staatsanwalt hat anders entschieden.«

Noch während er sprach, war ihm klar, dass das ein Fehler gewesen war. Nun zählte Frau Lauterbach einmal mehr alle

Argumente auf, die ihrer Meinung nach für die Aufnahme von Ermittlungen sprachen, allesamt im Bereich der Gefühle und des gestörten Gerechtigkeitssinns angesiedelt, nichts im Bereich des Beweis- und Verwendbaren. Ungeduldig unterbrach er ihren Wortschwall.

»Das wissen wir doch alles schon, Frau Lauterbach, aber es reicht eben nicht. Die Hürden des Gesetzgebers liegen da höher, und das hat durchaus seinen Sinn.«

»Aber was, wenn der Mann weiter mordet?«

Kammowski stöhnte. Sie drehten sich im Kreis. Nachdem sie bei Staatsanwalt Obermeister offenbar auf Granit gebissen hatte, schien die Frau nun ihn als neues Opfer ausgewählt zu haben, vermutlich weil sie spürte, dass er im Prinzip ihrer Meinung war.

»Ich melde mich bei Ihnen, sobald es Neuigkeiten gibt«, versprach er und wusste doch schon in dem Moment, in dem er es sagte, dass er das nicht tun würde.

»Wer war das?«, fragte Svenja, die das Gespräch in Teilen verfolgt und gemerkt hatte, wie Kammowski ungeduldig wurde.

»Frau Lauterbach mal wieder. Ich weiß nicht, wie oft sie mich in den letzten Wochen angerufen hat. Ich werde Doro sagen, dass sie sie nicht mehr durchstellen soll.«

»Was will sie denn?«

»Sie will erreichen, dass die Leiche ihrer Mutter exhumiert wird.«

»Keine Chance.« Svenja schüttelte energisch den Kopf und wandte sich wieder ihrem Bericht über eine Schlägerei mit Todesfolge zu, die sich in einer Kreuzberger Shisha-Bar ereignet hatte.

Abends besuchte Kammowski seine Mutter im Heim. Für die Pflegenden wurde es immer schwerer, ihr das notwendige Minimum an Nahrung und Flüssigkeit zuzuführen. Sie drängten ihn, einer Ernährung durch den Schlauch zuzustimmen, aber Kammowski konnte sich dazu nicht entschließen.

Er betrachtete seine Mutter. Es kam vor, dass sie lächelte, wenn er aufkreuzte, aber meist schaute sie mit stumpfem Blick in die Gegend. Ein Leben wie eine Pflanze, selbst ein Haustier reagiert mehr auf seine Umwelt, dachte Kammowski, während er ihre faltige, schlaffe Hand streichelte. War das hier noch Leben?

Es ging schon auf neunzehn Uhr zu, aber es war noch warm und hell draußen. Er sollte bald aufbrechen.

Die polnische Nachtschwester Natalia reichte ihm die Nachtmedikamente für die Mutter herein. »Geben Sie ihr die noch?«

Er nickte.

Dann folgte sie wohl einem Impuls und setzte sich kurz zu ihm, obwohl sie – wie immer – eigentlich keine Zeit hatte, denn sie war im Nachtdienst für beide Stationen zuständig. »Schön, wie Sie sich um Ihre Mutter kümmern, das machen nicht mehr viele heutzutage. Wir haben hier im Heim alte Leute, die gar keinen Besuch mehr bekommen«, sagte sie.

Kammowski lächelte. »Darf ich Sie etwas fragen, Schwester Natalia?«

»Sicher, wenn es keine zu schwere Frage ist.«

»Was denken Sie, warum töten manchmal Pfleger ihre Patienten?«

Wenn sie sich über diese Frage wunderte, zeigte sie es nicht.

»Manche machen das wohl, weil sie sich davon einen Vorteil versprechen. Hört man ja immer wieder. Erst macht man die Menschen abhängig, dann wird ein Testament aufgesetzt, und weil die Hilfsbedürftigen so dankbar sind, begünstigen sie die Pfleger, die sie dann töten, um sie rascher zu beerben. Geht ja ganz einfach, wenn man vom Fach ist: ein bisschen mehr Insulin, ein bisschen mehr von dem Schlafmittel, merkt doch keiner. Es wird doch kaum noch jemand obduziert.«

»Okay, das ist nachvollziehbar, nicht schön, aber nachvollziehbar. Aber warum töten Schwestern und Pfleger, manchmal auch Ärzte, wenn sie keinen persönlichen Vorteil davon haben, zumindest keinen finanziellen?«

»Es gibt Tage, ganz ehrlich, Herr Kammowski, an denen habe ich auch solche Gedanken. Wenn man das Gefühl hat, in einem Hamsterrad zu sitzen, aus dem man nicht herauskommt, wenn man umgeben ist von Menschen, die nur noch aus Essen, Trinken, Schlafen und Ausscheiden zu bestehen scheinen und nichts davon noch allein können. Da denkt man manchmal, dass das alles sinnlos ist, eine Quälerei – für diese Menschen, aber auch für mich. Aber eigentlich passiert mir das nur, wenn ich überarbeitet bin, wenn ich zu wenig Zeit habe, um die kleinen lichten Momente dieser Menschen zu registrieren. Und die haben sie ja noch! Sie lächeln vielleicht, wenn die Sonne ihnen plötzlich ins Gesicht scheint. Sie lauschen, wenn unsere Musiktherapeutin Gitarre spielt, sie reagieren auf Berührungen. Ein reduziertes Leben, keine Frage, aber wer will darüber entscheiden, ab wann es nicht mehr lebenswert ist? Ich bin ein religiöser Mensch, Herr Kammowski. Wenn mich solche Gedanken überkommen, dann sage ich mir: Der liebe Gott wird schon wissen, was er macht. Wer bin ich, ihm ins Handwerk zu pfuschen?«

Eigentlich hatte Kammowski nach Hause fahren wollen, aber nun kurvte er mit seiner Moto Guzzi ziellos durch die Gegend. Das machte er im Sommer oft, wenn er sonst nichts zu tun hatte. Charlotte übernachtete jetzt häufig bei ihrem Freund. Christine traf sich heute Abend mit Freundinnen, er hatte keine Lust, mit seinen Gedanken allein zu Hause zu sitzen. Mit einem Mal fand er sich in Nikolassee wieder. Dr. Langer war im Vorgarten und jätete Unkraut. Die Sonne ging allmählich unter, aber es war noch sommerlich warm.

»Herr Kommissar, was führt Sie zu mir?«

»Ich hatte gar nicht vor, Sie zu besuchen, ich mache nur eine kleine Tour. Ich wollte einfach noch ein wenig durch die Gegend fahren, den Abend genießen. Jedenfalls bin ich privat da.« So viele Erklärungen! Je mehr er davon vorbrachte, desto unwahrscheinlicher wurde ein ungeplanter Besuch. Daher schwieg er nun lieber.

Dr. Langer lächelte. »Darf ich Ihnen ein Bier anbieten?«

»Danke, wenn ich Motorrad fahre, trinke ich grundsätzlich nichts, aber über ein Wasser würde ich mich freuen.«

Langer lachte. »Ich hätte auch ein Alkoholfreies im Kühlschrank.«

Kurze Zeit später kam er mit zwei kühlen Flaschen und zwei Weizengläsern aus dem Haus, und sie machten es sich unter dem Flieder bequem. Kammowski zog seine dicke Lederjacke aus. Wespen umsummten sie in der Hoffnung auf eine Abendmahlzeit.

Und auf einmal begann Kammowski zu erzählen. Dass er gerade aus dem Heim komme, wo seine Mutter inzwischen nicht mehr viel wahrnehme, dass seine Tochter der Meinung sei, alles Weitere wäre eine Qual für sie, und von ihm verlange, dass er etwas unternähme; dass die im Heim wollten, dass er ihr eine Ernährungssonde legen ließe. Martin Langer hörte sich das alles an, ohne ihn zu unterbrechen.

»Was hätte Ihre Mutter gewollt? Gibt sie irgendein Zeichen von sich, das darauf hindeutet, dass sie noch genießen kann, und sei es auch nur für einen kurzen Moment? Hat sie sich jemals dazu geäußert, wie sie sich ihr Lebensende vorstellt?«

Kammowski dachte daran, welch naive Freude sie oft gezeigt hatte, als sie schon dement gewesen war, aber noch längere Spaziergänge hatte machen können. Über eine Katze, die die Straße querte, über ein Kind, das im Sandkasten Kuchen buk, über eine Blume im Garten, wenn sie den Milchschaum von ihrem Kaffee löffelte und ein herzhaftes »lecker« von sich gab, oder wenn sie die Sonne auf der Haut spürte. Sie war immer eine Sonnenanbeterin gewesen. Aber jetzt? Was nahm sie noch wahr? Was machte sie jetzt noch aus?

»Genau das weiß ich eben nicht. Wir haben nie darüber gesprochen. Wir haben uns nicht sehr nahegestanden, zumindest nicht, als ich erwachsen war, früher vielleicht schon. Ich habe ihr übel genommen, dass sie immer auf der Seite meines Vaters stand, und der war ein brutaler Machtmensch. Komischerweise ist Nähe zwischen meiner Mutter und mir erst wieder möglich gewesen, als sie nach dem Tod meines Vaters auf meine Hilfe angewiesen war.«

Sie schwiegen, tranken dann und wann einen Schluck Bier und lauschten dem Summen und Brummen im Garten, dessen Decrescendo die Abendstille ankündigte. Selbst die lästigen Wespen schienen sich für die Nacht zu rüsten. Dr. Langer zündete eine Kerze an.

»Noch ein Bier?«

Kammowski schüttelt den Kopf. »Danke, nein, ich sollte

allmählich mal. Habe Sie ja lange genug mit meinen privaten Sorgen behelligt.«

»Ich habe mich über Ihren Besuch gefreut. Nur helfen kann man anderen bei diesen Entscheidungen nicht.«

»Zuhören ist auch Hilfe«, sagte Kammowski.

Langer nickte.

»Darf ich Sie noch etwas anderes fragen? Waren Sie eigentlich dabei, als Frau Wohlgemut starb?«

Langer sah ihn kurz an. »Doch in beruflicher Mission unterwegs?«

»Nein, das ging mir nur gerade durch den Kopf.«

»Nein, ich war nicht dabei.« Er schien zu überlegen, ob er weitersprechen sollte, und dann sagte er: »Aber ich habe ihren Krankheitsverlauf aus nächster Nähe verfolgt. Schon in der Nacht davor war es zu einer überraschenden Verschlechterung gekommen, die sich niemand erklären konnte. Wie gesagt, es ist nur eine Ahnung, kein Wissen. Wenn eine Komplikation eintritt, dann erholt sich der Patient normalerweise nicht innerhalb von wenigen Stunden. Bei Frau Wohlgemut war es aber so. Sie ist am Abend überraschend reanimiert worden, am nächsten Morgen konnte man sich schon wieder mit ihr unterhalten, und in der Folgenacht gab es wieder so eine mysteriöse Verschlechterung. Und immer war Maik Thomasson zuständig.«

»Was schließen Sie daraus?«

»Gar nichts«, beeilte sich Martin Langer zu sagen. »Aber ich war zwei Monate lang fast Tag und Nacht auf dieser Station, es hat in dieser Zeit schon sehr viele Reanimationen gegeben, bei denen Herr Thomasson die Hauptrolle gespielt hat. Das beweist nichts, aber es ist mir aufgefallen.«

»Jetzt mal ganz inoffiziell gesprochen. Was meinen Sie? Wenn es so wäre – warum sollte er das tun?«

»Glauben Sie mir, darüber habe ich auch schon viel nachgedacht. Ich weiß es einfach nicht. Mangelndes Selbstbewusstsein vielleicht, der verzweifelte Versuch, Bewunderung und Anerkennung zu bekommen und Bedeutsamkeit zu erlangen. Wer hat die größte Macht? Der Mann mit Geld? Der Mann mit vielen schönen Frauen? Mit dem größten Auto? Dem längsten Schwanz? Alles schön, aber über Leben und Tod entscheiden zu können, ist vermutlich die größte Macht auf dieser Welt.«

»Meinen Sie, dieser Maik Thomasson ist so ein Mensch – klein, schwach, unwichtig –, der den Kick des Todes braucht, um dem eigenen Leben einen kurzen rauschhaften Moment zu verleihen?«

Langer zuckte die Achseln und trank die letzten Schlucke seines Bieres, dann stand er auf. »Herr Kommissar, das sind alles Spekulationen. Ich kann Ihnen da wirklich nicht weiterhelfen. Ich habe nichts beobachtet, das zu Protokoll zu geben sich lohnen würde, bis auf das, was ich Ihnen bereits gesagt habe: Die hatten verdammt viele Reanimationen. Vielleicht kommen Sie an dieser Stelle weiter.«

Kammowski erhob sich ebenfalls, bedankte sich für das Weizenbier, zog seine Lederjacke an, griff nach dem Helm. »Es gab einen anonymen Brief an die Staatsanwaltschaft. Darin wird Maik Thomasson beschuldigt. Dieser Brief ist von jemandem geschrieben, der medizinische Sachkenntnis hat.«

Langer reagierte nicht.

»Wir denken eigentlich, dass Frau Lauterbach ihn selbst geschrieben haben könnte. Aber andererseits? Es könnte auch jemand anderes gewesen sein. Jemand, der uns vielleicht mit seinen Beobachtungen weiterhelfen könnte.«

Langer schwieg weiter.

»Haben Sie diesen Brief geschrieben, Herr Langer?«

»Wie kommen Sie darauf?«

»Keine Ahnung, vielleicht, weil er so geschliffen klingt.«

»Aber hallo, Herr Kommissar, keine diskriminierenden Vorurteile. Warum, bitte sehr, sollte eine Krankenschwester nicht auch geschliffene Briefe schreiben können? Ganz ehrlich, ich kenne deutschstämmige ärztliche Kollegen, die weder ›Orthografie‹ noch ›Grammatik‹ buchstabieren können und deren Arztbriefe sich lesen, als hätten sie die deutsche Schriftsprache nie kennengelernt. Und es gibt Krankenschwestern, die in Lyrik und Prosa zu Hause sind.«

»Wir sind etwas vom Thema abgekommen«, gab Kammowski zurück. »Waren Sie es nun oder nicht?«

»Steht unter diesem Brief denn mein Name? Nein? Ach, er war ja anonym. Dann wollte der Verfasser wohl ungenannt bleiben.«

Kammowski grinste schief. »Ja, aber warum wollte er anonym bleiben?«

»Oder sie«, sagte Martin Langer, »es könnte auch eine Sie gewesen sein.«

»Ja, bei anonym ist alles drin: er, sie oder divers.«

Langer unterdrückte ein Lachen und nickte.

»Darf ich Ihnen noch eine allerletzte Frage stellen? Wenn in einem anderen Krankenhaus einmal etwas aufgefallen wäre und man diesen Pfleger erst in eine andere Abteilung versetzt und dann entlassen hätte, müsste dann nicht in den Akten etwas vermerkt sein?«

Er saß schon auf seiner Guzzi und schickte sich an, den Starterknopf zu drücken. Langer hatte ihn nach draußen begleitet.

»Ich könnte mir vorstellen, dass die Geschäftsführung die

Einträge so formuliert, dass man ihr nicht ans Bein pinkeln kann. Schließlich wäre sie in diesem Fall verpflichtet gewesen, Anzeige zu erstatten. Aber man könnte mal beim Betriebsrat nachfragen. Wenn der Pfleger gegen seinen Willen versetzt und entlassen worden ist, dann muss der Betriebsrat hinzugezogen worden sein. Der ist verpflichtet, den Mitarbeiter anzuhören. Die Leute vom Betriebsrat entscheiden zwar meist im Sinne der Geschäftsführung – mit dem Argument, dass der Betriebsfrieden gewahrt werden muss –, aber von der Anhörung gibt es sicher ein Protokoll. Wenn Sie Glück haben, ist das nicht von drei Justiziaren auf Unverfänglichkeit geprüft worden.«

Während Kammowski mit offenem Visier und in gemächlichem Tempo die Avus entlangfuhr, die ehemalige Rennstrecke Berlins, genoss er den milden nächtlichen Fahrtwind im Gesicht und dachte, dass dieser Martin Langer, wenn er ihn nicht beruflich kennengelernt hätte, einen guten Freund abgeben würde und dass das mit dem Betriebsrat möglicherweise ein sehr hilfreicher Tipp war.

KAPITEL 26

Ralf Hammer konnte sich genau an die Ereignisse erinnern. Es war im ersten Jahr seiner vollberuflichen Tätigkeit als Betriebsrat gewesen. Damals war er noch sehr unerfahren gewesen, sein Kollege Walther hatte den Hut aufgehabt. Der war inzwischen längst in Rente, heute war er, Ralf, der alte Hase im Bau. Und er ahnte, dass dieses Gespräch unangenehm werden konnte. Er erinnerte sich nämlich vor allem daran, dass er damals mit Walther nicht einer Meinung gewesen war. Der hatte dafür plädiert, diesmal den Ball flach zu halten, und natürlich hatte er sich dem angeschlossen, was Walther, der Ältere und Erfahrenere, vorgegeben hatte.

»Ich erinnere mich. Da waren Kaliumampullen gefunden worden, wo sie nicht hingehörten. Aber damals war auf dieser Station nur Zickenkrieg, da hat einer den anderen in die Pfanne gehauen. Unser Hannelörchen war die Schlimmste von allen. Nett, aber so eine Hundertfünfzigprozentige. Alle naselang hatte die was zu meckern und zu melden. Wir haben drei Kreuze gemacht, als sie endlich in Rente ging. Und bei dieser Sache hatte sie sich ganz schön verrannt. Auf der anderen Seite stand da nämlich ein Mann, der ein wirklich guter Pfleger war. Das haben alle gesagt, sogar Hannelore. Die Geschäftsführung hat ihm dann geraten, das Haus zu verlassen – um des Betriebsfriedens willen und damit seine Karriere keinen Knick bekommt. Es lag ja doch ein Schatten auf seiner Vita. In unserem Haus wäre der auf keinen grünen Zweig mehr gekommen.«

Ralf Hammer hatte sich in Fahrt geredet. Kammowski dagegen war immer stiller geworden. Die hatten die Sache also tatsächlich einfach »geklärt«, indem sie dem Mann nahelegten, das Haus zu verlassen. Nicht zu glauben, es hatte immerhin ein Mordverdacht im Raum gestanden!

Wie durch einen Schleier hörte er Ralf Hammer weitererzählen: Das Protokoll der damaligen Mitarbeiterbefragung sei sicher noch da, bei ihnen habe alles seine Ordnung, er dürfe es aber nicht einfach herausgeben, da brauche es schon einen Durchsuchungsbeschluss oder zumindest die Einwilligung von Herrn Thomasson. Da seien kritische persönliche Daten vermerkt.

Jetzt platzte Kammowski beinahe der Kragen. Datenschutz nahmen sie genau, einen Mordverdacht hingegen konnte man unter den Tisch kehren. Er zwang sich zur Ruhe. »Meinen Sie nicht, dass Sie das damals nicht allein hätten entscheiden sollen?«, fragte er mit gepresster Stimme.

Ralf Hammer sah ihn verständnislos an. »Wie meinen Sie das? Ich habe nichts allein entschieden! Da waren viele dran beteiligt.«

»Ich meine, dass in Deutschland bei Verdacht auf ein Verbrechen immer noch Polizei und Staatsanwaltschaft ermitteln.«

»Wir waren damals einfach der Meinung, dass Schwester Hannelore etwas überinterpretiert hatte. Es gab doch keine Beweise, und wir wollten dem jungen Mann nicht die Karriere verbauen.«

Er war jetzt nicht mehr so auskunftsfreudig wie am Anfang des Gesprächs, aber immerhin rang er sich dazu durch, den Nachnamen und die Adresse von Schwester Hannelore weiterzugeben.

»Spandau ist ja ein Dorf, da kennt man sich untereinander. Ihr Mann ist der Platzwart auf der Sportanlage Grün-Weiß. Ich spiele da Tennis und meine Enkelin Fußball. Seit Hannelore in Rente ist, kümmern sie sich beide um den Platz. Sie wohnen in einem Bungalow auf dem Gelände. Das muss man ihnen lassen, die halten die Anlage in Schuss, und wehe, jemand betritt unerlaubt die Rasenfläche oder lässt ein Taschentuch auf den Weg fallen. Da steht unsere Hannelore bestimmt gerade hinter dem Küchenfenster und ruft den Delinquenten zur Ordnung.« Er lachte.

Kammowski war nicht nach Lachen zumute. Die Naivität dieses Betriebsrates, der immer noch davon überzeugt war, damals alles richtig gemacht zu haben, verschlug ihm die Sprache.

Auch Hannelore Riemann war nach fast zehn Jahren noch fest davon überzeugt, im Recht gewesen zu sein, und jetzt, da sich endlich eine Bühne bot, nahm sie die Gelegenheit wahr, sich noch einmal alles von der Seele zu reden.

»Wir hatten unfassbar viele Reanimationen in dieser Zeit. Manchmal drei oder vier in einer Schicht. Und fast immer hatte Maik ›zufällig‹ Dienst. Das konnte doch kein Zufall sein!« Und sie verstand bis heute nicht, dass das sonst niemandem aufgefallen war. »Die haben einfach alle weggeschaut.« Aber lange sei auch bei ihr nur dieses Misstrauen da gewesen, nicht mehr als so ein Gefühl, dass etwas nicht stimmt. Doch dann sei der Tag gekommen, an dem sie ihn auf frischer Tat ertappte.

»Sie haben beobachtet, wie er einem Patienten ein Gift verabreicht hat?«

»Nein, das nicht. Maik war gerade allein in dem Raum, als

der Alarm losging. Wir anderen kamen dazu. Wir haben vierzig Minuten lang reanimiert, bis der Arzt den Patienten schließlich für tot erklärt hat. Danach sind alle erst mal in die Küche gegangen, um etwas zu trinken, aber ich wollte zuvor noch aufräumen. Nach so einer Reanimation sieht das Krankenzimmer – und der Tote oft auch – aus, als wäre ein Sturm drüber hinweggefegt. Das kann man den Angehörigen nicht zumuten. Wir hatten sie bereits informiert, und sie wollten zum Abschiednehmen noch einmal vorbeikommen. Also habe ich aufgeräumt. Und so habe ich die zwei Ampullen Kalium im Mülleimer gefunden. Bei der Reanimation war kein Kalium eingesetzt worden, ich war ja die ganze Zeit dabei gewesen. Damit war für mich die Sache klar.«

»Könnten die Ampullen nicht für einen anderen Patienten gebraucht worden sein?«

»Ja, habe ich zunächst auch gedacht. Daher bin ich die Kurven aller Patienten durchgegangen. Keiner hatte an diesem Tag, in dieser Schicht, Kalium erhalten. Das gibt man nur bei einer Hypokaliämie.« Als sie Kammowskis fragenden Blick sah, ergänzte sie: »Wenn der Patient zu wenig Kalium im Blut hat.«

»Was haben Sie dann gemacht?«

»Ich habe die Ampullen mit Handschuhen aus dem Mülleimer gefischt, sie in einem Beutel verwahrt und sie dem Oberarzt, der Hintergrunddienst hatte, ausgehändigt. Der hat sich angehört, was ich zu sagen hatte, und weil er sich selbst auch schon Gedanken gemacht hatte, warum wir so viele Reanimationen hatten, hat er veranlasst, dass dem Toten noch einmal Blut abgenommen wurde. Die Ampullen hat er an sich genommen. Er wollte sich um alles kümmern. Einige Tage später ist Maik ja dann auch versetzt worden. Danach habe ich nichts mehr von der Sache gehört. Es hieß, Maik habe kurz darauf das Haus verlassen.«

»Sie sagen, Sie haben die Akten der Patienten von dem Tag überprüft, ob jemand Kalium bekommen hat.«

Sie nickte.

»Aber hätten die Ampullen nicht auch von einem anderen Tag stammen können?«

»Nein, eigentlich nicht. Die Müllsäcke werden nach jeder Schicht geleert. Da war außer den Ampullen auch nichts drin, sonst hätte ich sie vermutlich gar nicht gefunden.«

»Sind Sie von der Klinikleitung noch einmal befragt worden?«

»Doch, ja, es gab noch ein Gespräch mit der Pflegedienstleiterin, dem Geschäftsführer und dem Chefarzt der Klinik. Denen habe ich noch mal alles erzählt und auch meine Beobachtung geäußert, dass die Zahl der Reanimationen so hochgegangen war, seit Maik bei uns arbeitete. Die haben gesagt, sie kümmern sich um alles, und sie haben mich zum Schweigen verpflichtet. Es wäre für das Haus nicht gut, wenn über so etwas geredet würde, meinten sie. Mehr kann ich Ihnen auch nicht sagen. Ich habe dem Maik keine Träne nachgeweint. Der Mann hat schlampig gearbeitet. Ständig musste man hinter ihm herputzen. Auf den war einfach kein Verlass. Sie hätten mal sehen sollen, wie der seinen Arbeitsplatz am Ende der Schicht hinterlassen hat, der reinste Saustall.«

»Können Sie sich noch an den Namen des Patienten erinnern, der in dieser Nacht gestorben ist?«

Sie überlegte kurz. »Ja, ich glaube, er hieß Holger Arendt.«

»Und vielleicht auch an den Namen des Oberarztes, dem Sie die Ampullen übergeben haben?«

»Der hat eine internistische Praxis aufgemacht, soweit ich weiß.«

»Der Name?«

»Thorsten Ehlert.«

Kammowski schrieb beide Namen in sein Notizheft, steckte es wieder in die Jackentasche, bedankte sich für die Informationen und wandte sich zum Gehen. Hannelore Riemann hatte sich schon wieder dem Ausputzen der Geranien und Petunien in ihren Fensterkästen zugewandt, einer Beschäftigung, der sie bereits bei seiner Ankunft voller Elan nachgegangen war, als er sich noch einmal umdrehte.

»Ist Ihnen denn nie in den Sinn gekommen, dass Sie selbst hätten zur Polizei gehen können und müssen?«

Sie schaute ihn entgeistert an. »Nein. Das war doch nicht meine Aufgabe! Das sollten die da oben ruhig mal selbst entscheiden. Das war nicht meine Gehaltsklasse.«

»Aber wenn Sie mit Ihrem Verdacht richtigliegen, dann hat Ihr Kollege Menschen getötet?«

Schweigen, das man schon fast hätte verstockt nennen können.

»Da konnte ich mir ja nicht sicher sein«, gab sie schließlich von sich.

»Wenn Sie nicht in offizieller Mission hier sind, warum sollte ich dann mit Ihnen sprechen?«, fragte Thorsten Ehlert, nachdem Kammowski sich vorgestellt hatte. »Außerdem sehen Sie doch, dass mein Wartezimmer voll ist.«

Darauf wusste Kammowski keine rechte Antwort und schwieg.

Vielleicht war das genau die richtige Strategie, vielleicht weckte das Schweigen die Erinnerung an ein schlechtes Gewissen, jedenfalls begann Dr. Ehlert auf einmal doch zu erzählen: »Ich denke, wir haben damals richtig gehandelt. Es gab Gerüchte auf der Station. Ich war anfangs der Meinung, dass man denen nachgehen sollte, aber die Geschäftsführung hat anders entschieden.«

»Schwester Hannelore sagt, Sie hätten veranlasst, dass nach der erfolglosen Reanimation bei dem Patienten …«, er schlug sein Notizbuch auf und blätterte, bis er die Seite fand, »… bei dem Patienten Holger Arendt Blut abgenommen wurde, um den Kaliumwert zu messen.«

»Ja, das ist richtig. Ich habe damals dem Drängen von Hannelore nachgegeben – die konnte manchmal eine echte Nervensäge sein – und das einfach entschieden. War sicher ein Fehler.«

»Wie hoch war er denn, der Kaliumwert?«

»7,1 mmol/l.«

»Das wissen Sie noch bis auf eine Kommastelle?«

»Ja, so etwas vergisst man nicht so schnell. Damit fing das ganze Elend ja erst an.«

»Was meinen Sie? Ist das ein zu hoher Wert?«

»Ja, das ist lebensbedrohlich hoch.«

»Und welches Elend fing Ihrer Meinung damit an?«

»Na, die Gerüchte, dass Maik Thomasson nachgeholfen haben könnte. Ich hatte die Abnahme veranlasst, damit Hannelore endlich Ruhe gab. Als der Wert nun so hoch war, fing das Gerede ja erst richtig an. Ein hoher Kaliumwert ist noch kein Beweis, nicht wahr? Und wir sind ja keine Rechtsmediziner. Was weiß denn ich, wie hoch so ein Kaliumwert nach einer Reanimation ist? Normalerweise messen wir bei Toten keine Blutwerte mehr.«

Kammowski sah ihn nur schweigend an. Vielleicht kam er

ja von selbst noch drauf, dass genau das die richtige Option gewesen wäre: die Entscheidung darüber einem Gerichtsmediziner zu überlassen.

»Können Sie sich denn erinnern, ob dem Patienten – oder einem anderen – damals Kalium verordnet worden war? Immerhin hielten Sie die zwei Ampullen in Händen, die Schwester Hannelore Ihnen übergeben hatte.«

»Nein, bei diesem Patienten sicher nicht. Wir hatten seit Tagen darum gekämpft, den Kaliumwert runterzukriegen. Noch unmittelbar vor der Reanimation war er bei fünf Komma sechs gewesen, immer noch zu hoch, aber doch deutlich niedriger als sieben Komma eins.«

»Sie wissen das alles noch sehr genau nach all den Jahren!«

»Klar, man hat sich das damals immer wieder durch den Kopf gehen lassen, hat nach vernünftigen Erklärungen gesucht, aber keine gefunden. Der Mann war schwer nierenkrank, da steigt das Kalium eben an, und nach so einer Reanimation … Ich meine, es ist damit keineswegs bewiesen, dass jemand von außen Kalium zugeführt hat.« Er verstummte. »Ich denke, mein Chef hatte recht, es war ein Fehler, das Kalium bei dem Toten eigenmächtig zu bestimmen. Weil das eben gar nichts beweist. Damals gab es viele Eifersüchteleien im Team. Die einen haben gegen die anderen gestänkert, und plötzlich stand dieser Verdacht im Raum. Für Maik war die Geschichte das Ende in unserem Haus. Man hat ihm dann zwar noch angeboten, in einer anderen Abteilung zu arbeiten, aber das hat nichts geändert. Der war bei den Kollegen unten durch.«

»Was ist das für ein Mensch, dieser Maik?«

»Was er für ein Mensch ist, kann ich Ihnen nicht sagen, ich kenne ihn ja nicht privat. Aber ich habe eigentlich ganz gern mit ihm zusammengearbeitet. Der war vielleicht nicht jedermanns Freund, weil er eine, sagen wir mal, etwas abgeklärte Haltung gegenüber seinem Beruf hat. Der hat sicher kein Helfersyndrom, wenn Sie verstehen, was ich meine. Aber zu viele Emotionen stehen einer guten Arbeit oft eher im Weg, jedenfalls auf einer Intensivstation. Und das eine muss ich ihm lassen: Reanimationen konnte keiner so gut wie er. Da saß jeder Handgriff. Es war eine Freude, mit ihm zusammenzuarbeiten. Wir beide zusammen waren einfach unschlagbar. Es war wie die Kür eines Profi-Paars beim Eiskunstlauf.« Ehlert lächelte, während er sich seinen Erinnerungen hingab. »Wissen Sie, Herr Kammowski, es macht einfach Spaß, mit Profis zusammenzuarbeiten, das kennen Sie doch von Ihrer Arbeit sicher auch. Genau so war das, wenn Maik und ich einen Notfall hatten: keine falsche Bewegung, keine Hektik. Nur Ruhe und entschlossenes Handeln, jeder wusste genau, was der andere machte, was er brauchte. Alles leicht und elegant. Maik war kompetent und sehr Geräte-affin. Es gibt Kollegen, die sich vor neuen Methoden drücken, wo sie nur können.«

Kammowski, der sich den Monolog geduldig angehört hatte, fragte schließlich: »Was meinen Sie persönlich, können Sie sich vorstellen, dass Maik Thomasson bei diesem Herrn Arendt und anderen Patienten nachgeholfen hat, vielleicht weil er meinte, ein Patient habe nun genug Qualen durch Intensivmedizin erlitten?«

»Nein, das kann ich mir ganz und gar nicht vorstellen. Da gab es andere im Team, die gleich anfingen zu nerven, dieses oder jenes sei Quälerei und gegen den Willen des Patienten. Sobald ein Patient eine Patientenverfügung hatte und drei Tage beatmet wurde, gingen solche Diskussionen los. Ich kann mich nicht erinnern, dass so etwas einmal von Maik ausgegangen wäre.«

»Aber hat es damals, in der Zeit, als Maik Thomasson auf dieser Station war, nicht viel mehr Reanimationen gegeben als zuvor? Und wie war es damit, als er dann weg war?«

»Kann ich nicht sagen. Ich war nach Maiks Weggang nur noch ein halbes Jahr da, dann habe ich mich hier selbstständig gemacht. Und genau in dieser Zeit haben wir ja viele Patienten aus der Herzchirurgie zur Frühreha bekommen, daher muss das nichts zu bedeuten haben.«

»Gibt es denn keine Zahlen darüber?«

»Sie meinen, eine Statistik? Nein, nicht dass ich wüsste.«

»Schwester Hannelore sagt, dass es immer dann so viele Reanimationen gab, wenn Maik Thomasson Dienst hatte.«

»Kann ich nicht nachvollziehen. Aber Hannelore und Maik, die waren wie Feuer und Wasser. Jeder auf seine Art ein fähiger Mitarbeiter, aber zusammen eine Qual.«

»Schwester Hannelore hat Ihnen damals die Ampullen ausgehändigt. Was ist aus denen geworden?«

»Keine Ahnung. Ich habe sie zu dem Gespräch mit dem Chefarzt mitgenommen. Wir haben uns dann noch einmal in der großen Runde mit dem Chefarzt und der Klinikleitung getroffen. Ich bin nach meiner Meinung gefragt worden und habe gesagt, dass ich das für sehr unwahrscheinlich halte. Trotzdem haben sie den Maik dann in den OP gesteckt. Aber im OP arbeiten, das lag ihm nicht. Ich kann es ihm nicht verdenken, dass er dann bald gekündigt hat.«

Dr. Ehlerts Sprechstundenhilfe steckte den Kopf zur Tür herein. »Brauchen Sie noch lange, Herr Doktor?«

»Nein, geht sofort weiter. – Ich glaube, ich muss Sie jetzt mal rausschmeißen«, sagte er zu Kammowski.

Kammowski stand auf und steckte ihm eine Visitenkarte zu. »Wenn Ihnen noch etwas einfällt, können Sie mich jederzeit anrufen …«

Dr. Ehlert grinste. »Das habe ich nun mein ganzes Berufsleben gehofft, dass mir das mal in Wirklichkeit passiert.«

KAPITEL 27

Wie ist das möglich, dass einem die Ruhe im Betrieb und die Sauberkeit am Arbeitsplatz wichtiger sind als der Wille, weitere Morde an Menschen zu verhindern? Sowohl der Betriebsrat als auch die Krankenschwester und erst recht dieser Oberarzt mussten doch wissen, dass der weiter morden würde«, ereiferte sich Kammowski, als er abends mit Christine, Svenja und Klaus im Sandmann saß.

»So weit haben sie vielleicht gar nicht gedacht«, meinte Klaus. »Jeder dreht sich doch nur um sich selbst. Es ist einfach bequemer, sich der Mehrheitsmeinung anzuschließen. Gegen den Strom zu schwimmen war schon immer anstrengend, wenn nicht gefährlich, man kann im Strom der Mehrheitsmeinung auch untergehen.«

»Das könnte uns auch passieren«, warf Svenja ein. »Du erinnerst dich schon noch daran, dass Thomandel und Obermeister gesagt haben, wir ermitteln in dieser Sache nicht weiter?«

»Wenn ich ihnen das erzähle, was ich euch gerade berichtet habe, dann können sie nicht mehr anders, wirst schon sehen«, behauptete Kammowski.

Svenja schien nicht überzeugt.

Dann erzählte Kammowski von seinem Besuch im Heim bei seiner Mutter und von Charlotte, die der Meinung war, man – er – müsse etwas unternehmen. »Sie meint, man soll ihr einfach nichts mehr zu essen und zu trinken geben, weil sie ja nicht mehr danach fragt. Aber man kann doch einen dementen Menschen nicht einfach töten, indem man ihm die Nahrung vorenthält, oder?«

»Nein, das sehe ich auch so«, pflichtete Christine ihm bei. »Ich finde, es steht jedem frei, sein Leben zu beenden, solange er dazu in der Lage ist und solange er noch begreift, was er tut. Oder, wenn er das nicht will, kann er in einer Patientenverfügung genau festlegen, wie im Fall einer Demenz bei ihm verfahren werden soll. Wenn du da reinschreibst: *wenn ich im Falle einer Demenz nicht mehr von mir aus essen und trinken will, will ich nicht, dass man mich zum Essen und Trinken drängt,* dann würde das auch niemand tun dürfen. Ist die Erkrankung aber erst einmal vorangeschritten, dann kann der Mensch nicht mehr frei entscheiden, und es sollte auch kein anderer einfach für ihn tun dürfen. Damit würde man ein gesellschaftliches Tabu brechen, und das wäre nicht gut. Niemand sollte die Macht haben, über Leben und Tod eines anderen Menschen zu entscheiden.«

»Du meinst, wenn ich nicht dement und hilflos im Bett liegen will, dann muss ich mir vorher das Leben nehmen?«, lachte Klaus. »Aber was, wenn ich Angst davor habe, wenn ich gar nicht weiß, wie ich das anstellen soll, mir das Leben nehmen? Warum kann ich nicht jetzt entscheiden, dass ich später, wenn ich nicht mehr entscheiden kann, nicht mehr leben will?«

»Kannst du ja, du musst nur so eine Patientenverfügung ausfüllen. Aber siehst du, du willst solche Dinge auch lieber noch verschieben, hättest es auch gern, dass später andere für dich entscheiden, du Angsthase«, entgegnete Svenja und knuffte Klaus in die Seite.

»Und wenn du deine Entscheidung Jahre zuvor gefällt hast, kann am Tag X niemand sagen, ob du dich nicht inzwischen anders entscheiden würdest. Man verändert seine Einstellungen im Laufe des Lebens«, steuerte Christine bei. »Und weil niemand das gern für einen Angehörigen entscheidet, rufen alle nach gesetzlichen Regelungen und Organisationen, die das professionell und sauber für sie erledigen sollen. Das führt aber zu einer Verschiebung des moralischen Sollwerts. Das Leben ist doch das Höchste. Noch einmal: Niemand sollte die Macht haben, über das Leben eines anderen Menschen zu bestimmen, niemand!«

»Weil ich ein Angsthase bin und meine Freunde«, Klaus wies mit dramatischer Geste in die Runde, »für mich keine Verantwortung übernehmen wollen oder das wegen eines Moralitätsprinzips nicht dürfen, werde ich also in ein paar Jahren hilflos in meiner Scheiße liegen?«

»Keine Sorge, ich werde deine Windel schon regelmäßig wechseln«, lachte Svenja.

»Da sei der Allmächtige vor«, rief Klaus mit flehend gen Himmel erhobenen Händen. »Lasst uns das Thema wechseln, das deprimiert mich.«

Zum Glück kam Anja mit dem Essen, und bald waren die düsteren Themen vergessen.

»Charlotte jobbt übrigens wieder im Krankenhaus. Hat sie dir das erzählt?«, fragte Christine Kammowski auf dem Nachhauseweg.

»Nein, hat sie nicht. Warum das denn? Ich denke doch, dass sie von uns genug Geld bekommt, wieso reicht ihr das nicht? Warum will sie arbeiten? Hat sie mit dem Studium nicht genug zu tun? Die Arbeit kommt doch noch früh genug, das finde ich nicht in Ordnung.«

»Genau deshalb.«

»Was meinst du mit genau deshalb?«

»Genau deshalb hat sie dir nichts davon erzählt, sie kennt deine Meinung dazu, hat aber eine andere«, lachte Christine.

Kammowski schwieg. Er war verstimmt. Wieso redete Charlotte über so etwas jetzt mit Christine und nicht mit ihm, ihrem Vater?

»Ich glaube, es geht dabei weniger ums Geld an sich; es geht mehr darum, *eigenes* Geld zu verdienen, Erfahrungen zu sammeln, zu lernen, erwachsen zu werden.«

»Finde ich trotzdem nicht gut. Und ich finde auch nicht gut, dass du sie darin noch unterstützt.«

»Tue ich nicht.«

»Und warum spricht sie mit dir und nicht mit mir darüber?«

»Hey, töte nicht den Boten«, lachte Christine und umarmte ihn versöhnlich. »Ich denke, sie hofft, dass ich es dir schonend beibringe, weil sie weiß, dass du bei so etwas gleich ausrastest.«

»In welchem Krankenhaus jobbt sie denn?«

»Na, im Moabiter, in dem sie schon das Pflegepraktikum gemacht hat.«

»Waaaas? Das kommt überhaupt nicht infrage!«

»Du musst dich wohl damit abfinden, dass sie dich bei ihren Entscheidungen nicht mehr vorher um Erlaubnis fragt«, entgegnete Christine vorsichtig.

Für den Rest des Abends schmollte Kammowski, und Christine ließ ihn gewähren. Sie kannte ihn inzwischen und wusste, dass er sich irgendwann schon wieder einkriegen würde.

KAPITEL 28

Am nächsten Morgen rief Kammowski als Erstes Mehmet Becker an, den Gerichtsmediziner.

»Sag mal, Mehmet, wenn jemand Kalium verwendet hat, um einen Menschen zu töten, kann man das bei einer Exhumierung nachweisen?«

»Nein, kann man nicht. Doch, kann man schon, bringt aber nichts.«

»Was denn nun, du Spezialist?«

»Kalium ist in jeder Körperzelle, Kollege Superschlau. Mit dem Zersetzen der Leiche und damit der Zellen kann sich das überall finden. Da kannst du mit einem erhöhten Wert nichts mehr anfangen. Du müsstest deiner Leiche schon unmittelbar nach dem Ableben Blut abnehmen, damit du das vor Gericht verwerten kannst. Und selbst dann …«

»Was dann?«

»Hohe Kaliumwerte können selbst Ursache des Herz-Kreislauf-Stillstands sein, außerdem, je länger die Reanimation dauert, desto mehr Gewebeschaden entsteht, desto höher kann dann auch der Kaliumwert sein. Wie gesagt, da gehen Zellen kaputt, und in denen ist Kalium …«

»Sagen wir mal, unmittelbar vorher wurde ein Wert von 5,6 gemessen, unmittelbar danach aber einer von 7,1 mmol/l.«

»Beides zu hoch, Letzteres nicht lange mit dem Leben vereinbar.«

»Was nun, würde das reichen, um jemanden zu überführen?«

»Ich denke nicht, da musst du schon noch etwas mehr in der Hinterhand haben.«

»Leere Kaliumampullen vielleicht?«

»Ja, nicht schlecht, aber besser noch, es sind die richtigen Fingerabdrücke darauf«, beendete Mehmet, wie immer gut gelaunt, das Telefonat.

Thomandel war nicht begeistert. »Ich weiß nicht, Mathias, wenn du doch mal bei den Fällen, die ich dir explizit übertrage, so engagiert wärst wie bei denen, bei denen dir ausdrücklich untersagt wurde zu recherchieren! Wie weit seid ihr zum Beispiel mit der Messerstecherei in der Shisha-Bar?«

»Die Sache ist geklärt«, griff Svenja ihm unter die Arme. »Zwei verfeindete Familien, der minderjährige Täter hat inzwischen ein Geständnis abgelegt, wir haben seine Fingerabdrücke auf der Tatwaffe gefunden.«

Das genügte Thomandel offenbar nicht. »Und, war er es?« Oder muss er seinen Kopf für den älteren Bruder hinhalten, der schon strafmündig ist? Was, bitte sehr, macht ein Zwölfjähriger nachts in einer Shisha-Bar?«

»Wir haben genügend Zeugen, die ausgesagt haben, dass er da war und dass er zugestochen hat. Mehr können wir nicht tun, denke ich.«

Thomandel nickte. Dann wendete er sich wieder Kamkowski zu, der geschwiegen hatte, als gingen ihn die Vorfälle in der Shisha–Bar gar nichts an. »Ich sehe einfach keinen Ansatz für Ermittlungen, so verdächtig die Fakten, die du da zusammengetragen hast, auch sind. Was sollen wir denn deiner Meinung nach tun? Sollen wir diesen Maik Thomasson vielleicht einbestellen und verhören? Und dann?«

»Dann wäre er ja gewarnt, würde aufhören und warten, bis Gras über die Sache gewachsen ist«, meinte Svenja.

»Es wäre doch schon mal ein Erfolg, wenn er nicht weitermachen würde«, meinte Kammowski. »Überlegt doch mal! Wir wissen noch nichts über das Motiv, aber er könnte auch ein Psychopath sein, der aus lauter Lust am Morden handelt. Und das an einem Ort, wo das nicht weiter auffällt, weil dort öfter mal jemand stirbt. Und weil alle denken, was nicht sein darf, das kann auch nicht sein; im Krankenhaus helfen sie dir, da ermorden sie dich nicht. Aber Svenja hat recht, ich finde auch, wir sollten erst einmal mit der Geschäftsführung sprechen. Vielleicht gibt es eine Statistik über den Kaliumverbrauch auf der Intensivstation, vielleicht auch eine über die Reanimationen. Es wäre doch schon viel gewonnen, wenn wir die mit den Dienstplänen abgleichen könnten, um nachzuweisen, dass die Zahl der Reanimationen immer dann sehr hoch ist, wenn Herr Thomasson Dienst hat.«

»Also gut, ich hole mir das Okay vom Staatsanwalt. Und noch einmal, Kammowski: keine Alleingänge mehr, sonst kriegst du trotz deiner stattlichen Anzahl von Dienstjahren echt noch Ärger mit mir.«

»Jawoll, Chef«, salutierte Kammowski.

»Überdehn den Faden nicht. Auch meine Geduld hat einmal ein Ende.«

»Aye, Sir.«

Als Thomandel das Büro verlassen hatte, schüttelte Svenja den Kopf.

»Ehrlich, Kammowski, er ist der Chef. Warum sprichst du so mit ihm?«

»Wer Chef ist, der muss auch die richtigen Entscheidungen treffen. Das tut er aber selten.«

»Ich glaube, für einen Chef gibt es nichts Schlimmeres als Untergebene, die immer alles besser wissen, aber selbst nie Chef werden wollen.«

»Was willst du damit sagen, Kollegin?«

»Na, ihr seid doch beide gleich alt. Warum ist er der Chef, nicht du?«

Kammowski grinste. »An der Kompetenz liegt es sicher nicht. Aber ich hätte noch mal studieren müssen, um weiter voranzukommen, und das wollte ich nicht.«

»Siehst du.«

»Was sehe ich? Gar nichts sehe ich. Außerdem geht dich das nichts an. Du wirst mir allmählich ein bisschen zu vorlaut, genau wie Charlotte.«

»Das liegt vielleicht daran, dass wir allmählich erwachsen werden, Kammowski, gewöhn dich dran. Außerdem geht mich das sehr wohl etwas an. Ich habe mich in den letzten Tagen ganz schön allein gelassen gefühlt, in der Shisha-Sache. Bei arabischen Großfamilien ermittelt es sich als Frau nicht so gut im Alleingang.«

Kammowski grinste. »Hätte ich gern gesehen, wie du die aufmischst, aber Spaß beiseite. Du hast recht, vorerst keine Alleingänge mehr. Aber du musst zugeben, dass diese Kliniksache allmählich heiß wird.«

Svenja schickte ein Stoßgebet zum Himmel. So war dieser Kammowski, man konnte ihm einfach nicht lange böse sein.

KAPITEL 29

Es wurde allmählich Herbst. Der Himmel war meistens bedeckt, das Wetter trüb und nicht geeignet, die Laune zu heben. Mareike hatte lange darauf gewartet, dass ihre Anzeige bei ihren Vorgesetzten irgendetwas in Bewegung setzte, doch vergebens. Die ließen das einfach auf sich beruhen. Sie beobachtete Maik jetzt sehr genau, und vielleicht tat wenigstens das seine Wirkung. Wenn sie gemeinsam Dienst hatten, geschah kaum einmal etwas Verdächtiges. Aber eines Morgens, als sie gegen sechs die Nachtschicht auslösten, kam ihr in der Frauenumkleide eine völlig entnervte Kollegin entgegen.

»Ich mache heute keine Übergabe mehr, ich bin völlig kaputt, du kannst dir nicht vorstellen, was heute Nacht los war. Wenn das so weitergeht, gebe ich diesen Job auf, es geht einfach nicht mehr. Wir hatten heute Nacht sieben Reanimationen!«

Damit war sie schon zur Tür heraus und ließ eine verdatterte Mareike zurück. Sieben Reanimationen. Die Station hatte zwölf Betten. Das hieß, dass mehr als die Hälfte der Patienten letzte Nacht reanimiert worden war? Das hatte es noch nie gegeben. Gab es so etwas überhaupt jemals? Konnte das noch Zufall sein? Hatte Maik in der Nacht Dienst gehabt?

Das hatte er. Maik saß im Übergaberaum im Kreise seiner Anhänger und ließ sich als Held bejubeln. Vier hatten sie »zurückgeholt«, das Ganze war wieder einmal wie »am Schnürchen« gelaufen, sie waren sicher die besten »Reanimatoren« der Welt. Diese Mischung aus Testosteron, Schlafentzug und

Adrenalin war nicht auszuhalten. Selbst zurückhaltendere Charaktere wie Raffaela, die Stationsschwester, hatten sich von der aufgepeitschten Stimmung mitreißen lassen. Sie feierten Maik und damit auch ein bisschen sich selbst, denn sie waren ja schließlich dabei gewesen.

Waren die denn alle verrückt geworden? Raffaela, die junge Stationsschwester, war nur im Nachtdienst eingesprungen, weil eine Kollegin plötzlich wegen eines kranken Kinds ausgefallen war.

»Wir waren heute Nacht echt ein tolles Team«, sagte sie und lachte die verdutzte Mareike an. Im Gehen drehte sie sich noch einmal um. »Aber wir waren wirklich rund um die Uhr im Einsatz. Was ich nicht geschafft habe, ist die Medikamentenbestellung. Meinst du, du kannst das heute noch mal übernehmen?«

Mareike nickte. Wieder einmal. Letzte Woche war sie auch schon eingesprungen. Die Medikamentenbestellung war nicht ihre Aufgabe, sondern die der Stationsleitung. Aber natürlich, Raffaela war ja auch nur für jemand anderen eingesprungen. Das hörte einfach nie auf. Ein Loch wurde gestopft, dafür tat sich ein anderes auf. Sie hatte es so unsagbar satt. Neulich hatte sie kurz einmal überlegt, wieder auf eine Normalstation zu gehen. Aber da war es ja auch nicht besser. Vor Jahren noch waren sie auf einer solchen Station mit fünf Vollkräften im Frühdienst gewesen. Heutzutage rannten sich dort zwei Vollzeitkräfte und eine Schülerin die Füße wund, und es war sicher nicht weniger Arbeit geworden.

Wütend verließ sie den Übergaberaum in der Kanzel, in dem Maik und seine Anhänger nicht aufhörten, die glorreichen Details der Nacht immer wieder durchzukauen. »Ich so zu Timmi: Lass mal den Achter rüberwachsen, meinte natürlich den achter Tubus, und er so ganz cool: Ring- oder Maulschlüssel? Junge, haben wir gelacht.«

Mareike wurde es übel. Sie ging in die Patientenzimmer und orientierte sich kurz über den Zustand der drei Patienten, die sie heute zu betreuen hatte. Nachdem sie sich vergewissert hatte, dass alles in Ordnung war, machte sie sich daran, die Medikamentenliste fertigzustellen, worum Raffaela sie gebeten hatte. Das ging ihr rasch von der Hand, sie arbeitete nun schon so viele Jahre auf dieser Station, sie wusste, was häufig gebraucht wurde, und verschaffte sich schnell einen Überblick. Doch dann stutzte sie. In der letzten Woche erst hatte sie eine Zehnerpackung Gilurytmal, ein Herzmedikament, bestellt. Zehn mal fünf Ampullen. Jetzt waren nur noch drei Ampullen da. Was war mit den anderen passiert? Apothekenbestellungen wurden auf der ITS täglich gemacht, irgendetwas fehlte immer. Rasch ging sie das Apothekenbuch im Rechner durch. Und tatsächlich, vor fünf Tagen hatte Raffaela auch schon mal eine Zehnerpackung dieses Medikaments bestellt. Das hieß, dass über einen Zeitraum von acht Tagen siebenundneunzig Ampullen verbraucht worden waren. Sie rechnete rasch nach. Fünf Ampullen à 50 mg wurden in einer großen Perfusor-Spritze auf 50 ml verdünnt. Normalerweise lief das Medikament mit 0,5–1 mg pro kg Körpergewicht und Stunde. Bei einem 70 Kilo schweren Menschen waren das somit 35 bis 70 mg pro Stunde, das entspräche 7 bis 14 ml pro Stunde. Das wiederum hieße bis zu sieben Perfusor-Füllungen pro vierundzwanzig Stunden. Erleichtert atmete sie auf. Wenn ein Patient das Medikament gebraucht hatte, konnte das den großen Verbrauch erklären – *wenn* es einen Patienten gab, der es gebraucht hatte!

Andererseits: Das war kein Medikament, das bei ihnen täglich eingesetzt wurde. Alles hing also davon ab, ob ein Patient es verordnet bekommen hatte. Sie würde das prüfen. Es konnte aber auch Bruch gegeben haben. Das passierte schon mal, wenn ein Depp etwas Schweres auf die noch nicht im Schrank verstauten Medikamente fallen ließ. Aber so ein Missgeschick wurde in der Pause weitererzählt. Mareike hatte nichts dieser Art gehört. Sie würde Raffaela fragen, die musste das wissen.

»Was machst du da?« Maik schaute ihr über die Schulter.

»Was schon? Die Medikamentenbestellung, oder willst du das zur Abwechslung mal übernehmen?«

»Nein, das hat Raffi zum Glück dir aufgetragen«, erwiderte er lachend. »Ich gehe jetzt mal nach Hause, eine Runde schlafen.«

KAPITEL 30

Kammowski hatte das sichere Gefühl, dass man sie bewusst warten ließ. Entsprechend geladen war er, als Geschäftsführerin Wiebke Werner-Wohlfahrt sie endlich zu sich ins Zimmer bat. Es gab ja Menschen, die solche Spielchen zur Machtdemonstration brauchten. Die Frau, die ihn da so aufgesetzt anlächelte, war ihm sogleich zutiefst unsympathisch. Sie entschuldigte sich tausendmal, sie habe sie wegen wichtiger Verpflichtungen leider nicht eher hereinbitten können. Kammowski glaubte ihr kein Wort.

Svenja, die inzwischen genau wusste, wann bei Kammowski die Zeichen auf Sturm standen, und die ebenso sicher wusste, dass er sich nicht verstellen konnte, drängte sich vor und übernahm die Gesprächsführung.

»Das sind ja ungeheuerliche Vorwürfe«, sagte Frau Werner-Wohlfahrt, als Svenja ihr den Grund ihres Kommens dargelegt hatte. »Lässt sich denn irgendetwas davon beweisen?«

Svenja blieb gelassen. »Bisher können wir nichts beweisen, aber wenn wir uns nicht irren, dann sind die beiden Todesfälle, die zur Anzeige gebracht worden sind, nur die Spitze des Eisbergs. Darum brauchen wir ja Ihre Mitarbeit.«

»Wir werden selbstverständlich vollumfänglich mit der Kriminalpolizei und der Staatsanwaltschaft zusammenarbeiten«, antwortete Werner-Wohlfahrt etwas förmlich. »Aber was genau stellen Sie sich vor, das wir tun sollen?«

»Nun, zunächst einmal wäre es hilfreich, wenn wir Dienstpläne einsehen könnten, und Sie haben doch sicher eine Todesfall- oder, besser noch, Reanimationsstatistik Ihrer Intensivstation. Die würden wir gern einsehen und mit den Dienstplänen abgleichen.«

»Das sind medizinische Interna, über die ich selbst nicht im Einzelnen informiert bin. Wir sollten ohnehin den Chefarzt der Abteilung hinzuziehen; ich denke, der kann Ihnen besser Rede und Antwort stehen als ich.«

»Das sind medizinische Interna, über die ich nicht informiert bin«, äffte Kammowski Werner-Wohlfahrt nach, als sie wieder im Flur standen und darauf warteten, dass Dr. Ullrich, Chefarzt der Anästhesie und Intensivmedizin, sich die Ehre gab.

Svenja zischte ihm zu. »Reiß dich zusammen! Wir haben alle verstanden, dass du sie unsympathisch findest.«

»Hast du die Klunker an ihrem Arm gesehen? Die schleppt sicher ein halbes Kilo Gold mit sich herum«, gab Kammowski zurück und grinste. »Das Armband sieht aus wie vergoldete Handschellen.«

Svenja schwieg. Manchmal fand sie Kammowski anstrengend, aber sie wusste inzwischen, dass er mit seiner Intuition meist richtiglag.

Chefarzt Ullrich war offenbar bereits am Telefon gebrieft worden. Den leitenden Oberarzt der Intensivstation im Schlepptau, traf er zehn Minuten später ein, kam mit angemessen ernster Miene auf sie zu und stellte sich und seinen Oberarzt vor. Wieder wurden sie in den Besprechungsraum gebeten, wieder erklärte Svenja den Sachverhalt.

»Da muss ich Ihnen leider gleich den Wind aus den Segeln nehmen, so etwas wie eine Reanimationsstatistik haben wir nicht. Oder, Herr Heinrich?« Er schaute zu seinem Oberarzt, der eilfertig den Kopf schüttelte. »Nein, diese Information bekommen wir aus unserem Krankenhausinformationssystem nicht heraus. Die Todesfälle schon.«

»Dann hätten wir die gern. Und können Sie uns vielleicht auch eine Auflistung des Medikamentenverbrauchs zur Verfügung stellen?«, fragte Kammowski. »Insbesondere der Kaliumverbrauch würde uns interessieren.«

»Das lässt sich sicher machen. Für welchen Zeitraum?«

»Am besten für die Zeit, bevor Maik Thomasson eingestellt wurde, und für die Zeit danach. Am besten abgeglichen mit Zeiten, in denen er vielleicht einmal länger im Urlaub war. Wir brauchen die Dienst- und die Urlaubspläne.«

Oberarzt Heinrich schüttelte den Kopf. »Das wird nicht so einfach sein. Und selbst wenn, über die Jahre ändert sich ja auch am Medikamenteneinsatz und an der Zusammensetzung der Patientenklientel etwas.«

»Geben Sie uns einfach erst mal alles, was Sie auftreiben können, dann sehen wir weiter.«

Sie verabredeten sich für den Freitag der nächsten Woche mit dem Oberarzt. So viel Zeit brauche er, solche Statistiken könne er nicht aus dem Ärmel schütteln, und das neben seiner normalen Arbeit. Sie tauschten Visitenkarten aus, damit man einander auf dem Laufenden halten konnte.

»Da wir uns momentan noch im Stadium der Vorermittlungen befinden, sollte dieses Gespräch unbedingt unter uns bleiben. Es sollten keine weiteren Personen eingeweiht werden. Können wir uns darauf verlassen?« Svenja sah einen nach dem anderen an. »Es wäre wirklich sehr ungünstig, wenn sich im Haus Gerüchte verbreiten würden.«

Alle nickten. Das leuchtete jedem ein. Dann stand Frau Werner-Wohlfahrt auf, und die andern schlossen sich ihr an. »Die Einzelheiten der Listen und Statistiken können Sie ja dann nächste Woche telefonisch mit Herrn Oberarzt Heinrich besprechen. Ich würde mich an dieser Stelle gern verabschieden. Aber erlauben Sie mir zum Schluss noch eine Frage: Ich gehe doch recht in der Annahme, dass das bisher alles Mutmaßungen sind? Und ich gehe weiterhin davon aus, dass wir Herrn Thomasson zunächst nicht suspendieren müssen und es keine datenschutzrechtlichen Bedenken gibt, wenn wir Ihnen klinikinterne Daten aushändigen?«

»Sie gehen recht, aber darüber hinaus«, erwiderte Kammowski mit einem seiner freundlichsten Lächeln.

Eine Antwort, die Frau Werner-Wohlfahrt kurz zu irritieren schien. Dann entschied sie sich, den Einwurf einfach zu überhören.

»Was sollte das heißen: *Sie gehen recht, aber darüber hinaus?*«, fragte Svenja, als sie das Verwaltungsgebäude verlassen hatten und garantiert von niemandem mehr gehört wurden.

»Was denn?«, gab Kammowski grinsend zurück. »Sie geht doch recht in ihrer Annahme, oder nicht? Aber es heißt an dieser Stelle *darüber hinaus* und nicht *weiterhin*. Das muss der Frau doch mal jemand sagen.«

Svenja schüttelte den Kopf und trottete hinter ihm her Richtung Parkplatz. »Kammowski, du bist unmöglich.«

Kammowski tat so, als hätte er sie nicht gehört. »Nur leider hat sie den Nagel auf den Kopf getroffen und unser Dilemma exakt beschrieben: Wenn wir genügend Anfangsverdacht hätten, dann müssten sie ihn sofort von seinen Aufgaben entbinden und wir müssten ihn verhaften. Wenn es nicht genügend Verdacht gibt, dann dürften wir gar nicht hier sein und mit Nachfragen seinen Ruf beschädigen.«

KAPITEL 31

Dipl. med. Heiko Heinrich lieferte bereits am Mittwoch der folgenden Woche statt, wie verabredet, erst am Freitag. Er stand morgens um zehn plötzlich in Svenjas und Kammowskis Büro und lud eine große Kiste mit Papieren auf Kammowskis Schreibtisch ab.

Heinrich war ein Mann mit freundlich zurückhaltendem Wesen. Um die fünfzig, mit schon etwas schütterem Haar, ebenmäßigen Gesichtszügen und rehbraunen Augen, die schön zu nennen gewesen wären, hätten sie einer Frau gehört. Bei ihm verstärkten sie den Eindruck von Zaghaftigkeit und Melancholie, den er ohnehin schon vermittelte, und sie ließen ihn feminin wirken. Er war nicht der Typ, der für etwas brennen konnte. Alles Leidenschaftliche war ihm suspekt. Zwanzig Jahre arbeitete er nun schon als Oberarzt auf Intensivstationen. Er verstand sein Handwerk, aber er war keine »Führungspersönlichkeit«, wie sein Chef nicht müde wurde zu kritisieren. Er war ein genauer Mensch und dadurch nicht immer der schnellste; Sorgfalt und Besonnenheit und ein gutes Arbeitsklima waren ihm wichtig. Bei Chef Ullrich war das ganz anders. Wenn dem eine Idee im Kopf herumspukte – und da spukte es gewaltig –, erwartete er stets eine sofortige Umsetzung. Zu Heinrich sagte er dann gern, er brauche eine Führungspersönlichkeit, keinen Bedenkenträger. So war hinhaltender Widerstand zu Heinrichs zweitem Ich geworden. Im Osten sozialisiert, war ihm der offene Widerstand ohnehin nicht in die Wiege gelegt. Aber egal, welche Art von

Kampf ausgefochten wurde, Kampf war es am Ende immer, und der nagte an ihm und ließ ihn immer wieder Ausstiegsszenarien durchdenken. Und jetzt auch noch dieser Mist mit Maik!

Heinrich hatte die Intensivstation im Moabiter Krankenhaus vor Jahren aufgebaut, sie trug seine Handschrift, darauf war er stolz. Sein früherer Chef hatte ihm weitgehend freie Hand gelassen, der war mehr Anästhesist als Intensivmediziner gewesen, in vielen Organisationen aktiv, hatte auf vielen Hochzeiten getanzt und war froh gewesen, dass Heinrich ihm die Verantwortung für die ITS abnahm. Aber vor einigen Jahren war er in Rente gegangen, und Ullrich war Chef geworden. Der mischte sich nun in alles ein und machte dauernd neue Vorgaben, die Heinrich zu erfüllen hatte, aber wie das mit dem immer knapper werdenden Personal möglich sein sollte, dafür interessierte er sich nicht, das war dann Heinrichs Aufgabe.

Der Verdacht gegen Maik Thomasson traf Heinrich schwer und erschütterte sein Selbstbewusstsein nachhaltig. Ullrich hatte bereits ins Feld geführt, dass es, wenn sich die Vorwürfe bestätigen sollten, auch für ihn Konsequenzen haben könne. Dann sei er schließlich seiner Aufsichtspflicht nicht nachgekommen, was ja nicht weiter verwunderlich sei, denn Führung sei bekanntlich nicht seine Stärke. Und auch XL-Double-U hatte in dieser Richtung Andeutungen gemacht. Offenbar hatten sie ihn bereits als Bauernopfer auserkoren. Das Schlimmste war, dass er sich selbst die meisten Vorwürfe machte. Wieso war ihm nichts aufgefallen? Dann fragte er sich wieder: Trafen die Vorwürfe am Ende gar nicht zu? Er hätte das doch merken müssen! Bisher hatte er Maik für einen guten Pfleger gehalten. Einen, der Verantwortung übernahm, der nicht mit jedem Scheiß zum Oberarzt gelaufen kam, sondern auch einmal selbst Entscheidungen fällen konnte. Bisher hatte Heinrich an diesen Entscheidungen nichts zu kritisieren gehabt. Sollte er sich so geirrt haben? Die Klärung dieser Frage war ihm zu einem inneren Zwang geworden. Seit dem Gespräch mit den Kommissaren konnte er nicht mehr schlafen. Gedankenkreise hielten ihn wach. Nächtelang erstellte er Statistiken, und er hatte begonnen, Maik sehr genau zu beobachten. So genau, dass dem das schon aufgefallen war.

»Was starrst du mich so an, Heiko, bin ich grün im Gesicht, oder was?«, hatte er neulich gefragt.

Heinrich hatte schnell irgendetwas gemurmelt und weggesehen, aber es stimmte, er hinterfragte jetzt jeden von Maiks Handgriffen. Das musste auffallen.

Nachdem sie einander begrüßt hatten und Doro einen Kaffee angeboten hatte, begann Heinrich zu berichten: »Ich habe es nicht glauben wollen, ich konnte es mir nicht vorstellen, aber nun … also, es könnte sein … Also es könnte sein, dass an Ihrer Vermutung etwas dran ist, Herr Kammowski«, sagte er. »Sehen Sie hier.« Er nahm ein Blatt Papier aus der Kiste, die er auf Kammowskis Schreibtisch gestellt hatte, legte es auf den Tisch und wies auf eine Grafik. »Ich habe mir erst einmal über das letzte halbe Jahr einen Überblick verschafft. Im Vergleich zum Vorjahreszeitraum hat sich die Todesrate verdoppelt, von fünfundvierzig auf neunzig Fälle.« Erwartungsvoll sah er Kammowski an. Als der nichts sagte, fuhr er fort: »Das sagt natürlich noch nicht viel, es könnte ja sein, dass das an einer veränderten Patientenklientel liegt. Da muss man mit der Interpretation sehr vorsichtig sein. Wir haben seit einem Dreivierteljahr einen neuen kardiologischen Chef. Der macht sehr viel mehr Interventionen als der alte. Da kommen jetzt ganz andere Patienten in die Internistische Klinik als früher. Die sind viel kränker, und wenn bei den Interventionen etwas schiefgeht, landen diese Patienten auf unserer Intensivstation. Ich habe hier auch alle Dienstpläne der letzten zwei Jahre, aber ich habe es noch nicht geschafft, sie mit den Todesfallmeldungen abzugleichen. Immerhin habe ich den Controller so weit gebracht, dass er mir die Daten der Verstorbenen samt Datum und Stunde ihres Todes ausgedruckt hat. Das vermerken wir in den digitalen Patientenakten. Jetzt müssen wir schauen, wer da jeweils Dienst hatte. Das schaffe ich nicht allein.«

Wieder sah er von seinen Papieren auf und registrierte, dass der Funke der Begeisterung über seine Entdeckungen noch nicht auf Kammowski übergesprungen war.

»Glauben Sie mir nicht?«

»Doch schon, vielen Dank, Herr Heinrich. Ich glaube, wir sind nur überwältigt, dass sich dieser ungeheuerliche Verdacht nun tatsächlich bestätigen könnte. Das hieße dann ja, dass es nicht nur um einen oder zwei Fälle ginge, wie wir zunächst dachten, sondern um eine ganze Serie. Dann hätten wir es hier mit einem Serienkiller zu tun!«

Heinrich nickte. »Und es könnte tatsächlich sein, dass die Todesfälle nur die Spitze des Eisbergs sind. Wir haben keine Reanimationsstatistik, wie der Chef Ihnen bereits gesagt hat. Aber mir ist etwas eingefallen. Ich habe schon vor längerer Zeit damit angefangen, über jede Reanimation einen kurzen Bericht schreiben zu lassen. Aus Schulungsgründen. Wir setzen uns dann immer noch mal zusammen und überlegen, was gut und was schlecht gelaufen ist.« Er zögerte kurz, griff dann in die Pappkiste und holte einen Aktenordner heraus. »Wird nicht vollständig sein, die Kollegen müssen immer wieder ans

Abgeben der Berichte erinnert werden, manche boykottieren die Maßnahme auch gern mal, so etwas zu schreiben macht ja Arbeit. Wenn ich es recht bedenke, musste ich insbesondere Maik immer wieder deswegen hinterherrennen, und ich schaffe es auch nicht, da ständig dranzubleiben. Also kurz und gut: Es wird keine vollständige Statistik, aber vielleicht können Sie ja trotzdem etwas damit anfangen, Herr Kommissar.« Er klopfte mit beiden Händen auf seinen Aktenordner. »Haben Sie Leute, die sich diese Daten vornehmen können?«

»Da wird sich schon jemand finden«, murmelte Kammowksi und verfrachtete die Pappkiste auf den Schreibtisch von Svenja, die das mit einer Grimasse kommentierte.

»Was werden Sie denn nun unternehmen, Herr Kammowski?«, fragte Heinrich. »Ich meine, mir ist es jetzt schon unheimlich, den Mann weiter auf der Station arbeiten zu lassen. Das geht doch eigentlich nicht, oder?«

»Wir werden das mit der Staatsanwaltschaft besprechen müssen. Die Frage wird sein, ob das, was wir bisher zusammengetragen haben, schon reicht, um ihn zu überführen und zu verhaften. Ich fürchte fast, wir brauchen noch ein paar Fakten mehr, vielleicht hilft uns da ja Ihre Kiste.«

»Wie ist denn Ihr persönlicher Eindruck?«, mischte Svenja sich erstmals in das Gespräch ein.

Heiko Heinrich hatte immer nur Kammowski angesehen, sie schien er gar nicht registriert zu haben. Ganz so, als sei sie eine Sekretärin, die man übersehen konnte. Sie hatte solches Verhalten schon häufiger beobachtet. Wenn sie mit Kammowski unterwegs war, dachten die Leute automatisch, dass er der Chef war, was er ja auch war, aber es ärgerte sie trotzdem, so komplett ignoriert zu werden. Sie bemühte sich um einen neutralen Ton.

»Wie ist denn Ihr persönlicher Eindruck? Sie kennen Herrn Thomasson doch, Sie arbeiten mit ihm. Was könnte er für ein Motiv haben? Wie wahrscheinlich ist es, dass er bald wieder mordet? Halten Sie ihn für fähig, so etwas Schreckliches zu tun? Ihm anvertraute hilflose Patienten reihenweise heimtückisch zu töten?«

Heinrich sah irritiert von Kammowski zu Svenja und dann zu Kammowski zurück, ganz so, als habe er Svenjas Anwesenheit tatsächlich gerade erst zur Kenntnis genommen. Das machte es in Svenjas Augen nicht besser. Vor wenigen Tagen erst hatte sie sich ihm im Moabiter Krankenhaus als ermittelnde Kommissarin vorgestellt. Und er behandelte sie hier wie – ja, wie eigentlich? Er behandelte sie eben gar nicht, er übersah sie einfach. Vermutlich nicht mit Absicht, einfach so. Weil er automatisch, und ohne darüber nachzudenken, der Meinung war, dass sie als junge Frau für ihn als Ansprechpartnerin nicht relevant war?

»Maik ist ein kleiner Angeber. Das schon. Andererseits hat er allen Grund, stolz zu sein auf das, was er leistet. An seiner Arbeit ist nichts auszusetzen. Mir ist seine sachliche Art sogar lieber als die Gefühlsduselei und die Befindlichkeiten mancher anderer Kollegen. Maik macht seine Arbeit, nicht mehr, aber eben auch nicht weniger. Und wenn er nach einer erfolgreichen Reanimation vor jungen Kollegen etwas aufschneidet, sie aber gleichzeitig an die Hand nimmt und ihnen was zeigt, dann ist das doch in Ordnung. Dann ist das mehr, als andere vorzuweisen haben.« Er zögerte, merkte wohl, dass es vielleicht nicht angemessen war, einen potenziellen Mörder dermaßen zu loben. Schließlich fügte er hinzu: »Niemals hätte ich mir träumen lassen, dass er solche Situationen selbst herbeiführt, nur um glänzen zu können. Wenn das stimmt –

also wenn das wirklich stimmt –, dann tickt der Junge nicht ganz richtig und ich habe mich schwer in ihm geirrt.«

Sie schwiegen, und Kammowski wollte gerade aufstehen, um Heinrich zu verabschieden, als dieser noch einmal das Wort ergriff.

»Ich muss Ihnen noch etwas mitteilen, Herr Kammowski.« Er zögerte. »Können wir das vertraulich behandeln?« Bei den letzten Worten hatte er die Stimme gesenkt und sich Kammowski zugeneigt, dann blickte er herüber zu Svenja, die ein, zwei Meter entfernt an ihrem Schreibtisch saß. Schließlich sah er wieder Kammowski an, gerade so, als erwarte er, dass dieser Svenja bat, den Raum zu verlassen. Svenja kochte.

»Kommt drauf an«, erwiderte sie scharf und überdeutlich. »Wenn es strafrechtlich relevant ist, dann nicht.«

»Nein, das wohl nicht«, ereiferte sich Heinrich und sah erneut Hilfe suchend zu Kammowski, der das ignorierte, »aber ich musste meinem Chef Verschwiegenheit zusichern.«

»Herr Dr. Heinrich, wenn es etwas ist, das mit diesem Fall zusammenhängt, dann sind Sie verpflichtet, uns das zu sagen, sonst drohen Ihnen ernste strafrechtliche Konsequenzen«, fauchte Svenja.

Heinrich zuckte gequält zusammen.

»Also gut, aber wenn mein Chef erfährt, dass Sie das von mir haben, bin ich unten durch. Das ist Ihnen klar, oder?«

Kammowski schwieg einen Moment, dann sagte er geradezu behutsam: »Meine Kollegin hat recht, wenn Sie etwas verschweigen, das wichtig ist, bekommen Sie möglicherweise Ärger mit dem Staatsanwalt. Das kann schlimmer sein als Ärger mit dem Chef.«

»Also gut.« Heinrich holte einmal tief Luft und machte einen neuen Anlauf. »Mein Chef hat mir gestern verraten, dass sich bereits vor einigen Wochen Schwester Mareike, eine Schwester von unserer Intensivstation, bei ihrer Vorgesetzten gemeldet hat, weil sie den Verdacht hatte, dass Maik einem Patienten eine Überdosis eines potenziell lebensbedrohlichen Medikaments verabreicht hatte. Offenbar hat es daraufhin in der Klinikleitung eine Besprechung gegeben, bei der man übereingekommen ist, die Sache erst einmal zu beobachten. Weil es keine Beweise gab. Die haben es nicht mal für nötig gehalten, mich, als Leiter der Intensivstation, davon zu unterrichten. Dabei gab es Beweise. Mareike hatte die Ampullen sichergestellt.«

Kammowski und Svenja wechselten einen alarmierten Blick. »Wo sind die Kaliumampullen jetzt?«

Nun sah Heinrich sie erstaunt an. »Kaliumampullen? Nein, es waren keine Kaliumampullen. Mareike hatte Ajmalin-Ampullen gefunden. Die hat sie der Klinikleitung ausgehändigt – denke ich jedenfalls. Ich habe das nur von meinem Chef. Mit Mareike selbst habe ich nicht gesprochen. Sie hatten Verschwiegenheit gewünscht. Daran habe ich mich gehalten.«

KAPITEL 32

Okay, Kollegen, darf ich einmal um Ruhe bitten? Hauptkommissar Kammowski wird uns jetzt zunächst einmal den Stand der Ermittlungen zusammenfassen. Leg los, Mathias!«

Nach der Morgenbesprechung hatte Thomandel alle Kollegen, die in den »Klinikenfall« involviert waren, zusammengerufen. Staatsanwalt Obermeister war ebenfalls anwesend.

Kammowski erhob sich und trat an das Whiteboard.

»Also gut, Kollegen. Was haben wir? Wir haben zwei Anzeigen von Angehörigen. Die eine von Frau Kerstin Lauterbach, die Ende April des letzten Jahres ihre Mutter, Christine Wohlgemut, im Moabiter Krankenhaus verloren hat.« Er schrieb die Namen an die Tafel und malte neben den Namen von Christine Wohlgemut ein Kreuz. »Die zweite Anzeige stammt von einer Claudia Ruppert«, wieder schrieb er den Namen der Person und des Krankenhauses auf, »die die Anzeige für ihre Großmutter Ottilie Friedrich erstattet hat. Sie behauptet, dass Maik Thomasson versucht hat, ihre Großmutter zu töten, was diese aber überlebt hat.« Auch neben den Namen von Otti Friedrich malte er ein Kreuz, das er allerdings einklammerte. »Frau Friedrich selbst hat zwar ausgesagt, dass sie den Pfleger an ihrem Bett gesehen hat, bevor sie ohnmächtig wurde – obwohl er gar nicht bei ihr eingeteilt war –, das Problem ist aber: Sie ist schon recht alt und geistig nicht mehr ganz auf der Höhe. Kerstin Lauterbach, die Tochter von Frau Wohlgemut, stützt ihre Behauptung auf die Aussage von Anne Mars, einer Krankenschwester, die früher im Ursulinenstift mit Maik Thomasson zusammengearbeitet hat. Anne Mars hat ihr erzählt und inzwischen auch schon bei uns ausgesagt, dass es vor Jahren Gerüchte gab, Maik Thomasson könne Patienten im Ursulinenstift willentlich geschadet haben. Sie hat nichts selbst beobachtet, sondern alles nur von Dritten gehört. Bislang erinnert sie sich nicht an Namen von diesen Dritten. Bisher einziges Indiz: Maik Thomasson ist damals offenbar zunächst in den OP versetzt worden, wohl gegen seinen Willen, und hat dann die Klinik mit einem außergewöhnlich guten Zeugnis verlassen. Kevin und Max haben mit der Klinikleitung gesprochen. Das sind nicht mehr dieselben Leute wie damals, als sich diese Dinge abgespielt haben; die wissen von nichts. Max hat auch die Personalakte von Thomasson eingesehen, da steht nichts drin außer einem guten Zeugnis und der Bemerkung, dass er die Klinik auf eigenen Wunsch verlassen hat. Da kommt der Verdacht auf, dass sich die Klinik mithilfe eines guten Zeugnisses seinen freiwilligen Weggang erkauft hat. Ich habe mit einer Hannelore Riemann gesprochen, einer Krankenschwester, die damals im Moabiter Krankenhaus den Stein ins Rollen gebracht hatte. Sie hatte Ampullen gefunden und bei der Geschäftsführung abgeliefert. Diese Ampullen existieren nicht mehr, es handelte sich um Kaliumampullen. Kalium wird auf Intensivstationen häufig verabreicht, in hohen Dosen ist es wohl tödlich. Laut Mehmet Becker würde es aber nichts bringen, jetzt noch die Leiche von Christine Wohlgemut zu exhumieren, was Kerstin Lauterbach seit einem Jahr immer wieder fordert, weil Kalium sich auch natürlicherweise im Körper findet. Bisher haben wir somit nicht viel mehr als Gerüchte und Verdächtigungen. Doch nun kommt ein weiteres Puzzleteilchen hinzu. Svenja und ich haben mit der Geschäftsführung des Krankenhauses Moabit gesprochen, das ist das Haus, in dem Maik Thomasson heute arbeitet. Der Oberarzt der Intensivstation, Dr. Heinrich, hat uns gestern eine erste Auswertung präsentiert, wonach sich die Todesrate auf seiner Station innerhalb des letzten halben Jahres verdoppelt hat, von fünfundvierzig auf neunzig Fälle.«

Staatsanwalt Obermeister unterbrach ihn. »Sagen Sie, Herr Kammowski, ist dieser Herr Thomasson denn erst seit einem halben Jahr im Moabiter Krankenhaus tätig?«

»Nein, er ist schon länger dort, aber bisher haben wir nur Daten für das letzte halbe Jahr vorliegen. Oberarzt Heinrich findet diesen Anstieg der Sterberate auffällig, schränkt aber ein, dass sich in dieser Zeit auch die Zusammensetzung der Patientenklientel geändert haben könnte, dass es also schwerere Fälle gibt.«

Der Staatsanwalt schüttelte bedächtig den Kopf. »Aus einer allgemeinen Statistik kann man keine individualisierten Anschuldigungen stricken«, sagte er.

Kammowski nickte und fuhr fort: »Ja, aber das ist noch nicht alles. Dr. Heinrich hat erfahren, dass eine Krankenschwester sich vor einigen Wochen an die Geschäftsführung gewandt hat, weil sie ebenfalls Beobachtungen angestellt hatte, die darauf hindeuten, dass Herr Thomasson absichtlich Situationen schafft, die Reanimationen erfordern.«

Jetzt horchte der Staatsanwalt auf. »Ach ja? Ist das zur Anzeige gebracht worden?«

»Nein, eben nicht. Auch die Geschäftsführung hat uns darüber nicht in Kenntnis gesetzt, als wir da waren. Wir haben diese Schwester Mareike noch nicht befragt, weil wir hier erst einmal das Prozedere besprechen wollten. Wenn wir jetzt ein

Mitglied des Teams anhören, wird sich das nicht geheim halten lassen. Das könnte den Täter warnen, was wiederum zur Folge haben könnte, dass wir nie in der Lage sein werden, ihn zu überführen.« Er machte eine Pause und sah sich im Kreis der Kollegen um.

»Aber wir können den auch schlecht einfach weitermorden lassen, oder?«, ließ sich Doro vernehmen.

Überrascht blickte Kammowski auf. Doro mischte sich normalerweise nicht in diese Besprechungen ein, wenngleich sie meist anwesend war. »Ja, das ist genau das Problem«, sagte er. »Wenn all diese Vermutungen stimmen, dann gibt es mehr als diese zwei Opfer. Aber reicht das für eine Verhaftung?« Diese Frage war an den Staatsanwalt gerichtet.

Der schüttelte wieder energisch den Kopf. »Nur wenn der Mann gesteht, aber darauf könnten wir es natürlich ankommen lassen.«

»Es gibt noch ein wichtiges Detail«, warf Kammowski ein und wandte sich wieder dem Whiteboard zu. »Laut Oberarzt Heinrich hat diese Schwester Mareike ebenfalls verdächtige Ampullen gefunden und sichergestellt. Auch diese Ampullen gibt es offenbar nicht mehr. Aber diesmal war es nicht Kalium, sondern ein Medikament mit Namen Ajmalin. Und dieses Ajmalin kann man, sagt unser Gerichtsmediziner, wenn es in zu hoher Dosis verabreicht worden ist, in Leichen nachweisen. Wir sollten also die Exhumierung der Leiche von Frau Wohlgemut beantragen.«

Obermeister nickte. »Zusammen mit der Aussage von dieser Schwester kriegen wir das durch, dann hätten wir doch schon eine andere Beweislast.«

»Ach, und wie lange dauert es, bis wir die Genehmigung für die Exhumierung haben? Wie viele Menschen kann der bis dahin noch um die Ecke bringen?«, warf Doro aufgebracht ein. »Wie wäre es denn, wenn wir die Station mit Kameras ausstatten würden, dann könnten wir verfolgen, was passiert, und vor allem sofort eingreifen«, schlug sie vor.

»Du meinst, wir montieren überall Überwachungskameras und positionieren vor der Tür ein SWAT–Team, das dann mit Maschinengewehren reinrennt, wenn er eine falsche Spritze verabreicht? So als *CSI-Berlin?*«, fragte Max Werner.

»So in etwa.« Doro war beleidigt.

»Jetzt bin ich aber sehr enttäuscht, Manfred. Wir haben so ein schickes SWAT-Team, und ich bin darüber gar nicht informiert worden?«, ätzte Max weiter.

»Kollegen, bleibt doch bitte einmal sachlich«, versuchte Thomandel, das Gemenge zu sortieren. »Doro hat ja völlig recht. Das Beste wäre, wenn wir die ganze Station verwanzen dürften – dürfen wir aber leider nicht.«

»Außer der Zielperson würden ja auch hilflose Patienten, Angehörige und übriges Pflegepersonal aufgenommen«, ergänzte der Staatsanwalt. »Das ist nicht zulässig.«

»Ja, meinen Sie denn, die lassen sich lieber umbringen als mit der Videokamera aufnehmen?« Doro ließ nicht locker. »Wie geht's denn dann weiter? Wollt ihr nicht wenigstens mal diese Schwester Mareike anhören?«

»Doro hat recht, das können wir nicht verantworten, aber ich stimme auch Mathias zu. Wenn wir diese Schwester einbestellen, lässt sich nicht verheimlichen, dass wir Herrn Thomasson verdächtigen. Sie wird es nicht schaffen, sich ihm gegenüber normal zu verhalten. Eine Krankenschwester ist keine Schauspielerin. Kann auch sein, dass sie es einer Freundin erzählt.«

»Und was wäre mit einer verdeckten Ermittlung, nur so

lange, bis wir die Ergebnisse der Exhumierung haben? Zusammen mit Oberarzt Heinrich, der ja auch eingeweiht ist, könnten wir ihn so im Auge behalten«, warf Max Werner ein.

»Na toll, das ist hier doch wieder der reinste Alltagssexismus, Kollegen. Von einer Krankenschwester nimmst du automatisch an, dass sie plaudert, aber der Herr Oberarzt ist über jeden Zweifel erhaben. Ausgerechnet dieser Schnösel, der Frauen nicht einmal in die Augen schauen kann.« Svenja war wütend.

»Frauen sind nun mal Plaudertaschen«, behauptete Kevin grinsend, was dem Staatsanwalt offenbar gefiel. Jedenfalls lachte er albern, als hätte Kevin einen guten Witz gemacht.

»Also bitte, Kollegen, können wir jetzt einmal persönliche Empfindsamkeiten außen vor lassen?«, versuchte Thomandel ein weiteres Mal zu ordnen, eine Bemerkung, die Svenja erst recht zu empören schien. Rasch fügte er daher hinzu: »Kollegin Hansen hat vollkommen recht. Es gibt keinen Grund, anzunehmen, dass wir von Schwester Mareike nicht ebenso Verschwiegenheit erwarten können wie von Oberarzt Heinrich. Und wenn wir ernsthaft darüber nachdenken, verdeckt zu ermitteln, bis das Ergebnis der Exhumierung vorliegt, brauchen wir mehr als einen Vertrauten im Kollegenkreis. Wir sollten diese Schwester Mareike einmal einbestellen, was meinen Sie, Herr Obermeister?«

Obermeister hatte sich von seinem Lachanfall einigermaßen erholt und bemühte sich, eine ernste Miene aufzusetzen.

»Ja, machen Sie das. Aber bevor wir hier weiterspekulieren und planen: Wer käme denn als verdeckter Ermittler infrage? Das müsste doch jemand mit medizinischen Kenntnissen sein, oder nicht?«

Diese Frage traf den Kern des Problems ziemlich genau. Betretenes Schweigen machte sich breit.

»Ich wollte vor der Polizeischule mal Krankenschwester werden, habe die Ausbildung aber nach einem Jahr abgebrochen«, sagte Svenja plötzlich in die Stille hinein. »Auf einer Intensivstation war ich allerdings noch nie«, schränkte sie sogleich ein, als sie merkte, dass alle Blicke auf ihr ruhten.

KAPITEL 33

Es ist schon Wochen her, dass ich das gemeldet habe. Warum gehen Sie der Sache erst jetzt nach?«, fragte Mareike, kaum dass sie das Büro betreten und eine knappe Begrüßung gemurmelt hatte. »Erst neulich hat es in einer Nacht sieben Reanimationen gegeben, drei davon sind tödlich ausgegangen.«

»Jetzt mal der Reihe nach«, erwiderte Kammowski. »Wem haben Sie was genau gemeldet? Und warum sind Sie mit Ihrer Beobachtung nicht zur Polizei gegangen? Oder sind Sie zur Polizei gegangen?«

Das nahm Schwester Mareike etwas den Wind aus den Segeln, und sie begann, ihre Geschichte der Reihe nach zu erzählen: wie sie die Gilurytmal-Ampullen gefunden und dies ihrer Vorgesetzten gemeldet hatte. »Und mir ist noch etwas aufgefallen. Ich mache häufiger in Vertretung der Stationsschwester die Medikamentenbestellung. Es ist sehr viel Gilurytmal bestellt worden. Aber ich kann noch nicht sagen, ob das etwas zu bedeuten hat, weil es auffällt, wenn ich die Kurven von Patienten einsehe, die ich nicht selbst betreue, und an alte Akten komme ich gar nicht heran.«

Sie gab die Namen der verstorbenen Patienten zu Protokoll. Svenja wollte sich darum bemühen, dass die Akten beschlagnahmt würden.

»Ist Ihnen auch im Zusammenhang mit dem Medikament Ajmalin etwas aufgefallen?«, fragte Kammowski. »Ist da der Verbrauch vielleicht auch angestiegen?«

Mareike sah ihn verständnislos an. »Das habe ich Ihnen doch gerade gesagt.« Und als sie seinen fragenden Blick gewahrte, lachte sie. »Ach so, nein, doch, ja, das ist doch dasselbe: Der Firmenname ist Gilurytmal, der Freiname ist Ajmalin.«

Entgegen anderslautenden Befürchtungen sah sich Schwester Mareike durchaus in der Lage, Verschwiegenheit zu wahren und Maik weiter zu beobachten beziehungsweise Oberarzt Heinrich und die verdeckte Ermittlerin Svenja in der Beobachtung zu unterstützen. Mehr noch, sie fühlte sich erstmals ernst genommen und in ihren Befürchtungen bestätigt.

Geschäftsführerin Wiebke Werner-Wohlfahrt war nicht gerade begeistert von einer verdeckten Ermittlung, aber sie machte gute Miene zum bösen Spiel. Es blieb ihr wohl nichts anderes übrig, nachdem Thomandel ihr klargemacht hatte, dass ihre bisherige Weigerung, die Polizei einzuschalten, strafrechtliche Konsequenzen haben konnte und dass die Gesamteinschätzung der Sachlage im Kontext ihrer weiteren Kooperation gesehen werden würde. Ihr wäre es sehr viel lieber gewesen, man hätte diesen schrecklichen Pfleger, der ihr nichts als Ärger bereitete, einfach verhaftet und weggesperrt. *In ein tiefes Verlies sperren und dort vergessen.* Die jetzt geplante Operation war ihr mehr als suspekt, da konnte allerhand schiefgehen, was am Ende sie in ein schlechtes Licht rücken würde. So hatte sich Wiebke Werner-Wohlfahrt den Tanz mit der Kuh auf dem Eis keineswegs vorgestellt, aber sie war es gewohnt, die Fahne zu wenden, wenn sich die Windrichtung änderte. »Dafür bekomme ich ja mein Schmerzensgeld«, pflegte sie zu scherzen, womit sie auf ihr nicht eben kleines

Gehalt anspielte. Dennoch rief sie sofort ihren Regionalgeschäftsführer an, der selbst Jurist war, sich in dieser Angelegenheit aber lieber nicht festlegen wollte und dazu riet, die Verantwortung auf mehrere Schultern zu verteilen, indem man die Justiziare des Konzerns einbezog.

Zur Vorbereitung des Einsatzes traf sich eine Planungsgruppe, bestehend aus der Klinikleitung, dem Chefarzt und dem Oberarzt der Intensivmedizin, der Pflegedienstleitung, Thomandel, Kammowski und Svenja. Chefarzt Ullrich schlug vor, Svenja als Extrawache einzuschleusen, die dürften ohnehin nichts am Patienten machen, so werde es nicht auffallen, dass sie nur wenig Vorkenntnisse habe. Schwierig werde es nur sein, sie immer bei Maik Thomasson einzusetzen, gab der PDL zu bedenken, denn Extrawachen würden einzelnen Patienten zugeordnet. Sie erwogen, weitere Teile des Teams einzubeziehen, verwarfen den Gedanken aber gleich wieder. Nein, das würde sofort die Stimmung verändern und auffallen.

Schließlich schlug Svenja vor, dass vielleicht eine Tarnung als Praktikantin besser sei. Sie könnte sagen, dass sie sich für den Beruf der Krankenschwester interessiere, sich aber, bevor sie die Umschulung in Angriff nehme, in einigen Bereichen der Medizin umsehen wolle, ob ihr das auch wirklich liege. In ihrem Alter könne sie sich keinen weiteren beruflichen Fehlstart leisten, und weil sie vormittags einen Putzjob in einer Kita habe, sei es auch plausibel, dass sie die Schnupperwoche am Nachmittag ableisten wolle. In der kommenden Woche war Maik nämlich für den Spätdienst eingeteilt.

Der Vorschlag schien allen praktikabel zu sein, und so wurde er beschlossen. Auch Schwester Mareike sollte von der

Stationsschwester für den Spätdienst eingeteilt werden. Oberarzt Heinrich hatte ohnehin in dieser Woche Hintergrunddienst. Da sich ein Facharzt von der Station krankgemeldet hatte, würde es nicht weiter auffallen, wenn er im Vordergrunddienst einsprang.

»Er hat den Ruf, mit der Station verheiratet zu sein«, gab Chefarzt Ullrich zum Besten, und es klang aus seinem Mund nicht wie ein Lob.

KAPITEL 34

Als Svenja gegen dreizehn Uhr zwanzig gemeinsam mit Mareike die Damenumkleide betrat, um sich für ihren ersten Spätdienst umzuziehen, war ihr doch etwas mulmig zumute. Als sie jetzt in der blauen Dienstkleidung dastand, kam ihr die Idee falsch vor. Sie fühlte sich fehl am Platz, hatte plötzlich Angst vor ihrer eigenen Courage.

Mareike, die ihr Zögern bemerkte, beruhigte sie. »Sie sind Praktikantin, von Ihnen wird nichts erwartet, Sie müssen einfach nur mitlaufen und beobachten.« Schon an der Tür, drehte sie sich noch einmal um. »Wir duzen uns eigentlich alle auf der Station. Ist natürlich kein Muss. Sie wären aber die erste Praktikantin, die sich siezen lässt. Ist vielleicht unauffälliger, wenn wir zum Du übergehen.«

Svenja nickte und wartete noch eine Minute, bis sie Mareike folgte; sie wollte nicht, dass sie zusammen gesehen wurden.

Maik Thomasson, dem man sie wie geplant zugeteilt hatte, war zwar leicht genervt gewesen, dass er eine Praktikantin betreuen sollte, gab sich ihr gegenüber aber freundlich und schien auch ihre Geschichte von der jungen Frau auf der Suche nach ihrem Traumjob zu schlucken. »Such dir lieber was anderes«, riet er ihr. »Der Verdienst ist mäßig, und das Dreischichtsystem macht dich auf Dauer kaputt.«

Thomandel hatte darauf bestanden, dass sie vor ihrem Einsatz eine Psychologin aufsuchte, um sich von ihr dazu beraten zu lassen, was Maik Thomasson für ein Mensch war – soweit man das aus den bisher bekannten und vermuteten Fakten herleiten konnte. Die Psychologin hatte, wie nicht anders zu erwarten gewesen war, gemeint, dazu könne sie nicht viel sagen, da sie Thomasson ja nicht kenne. Nach dem, was man ihr berichtet habe, liege bei ihm möglicherweise eine antisoziale Persönlichkeitsstörung vor. »Das, was man auch unter dem Begriff Soziopath kennt. Solche Menschen sind sich selbst und anderen gegenüber rücksichtslos. Sie lügen, sobald sie sich dadurch einen Vorteil versprechen, und haben keinerlei Unrechtsbewusstsein. Das heißt, sie können schon zwischen Gut und Böse unterscheiden, aber es ist ihnen egal, weil ihnen Gewissen und Mitgefühl für andere völlig fehlen. Außerdem handeln sie oft sehr impulsiv. Sie können keine Frustration ertragen. Werden ihre Pläne durchkreuzt, werden sie gewalttätig, ohne über Konsequenzen nachzudenken. Klassischerweise stehen sie von frühester Jugend an immer mit einem Bein im Gefängnis.«

»Okay, das heißt, er könnte gefährlich werden?«, hatte Svenja gefragt.

»Das ist nicht ganz auszuschließen, aber nur dann, wenn er sich durch Sie bedroht fühlt. Sie müssen sich immer klarmachen: Diese Menschen haben keinerlei Angst. Normale Menschen unterdrücken viele Impulse schon allein deshalb, weil sie Angst vor den Konsequenzen haben. Nicht so diese Menschen. Sie denken nicht an die Folgen ihres Tuns, sie planen nicht, und sie lernen nicht aus ihren Erfahrungen, daher können sie durchaus gefährlich werden.« Sie hatte Svenja, die wohl ein etwas ängstliches Gesicht machte, angelacht.

»Im besten Fall hat Ihr Pfleger aber einfach nur eine narzisstische Persönlichkeitsstruktur. Eine häufige Störung, nicht selten in Chefetagen anzutreffen.« Wieder hatte sie gelacht.

»Was nichts anderes heißt, als dass unsere Gesellschaft solche Menschen mag und befördert. Wobei man da noch verschiedene Subtypen unterscheidet, den erfolgreichen Narzissten und den erfolglosen zum Beispiel, aber das auszuführen würde jetzt zu weit führen.« Wieder hatte sie aufmunternd gegrinst. »Wenn Ihr Pfleger diese Form der Persönlichkeitsstörung aufweist, dann hat er ein ausgeprägtes Selbstwertproblem, das er ständig kompensieren muss, indem er sich mit der Aura des Besonderen umgibt. Zur Aufrechterhaltung seines eigenen Großartigkeitsnarrativs ist er süchtig nach Anerkennung durch andere Menschen. Sie müssten damit rechnen, dass er extrem empfindlich auf Kritik reagiert. Das heißt, er wird sich Ihnen als vordergründig selbstbewusst, als größter, bester, schlauester Mensch präsentieren, und wenn Sie ihm die eingeforderte Bewunderung verweigern, und sei es auch nur durch einen falschen Blick oder eine falsch interpretierte Bemerkung, wird er empfindlich gekränkt sein, vielleicht sogar bösartig reagieren.«

»Also auch wieder gefährlich?«

»Nicht unbedingt, dem Narzissten fehlt es ja weder an Angst noch an Gewissen, und er ist in der Lage, die Folgen seines Handelns abzuschätzen. Selbst wenn er auf Kränkung impulsiv reagiert, wäre zu erwarten, dass seine Bösartigkeit sich noch im Grenzbereich des sozial Verträglichen abspielt.«

»Okay, das beruhigt mich jetzt ungemein.«

»War es meine Aufgabe, Sie zu beruhigen? Da ich den Mann nicht kenne, kann ich Ihnen nur Grundprinzipien aufzeigen.«

»Nein, nein, danke, Sie haben recht, und Sie haben mir durchaus geholfen.«

Während sie hinter Maik hertrottete und versuchte, so wenig wie möglich im Weg zu stehen, ließ sie sich die Worte der Psychologin durch den Kopf gehen. Bisher verhielt der Mann sich ganz normal. Er war nicht übermäßig freundlich und hatte angedeutet, dass er sie eher als Belastung empfand, aber das war sie ja wohl auch. Sie ließ sich alles von ihm erklären, versuchte, möglichst oft, aber unauffällig ein Lob einzuflechten und Bewunderung zu demonstrieren. Darauf schien er positiv zu reagieren. Aber ganz ehrlich, wer tat das nicht?

»Wie du das im Kopf ausrechnest, wie viel Medikament in den Perfusor muss und wie schnell er laufen muss! Ich hätte nicht gedacht, dass man als Krankenschwester so gut in Mathe sein muss. Ich weiß nicht, ob ich das könnte«, sagte sie zum Beispiel, als sie ihm beim Anrichten einer Perfusorspritze zusah.

»Ja, ein bisschen rechnen muss man schon können«, gab er zur Antwort, und Svenja hoffte, dass sie nicht zu dick aufgetragen hatte.

Ansonsten passierte in der ersten Spätschicht nicht viel Interessantes. Sowohl Oberarzt Heinrich als auch Schwester Mareike kamen kurz vorbei und sahen nach dem Rechten, das hieß, sie stellten sich vor und wünschten ihr einen guten Start ins Praktikum.

Das allerdings schien Maik merkwürdig zu finden, denn als die beiden wieder gegangen waren, fragte er: »Bist du ein versteckter Promi, oder was?« Offenbar war es nicht üblich, dass Praktikanten vom Oberarzt oder Mitschwestern begrüßt wurden. Sie würden vorsichtiger agieren müssen!

Die folgenden Nachmittage auf der Station waren von Diskussionen wegen eines älteren Patienten mit Trisomie 21 geprägt. Eric war zwar erst fünfundfünfzig, aber für einen Menschen mit Downsyndrom war das schon ein stattliches Alter. Früher waren die meisten dieser Menschen noch vor dem dreißigsten Lebensjahr gestorben. Aber die Medizin war vorangeschritten, auch diese Patienten wurden heute älter. Jetzt schien auch er wegen eines angeborenen Herzfehlers allmählich Probleme zu bekommen, und es hatten sich Hinweise auf eine Alzheimerdemenz eingestellt. Der »Junge«, wie seine Mutter ihn nannte – was kurios wirkte, weil er deutlich vorgealtert aussah und an die hundertzehn Kilo wog –, lag jetzt schon drei Wochen auf der Station, und eine Genesung wollte sich nicht so recht einstellen. Seine Mutter war jede Minute an seinem Bett, übernahm fast alle Pflegearbeiten selbst, gönnte sich keine Ruhe. Sie war Mitte siebzig und alleinstehend. Allmählich fühlte sie sich mit der Pflege überfordert, konnte sie aber nicht einmal für kurze Zeit an das Intensivpflegepersonal abgeben. Als Betreuerin für ihren Sohn vertrat sie vehement die Meinung, dass für ihn nun die Zeit zum Sterben gekommen sei.

Seit einigen Jahren war die Rechtslage so, dass man, wenn Betreuer und Ärzte sich einig waren, die weitere Behandlung einstellen konnte, ohne noch einmal ein Gericht hinzuziehen zu müssen. Man konnte das »einvernehmlich« regeln.

Die Meinungen im Team gingen auseinander. Ein Großteil der Mitarbeiter hatte Verständnis für die Mutter, die sich ein Leben lang aufopfernd um den Sohn gekümmert hatte. Das Problem an der Sache war, dass sie den Wunsch nach einem Einstellen der Therapie damit begründete, dass sie erklärte, es sei nun mal genug der Pflege und sie wolle auch noch ein paar Jahre etwas vom Leben haben.

Leben oder sterben lassen. Im Team wurde heftig gestritten. Die meisten Ärzte waren der Meinung, dass man dem

Wunsch der Mutter nicht folgen könne. Eine ethische Fallkonferenz wurde einberufen. Das taten sie seit einiger Zeit immer dann, wenn es zu solchen Fragen Uneinigkeit im Team gab. Da kamen aus allen therapeutischen Bereichen, die am Patienten arbeiteten, gleichberechtigt Personen zusammen, berieten im Rahmen eines strukturierten Vorgehens über den Fall und gaben schließlich eine Empfehlung ab. Und bei Eric lautete die Empfehlung »sterben lassen«.

Oberarzt Heinrich entschied, die Empfehlung zu ignorieren. »Es heißt, ›wenn Betreuer und Ärzte sich einig sind‹, wir sind uns aber nicht einig. Ich bin dagegen. Wir können nicht allen Ernstes einen Menschen sterben lassen, nur weil die Mutter seiner Pflege überdrüssig ist. Sie kann den Sohn in ein Pflegeheim geben, wenn es ihr zu viel wird.«

Da war das Geschrei groß: Erst solche Fallkonferenzen einführen und sich dann nicht an die Empfehlungen halten, sondern selbstherrlich entscheiden, typisch Arzt …

Die Mutter argumentierte tatsächlich, dass die Pflege in einem Heim so viel schlechter sei als ihre eigene und dass sie das dem Sohn nicht zumuten könne. Er habe doch jetzt ein schönes Leben gehabt, nun müsse es aber auch mal gut sein.

So ging es hin und her, und Svenja stand mittendrin und traute ihren Augen und Ohren nicht. Da wurde um das Leben eines Menschen geschachert wie um ein günstiges Angebot auf dem Wochenmarkt. War diese Gesellschaft jetzt wirklich schon so weit, dass sie »lebensunwertes« Leben entsorgen wollte, damit es niemandem zur Last fiel?

Und wie selbstsüchtig musste man trotz aller Aufopferung im tiefsten Inneren sein, wenn man die eigene Pflege für so unersetzlich und großartig hielt, dass man den Sohn lieber sterben ließ, als ihn in fremde Pflege zu geben?

KAPITEL 35

Als Kammowski Frau Lauterbach am Telefon mitteilte, dass der Richter die Exhumierung ihrer Mutter zur erneuten Leichenschau nach Paragraf 87 Absatz 3 der Strafprozessordnung nun doch angeordnet habe, war es am anderen Ende lange still.

»Frau Lauterbach, sind Sie noch da?«

»Ich bin noch da, und ich bin sehr froh, dass Sie sich so eingesetzt haben«, stammelte sie, »aber ganz ehrlich, jetzt, wo es entschieden ist, habe ich wackelige Knie.«

»Aber war es nicht das, was Sie die ganze Zeit wollten?«

»Ja, ich wollte das unbedingt, ich will, dass dieser Kerl überführt wird. Aber der Gedanke, dass sie meine Mutter nun wieder ausbuddeln, dass man ihren halb verwesten Körper untersuchen wird – ganz ehrlich, das haut mich auch um, da wird mir ganz mulmig. Und gerade frage ich mich, wie ich das meiner Familie erklären soll. Die haben doch immer gesagt, dass ich mich in etwas verrannt habe.«

Kammowski wusste nicht so recht, was er sagen sollte. Er hatte gedacht, dass sie ihm um den Hals fallen würde, gefühlte dreihundert Mal hatte sie ihn und den Staatsanwalt angerufen, hatte immer wieder energisch um genau diese Maßnahme gebeten, und nun bekam sie »wackelige Knie«.

»Nun ja«, stammelte er, »jetzt hat der Richter die Exhumierung angeordnet, da gibt es kein Zurück mehr. Sie werden noch schriftlich darüber informiert. Aber es wäre mir schon wichtig zu wissen, dass es immer noch das ist, was Sie wünschen.« Er machte eine kurze Pause und fuhr dann fort: »Außerdem glauben wir inzwischen, dass Sie recht haben könnten, Ihre Hartnäckigkeit war also berechtigt, vielleicht erzählen Sie das Ihrer Familie. Mehr kann ich Ihnen momentan nicht sagen, das ist ja jetzt eine laufende Ermittlung.«

»Ja, danke, und natürlich bleibe ich bei meinem Einverständnis. Ich bin Ihnen unendlich dankbar. Wann soll das denn gemacht werden?«

»Einen Termin haben wir noch nicht. Das muss mit dem Friedhof und dem Gerichtsmediziner abgesprochen werden. Ich schätze, nächste oder übernächste Woche. Wollen Sie dabei sein?«

»Muss ich dabei sein?«

»Nein, müssen Sie nicht, aber Sie können dabei sein, und es steht Ihnen ja frei, sich abseitszuhalten. Sie müssen nicht direkt am Grab stehen.«

Die Erleichterung war ihr anzuhören. »Okay, dann sagen Sie mir rechtzeitig Bescheid, damit ich mir freinehmen kann.«

In Svenjas vierter Schicht tauchte plötzlich Charlotte auf. Man hatte sie als Extrawache gerufen. Es wusste ja niemand, dass sie die Tochter des Kriminalkommissars war.

Svenja reagierte geistesgegenwärtig, zog sie beiseite und flüsterte ihr zu, dass sie inkognito hier sei und dass Charlotte so tun solle, als würden sie sich nicht kennen. Charlotte, die schon grinsend auf sie zugekommen war, reagierte zum Glück ebenso schnell, nickte einmal kurz und wandte sich ab.

»Ihr kennt euch?«, fragte Maik, der ausgerechnet in dem Moment aus der Männerumkleide treten musste, als Charlotte bei Svenja stand.

»Nein, wir kennen uns nicht, aber da wir heute gemeinsam

hier arbeiten, dachten wir, es wäre nett, sich vorzustellen«, parierte Svenja die Frage.

Maik nickte und zog ab Richtung Küche, wo sie meist die Übergabe machten.

Das war noch einmal gut gegangen. Aber Svenja hatte ein flaues Gefühl im Bauch. Der Mann tauchte immer so unvermittelt auf und machte dumme Bemerkungen. War er misstrauisch geworden? Hatte sie es mit dem Lob übertrieben? Hatte er ihr Spiel vielleicht längst durchschaut? Jedenfalls hatte sich an seinem Verhalten ihr gegenüber etwas geändert. Anfangs hatte er noch jede Gelegenheit wahrgenommen, ihr etwas zu zeigen oder zu erklären, inzwischen war er irgendwie abgekühlt, kam nicht mehr auf sie zu. Vielleicht war er auch nur müde. Es war immer viel zu tun gewesen, die Personaldecke hing mal wieder gewaltig durch.

Mehrere Kollegen hatten sich krankgemeldet, daher hatte Raffaela, die Stationsschwester, Dienste umschichten müssen. Am Morgen hatten immer noch zwei für den Spätdienst gefehlt. Raffaela hatte alle Kollegen abtelefoniert, aber niemand vom Stammpersonal war einsatzbereit, und die Liste der gern gesehenen Altstudenten war auch rasch durchtelefoniert. Die wenigen, die sie erreicht hatte, waren verhindert. Charlotte, ihr Schlusslicht auf der Liste, hatte sofort zugesagt, wofür sie dankbar war, auch wenn sie wusste, dass die Kollegen das anders sehen würden. Maik, Claudia und Mareike reagierten erwartungsgemäß: »Was hast du dir dabei gedacht?«, herrschte Maik Raffaela bei der Übergabe an. »Wie sollen wir zwölf Patienten mit drei Fachkräften und zwei Aushilfen wuppen, noch dazu Aushilfen, die nur ein Klotz am Bein sind?« Dabei wies er mit dem Finger auf Svenja und Charlotte, die am liebsten im Boden versunken wäre.

»Maik, ich kann mir kein Personal aus den Rippen schneiden, das weißt du genau. Außerdem habe ich schon gesagt, dass ich noch ein paar Stunden dableibe, bis ihr aus dem Gröbsten raus seid.« Sie war seit sechs Uhr morgens im Einsatz, hatte sich aber darauf eingestellt, noch bis achtzehn Uhr zu helfen.

»Da ist dann ja wohl mal wieder eine Überlastungsanzeige fällig«, gab Claudia mit einem schiefen Grinsen von sich. Auf Überlastungsanzeigen musste die Geschäftsführung reagieren, aber noch keine Überlastungsanzeige dieser Welt hatte an ihrer Situation etwas geändert oder etwas anderes bewirkt, als dass Raffaela Ärger bekam. Am Ende hieß es immer: *Uns sind die Hände gebunden, wir würden ja gern, aber der Personalmarkt ist leer gefegt.* Außerdem sank der Wert einer Stationsschwester in den Augen der Geschäftsführung mit jeder Überlastungsanzeige. Die Frequenz dieser Anzeigen wurde als Indikator dafür gesehen, ob man seine Station im Griff hatte oder nicht.

Raffaela holte tief Luft: »Also, Maik, du nimmst Svenja mit. Charlotte geht zu Mareike, und ich helfe Claudia noch ein paar Stunden.« Maik und Claudia verzogen beide das Gesicht, sagten aber nichts mehr. Fürs Erste hatte sie die Löwen wieder einmal gebändigt, aber sie hatte es so satt …

Es war gegen achtzehn Uhr, Raffaela war schon gegangen, als Maik Svenja fragte, ob sie mal eine Pause machen wolle. Da sie heute so knapp besetzt seien, würden sie wohl nicht wie sonst üblich gemeinsam in die Pause gehen können. Er werde, sobald er am Bett von Eric Klein die letzten Verrichtungen gemacht habe, nachkommen.

Svenja zögerte, aber sie konnte das Angebot nicht einfach

ablehnen. Also sagte sie: »Okay, dann bis gleich«, holte sich einen Kaffee aus der Küche und setzte sich damit in die Kanzel, wo die zentralen Monitore die Vitalparameter aller Patienten anzeigten. Gebannt starrte sie auf den Monitor von Zimmer drei, wo Maik noch mit dem Patienten Eric beschäftigt war. Sie verstand nicht viel davon, aber immerhin beobachtete sie, dass die Herzfrequenz stabil bei 90/Minute blieb, und auch an den übrigen Monitoren passierte nichts Aufregendes.

»Was machst du denn hier?«, fragte Maik. Er war von hinten an sie herangetreten.

Sie zuckte zusammen. »Mann, hast du mich jetzt erschreckt! Kannst du dich nicht bemerkbar machen?«

»Warum bist du so schreckhaft, schlechtes Gewissen?«

»Warum sollte ich ein schlechtes Gewissen haben?«

»Weil du meine Frage nicht beantwortet hast.«

»Welche Frage?«

»Was du hier machst? Ich dachte, du bist in der Küche und machst Pause.«

»Ich mache doch Pause.« Sie hob ihre Kaffeetasse hoch. »In der Küche war niemand, die anderen arbeiten noch. Außerdem dachte ich, weil ihr doch heute so knapp besetzt seid, ist es gut, wenn wir in der Pause auf die Monitore schauen.«

»Ach ja, und auf was achtest du da?«

Svenja antwortete nicht. Es entstand eine peinliche Pause, die Maik regelrecht auszukosten schien. Dann sagte er: »Kaffee ist hier in der Überwachung verboten, seit Raffaela mal eine Tasse Milchkaffee in die Tastatur geschüttet hat. Das gab Ärger mit der EDV.« Er grinste. »Außerdem, sobald es einen Alarm gibt, wird der auch auf die Klingel in der Küche geschaltet und auf die Lampen vor jedem Zimmer. Wenn also ein Alarm losgeht, hören wir das in der Küche, müssen nur auf den Flur treten und sehen, in welchem Zimmer es ein Problem gibt. Wir können also ruhig in der Küche zusammen etwas essen.«

»Du kennst dich echt gut aus«, versuchte Svenja es wieder mit einem Lob.

»Bleibt nicht aus, wenn man etwas länger hier arbeitet«, sagte Maik ungerührt, während sie gemeinsam in die Küche gingen, wo Charlotte inzwischen auch schon ihre mitgebrachte Pausenmahlzeit herausgeholt hatte.

Svenja wurde das Gefühl nicht los, dass er auf ihr Lob nicht mehr so ansprang wie in den ersten Tagen. Zudem schaute Charlotte sie so demonstrativ nicht an, dass das einem Blinden auffallen musste. Zumindest hatte sie das Gefühl, dass Maiks Blick immer wieder zwischen Charlotte und ihr hin- und herwanderte. Herrgott, was war sie nur für eine schlechte verdeckte Ermittlerin!

In diesem Moment ging der Alarm los. Schwester Claudias Stimme gellte über den Flur: *Herzstillstand in der Vier*. Maik war mit einem Satz an der Tür. Dann drehte er sich zu Charlotte um und sagte: »Dann komm mal mit, Doktorin, bei mir kannst du jetzt was lernen.«

Und schon rannten sie gemeinsam in das Zimmer, wo Schwester Claudia auf dem Bett ihres Patienten hockte und mit der Herzdruckmassage begonnen hatte.

»Ich übernehme«, schrie Maik, und tatsächlich ließ Claudia von dem Patienten ab. Während Maik nun seinerseits den Brustkorb bearbeitete, rief er mit entschiedener Stimme Befehle in Richtung der anderen, die sich seinem Kommando bedingungslos unterwarfen und seine Anordnungen befolgten. Es wurden Ampullen aufgezogen, Medikamente gespritzt, ein Tubus in die Luftröhre geschoben, die Beatmung begonnen, zunächst noch mit dem Ambubeutel per Hand, während Claudia die Beatmungsmaschine herrichtete und anschloss. Und während er all diese Kommandos gab, fand Maik noch die Zeit, Charlotte Dinge zu erklären. »Komm mal her, kleine Doktorin, zeig mal, was du draufhast, du übernimmst jetzt das Drücken, hier, mach es genauso wie ich, drei Querfinger über dem Sternum. Nein, wo ist denn bei dir das Sternum, etwas tiefer, genau so, und nun aus den Schultern heraus, nicht aus den Ellbogen. Nicht so zaghaft, noch etwas tiefer drücken, du musst das Blut schon in Wallung bringen, bei deinem Freund zu Hause kannst du das doch auch. So ist es richtig, mach immer weiter, nicht nachlassen …«

Svenja stand daneben und beobachtete. Sie kam sich überflüssig vor, war einerseits fasziniert von der Professionalität und andererseits erschreckt von der Brutalität des Vorgehens. Und sie registrierte mit Interesse, wie alle weiblichen Pflegekräfte sich bedingungslos dem männlichen Diktat unterwarfen. Konnte der das wirklich so viel besser als die anderen? Sie waren doch auch erfahrene Intensivkräfte. Oder riss er das Heft des Handelns nur an sich? Aber warum ließen die Frauen sich das gefallen? Nicht einmal Charlotte, die auf männliches Dominanzbestreben sonst äußerst sensibel reagierte, schien sich an den sexistischen Sprüchen von Maik zu stören. Andererseits war das jetzt wohl nicht der Moment, auf so etwas zu achten. Gerade gab es andere Prioritäten. Das EKG zeigte jetzt keine Nulllinie mehr an wie zu Beginn.

»Kammerflimmern«, sagte Mareike.

»Laden!«, schrie Maik und dann: »Wegtreten!«, und dann bäumte sich der Körper des Patienten unter dem Elektroschock auf.

Svenja kannte so etwas nur aus einschlägigen Fernsehfilmen wie *Die jungen Ärzte*. In der Realität wirkte es deutlich brutaler, und ihr wurde leicht übel. Sie wandte sich ab. Mit einem Mal kam ihr eine Idee: Der Müllbeutel! Sollte jemand sie dabei beobachten, konnte sie immer noch sagen, sie hätte sich nützlich machen wollen, was ja auch stimmte. Aber die anderen waren so mit sich und der Situation beschäftigt, die nahmen nicht wahr, wie sie rasch den Müllbeutel wechselte und den alten nicht in den Entsorgungsraum, sondern in die Umkleide brachte und in ihren Schrank einschloss. Geschafft! Rasch ging sie zurück in Zimmer vier, wo Oberarzt Heinrich, den wohl jemand hinzugerufen hatte, gerade entschied, dass der Mann zum Herzkatheter gebracht werden musste.

Der Patient überlebte. Er hatte einen Herzinfarkt erlitten und erhielt noch in derselben Schicht vom Herzkatheterteam zwei Stents in die verkalkten Herzgefäße. Oberarzt Heinrich sorgte dafür, dass ihm Blut abgenommen wurde, um es auf erhöhte Medikamentenspiegel zu untersuchen.

Außer einem erhöhten Troponinwert – einem Hinweis auf den Herzinfarkt – war das Blut des Patienten »sauber«. Auch die Gerichtsmedizin, der sie ein Serumröhrchen zukommen ließen, konnte keinen erhöhten Medikamentenspiegel feststellen. Und in dem Müllbeutel, den Svenja mit etwas Mühe aus dem Krankenhaus herausschleuste, fand sich auch nichts Auffälliges. Jedenfalls keine Ampullen mit Maiks Fingerabdrücken darauf.

Der Mann hatte seinen Herzinfarkt ohne externe Beeinflussung erlitten. Und hätte das Team der Station nicht so rasch und beherzt agiert, wäre er jetzt sicher tot.

Charlotte jedenfalls war begeistert. Morgens beim Frühstück mit Kammowski und Christine hörte sie gar nicht mehr auf, davon zu erzählen, und Maik Thomasson war der Held. Wie er ihr alles erklärt und sie so beherzt an die Hand genommen habe, das sei einfach toll gewesen!

Kammowski blieb nichts anderes übrig, als sie über den Verdacht, den sie gegen Maik Thomasson hegten, zu informieren, denn sie fragte ja nach, was Svenja auf der Station zu suchen gehabt habe.

Charlotte war schockiert. »Nie und nimmer, völlig abwegiger Gedanke!« Sie könne sich beim besten Willen nicht vorstellen, dass an diesem Verdacht auch nur ein Funken Wahres sein solle. »So ein toller Pfleger, so nett und hilfsbereit, du müsstest mal sehen, wie der sich für seine Patienten einsetzt! Dieser Patient mit dem Herzinfarkt, der wäre tot ohne ihn! Das kann nicht euer Ernst sein! Bei dem Mann habe ich in einer Schicht mehr gelernt als in einem ganzen Semester Vorlesung.«

Selbst die etwas herablassende Art, mit der Maik sie behandelt hatte – Svenja hatte Kammowski davon erzählt –, störte Charlotte nicht. »Der kann auch mehr als ich! Da ist das doch nicht weiter verwunderlich. Auf so einer Intensivstation ist der Umgangston eben etwas rauer, das finde ich okay.«

Charlotte war dem Rausch der Reanimation erlegen. Immerhin willigte sie zähneknirschend ein, in den folgenden Tagen keine Extrawachen mehr zu übernehmen, wofür Kammowski dankbar war. Er hätte nicht gewusst, wie er Thomandel das erklären sollte.

Am späten Vormittag trafen sie sich zu einer Lagebesprechung mit dem Oberarzt und dem Polizeiteam. Alle fragten sich, ob man so weitermachen konnte.

Oberarzt Heinrich hatte noch einige interessante Details mitgebracht. »Ich habe mir mal unseren Medikamentenverbrauch angesehen. Sie müssen wissen, wir bekommen regelmäßig von der Apotheke Verbrauchslisten geliefert. Dabei geht es in erster Linie um Kostenbegrenzung. Wenn zu viele teure Medikamente eingesetzt worden sind, bekommen wir eine Warnung, es gibt einige Antibiotika, die extrem teuer sind. Wenn Sie die zu häufig einsetzen, wird das für die Häuser ein Problem. Die bekommen von den Krankenkassen ja die Kosten nicht 1:1 erstattet, sondern erhalten Pauschalen. Die Listen sind nach der Höhe der Kosten sortiert, die teuren Sachen stehen oben. Aber gelistet werden auch alle anderen Medikamente. Sehen Sie sich das hier mal an.« Er wies auf einen Computerausdruck, auf dem er einige Posten rot angestrichen hatte.

»Lassen Sie mich raten, der Verbrauch von Kaliumampullen.«

»Nein, der ist ungefähr gleich geblieben. Aber der Verbrauch von Ajmalin, Lidocain und Amiodaron ist angestiegen.«

»Was sind das für Medikamente?«

»Medikamente gegen Rhythmusstörungen des Herzens.«

»Okay, und was ist Ihnen da aufgefallen?«

»Wir haben mehr davon bestellt als früher. Das sind allesamt Medikamente, die wir auch auf einer Intensivstation nicht täglich einsetzen. Also, wenn nicht jemand einen Medikamentenschwarzmarkt beliefert hat – und wer das täte, würde sicher zu anderen Medikamenten greifen –, dann stimmt da etwas nicht.«

»Und diese Medikamente sind geeignet, eine Reanimation erforderlich zu machen?«

»Unbedingt! Medikamente, mit denen man Rhythmusstörungen behandelt, können alle auch selbst Rhythmusstörungen auslösen. Vor allem, wenn man sie in überhöhter Dosis spritzt.«

Kammowski und Svenja wechselten schweigend einen Blick.

»Sie freuen sich ja gar nicht?«, sagte Heinrich erstaunt. »Ich dachte, ich bringe Ihnen gute Nachrichten.«

»Doch, das sind sehr gute Nachrichten. Diese Medikamente können wir im Gegensatz zu Kalium vielleicht noch in den Leichen nachweisen. Zumindest für das Ajmalin hat uns das der Gerichtsmediziner schon bestätigt. Da werden einige Exhumierungen auf uns zukommen«, überlegte Kammowski laut. »Aber ich frage mich: Wenn der Verbrauch dieser Medikamente so zugenommen hat, wieso ist das keinem aufgefallen?«

»Ja, wissen Sie, es reicht ja nicht, Statistiken anzufertigen und Daten zu sammeln. Man muss immer eine Hypothese haben, die mithilfe einer Statistik bewiesen oder verworfen wird. Eine gängige Frage der Geschäftsführung lautet: *Verbrauchen die zu viele teure Medikamente?* Die Fragestellung: *Nutzt da jemand unsere Antiarrhythmika, um Menschen zu töten?*, ist uns bisher nicht in den Sinn gekommen. Nur wer Fragen stellt, bekommt Antworten, Herr Kommissar.«

KAPITEL 36

Svenja hatte inzwischen vier Spätdienste hinter sich. Nichts war passiert. Und doch hatte die Reanimation gezeigt, dass man nicht alles verhindern konnte. Allerdings sprach in diesem Fall nichts dafür, dass Thomasson die Finger im Spiel gehabt hatte. Er hatte jetzt noch einen weiteren Spätdienst, dann drei Tage frei und würde danach wieder in den Frühdienst gehen. Wie sollte man plausibel erklären, dass Svenja dann noch da war, wo sie doch angeblich nur eine Woche hatte hospitieren wollen und vormittags in einer Kita putzte? Und wie, dass sie wieder ihm zugeteilt wurde? Er hatte sich schon bei Schwester Raffaela beschwert, dass immer er die Praktikanten an der Backe hätte.

Der Oberarzt wusste zu berichten, dass die Klinikleitung ohnehin darüber nachdachte, Maik zu suspendieren. Sie wollten das nicht länger verantworten.

Wie man das Ding auch drehte, von allen Seiten erschien es schwierig. Auch Thomandel war inzwischen der Meinung, dass sie den Einsatz abbrechen sollten. Zu riskant. Wenn die Exhumierung der Leiche von Frau Wohlgemut etwas ergeben sollte, werde das sicher für eine Verhaftung reichen. Am Ende waren sie zu der Entscheidung gelangt, dass Svenja den heutigen Spätdienst noch antreten solle und die Geschäftsführung anschließend Maik suspendieren oder versetzen sollte. Damit würden zumindest weitere Opfer vermieden.

Der Termin für die Exhumierung stand nun fest: der nächste Dienstag. Mehmet Becker hatte aber schon angekündigt, dass sie frühestens in einer, vielleicht auch erst nach zwei Wochen mit einem Ergebnis rechnen konnten. Immerhin hatte Thomandel eine kleine Gruppe von Sachbearbeitern abgestellt, die begonnen hatten, die Dienstpläne auszuwerten und mit den Reanimationsberichten, die Oberarzt Heinrich ihnen ausgehändigt hatte, abzugleichen. Die Liste aller Verstorbenen aus dem vergangenen Jahr war erstellt, die dazugehörigen Akten waren beschlagnahmt. Die Auswertung würde Wochen dauern. Es ging voran, aber nicht gerade mit Siebenmeilenstiefeln.

Abends traf sich Kammowski im Sandmann mit Klaus. Der hatte sich für später mit Svenja dort verabredet.

»Muss das wirklich sein, Matze? Dieser Einsatz in der Klinik gefällt mir nicht«, herrschte er Kammowski an, kaum dass der zur Tür hineingekommen war. »Ich habe kein gutes Gefühl dabei.«

»Klaus, Svenja ist ein großes Mädchen, sie hat sich aus freien Stücken zu diesem Einsatz gemeldet, daran hatte ich keinen Anteil. Außerdem ist heute ihr letzter Einsatz.«

»Du bist aber ihr Vorgesetzter, du hättest das verhindern können. Nein, du hättest das verhindern müssen! Was, wenn ihr etwas passiert?«

»Also erstens: Ich hatte auf diese Entscheidung keinen Einfluss. Sie hat *hier* geschrien, als nach einem verdeckten Ermittler gesucht wurde, und Thomandel hat den Einsatz genehmigt. Und zweitens: Was soll ihr da passieren, in einem Krankenhaus?«

»In einem Krankenhaus, in dem ein mehrfacher Killer sein

Unwesen treibt«, dröhnte Klaus ihm ins Ohr, »ein Psychopath, der wehrlose Patienten abmurkst, und zwar aus lauter Freude am Morden.«

Kammowski sah sich rasch um. Hatte das jemand gehört? Es machte nicht den Anschein, die anwesenden Gäste des Lokals waren mit ihren eigenen bierseligen Geschichten beschäftigt.

»Sprich leise, Mann! Was hat Svenja dir erzählt?«, zischte er. »Du kannst doch hier keine Ermittlungsergebnisse durch die Kneipe posaunen!« Er musste unbedingt mit Svenja sprechen, das ging nicht, dass sie zu Hause von Ermittlungen berichtete. In diesem Moment kam Christine zur Tür herein, und ihm wurde bewusst, was er selbst alles zu Hause erzählte. Doch dann sagte er sich, dass das etwas anderes war: Christine war verschwiegen und nicht so eine Plaudertasche wie Klaus, der aus allem und jedem seine Käpt'n-Blaubär-Geschichten zusammenspann.

KAPITEL 37

Am frühen Morgen starb Eric Klein, der Patient mit der Trisomie 21 aus Zimmer drei. Sein zuvor regelmäßiger Herzschlag ging gegen vier Uhr morgens urplötzlich in Kammerflimmern über. Svenja saß gerade mit Mareike in der Kanzel vor den Monitoren. Beide hatten einen Pott Kaffee vor sich stehen. Niemand hielt sich an das Verbot, das die EDV angeblich ausgesprochen hatte, das hatte Svenja längst registriert.

»Schau mal«, sagte Mareike und wies auf den Monitor. »Jetzt hat er es doch selbst geschafft. Die Mutter wird erleichtert sein. Das da ist Kammerflimmern. Nicht mit dem Leben vereinbar.«

Der Alarm war kurz angegangen, offenbar hatte ihn bereits jemand abgestellt, denn es war wieder leise geworden, obwohl sich am Monitorbild nichts geändert hatte.

»Warum macht ihr nichts?«, fragte Svenja irritiert. »Kann man da nichts mehr machen?«

»Doch, sicher, normalerweise würden wir den Defibrillator holen und ihn schocken. Aber Eric darf doch sterben.«

Svenja war erschüttert. Sie hatte die Diskussion der letzten Tage mit großem Interesse verfolgt und war sehr erleichtert gewesen, als Oberarzt Heinrich sich gegen die Mehrheitsmeinung der Pflegenden und gegen die Empfehlung der ethischen Fallkonferenz durchgesetzt hatte. »Das verstehe ich nicht. Ich dachte, Dr. Heinrich hätte etwas anderes angeordnet?«

»Nein, da verwechselst du etwas. Bei den Diskussionen in der letzten Woche ging es darum, ob man aktiv medizinische Maßnahmen einstellen und so seinen Tod herbeiführen sollte. Das hat Heiko uns verboten. Das hier«, sie wies auf den Monitor, »ist ja spontan eingetreten. Offenbar war der liebe Gott mit Heikos Entscheidung nicht einverstanden. Die Mutter hat als Betreuerin verfügt, dass wir im Falle einer zum Tode führenden Verschlechterung keine Wiederbelebungsmaßnahmen durchführen dürfen. Und daran halten wir uns selbstverständlich. Das würde Heiko jetzt auch nicht anders machen.«

Als Svenja ins Patientenzimmer zurückkehrte, war Maik gerade dabei, alle Kabel und Schläuche von Erics Leichnam zu entfernen. »Er ist plötzlich ins Kammerflimmern gerutscht«, erklärte er.

Sie nickte. »Hat mir Mareike schon erklärt. Wir haben es am Monitor verfolgt. Kann ich dir helfen?«, fragte sie etwas zögerlich.

Er schaute sie neugierig an. »Hast du schon mal eine Leiche gesehen?«

Sie schüttelte den Kopf.

Und dann wackelte er plötzlich grinsend mit Erics Arm und ließ ihn unvermittelt auf ihre Hand fallen. Sie stieß einen leisen Schrei des Entsetzens aus und sprang einen Schritt zurück.

»Er kann dir nichts mehr tun, er ist tot«, sagte Maik und lachte, »mausetot.«

Svenja wurde es ein bisschen übel. Sie überwand sich aber und half ihm, die Leiche so weit herzurichten, dass die Mutter sich verabschieden konnte.

Maik machte da nicht viele Umstände. »Wenn du länger

hier wärst, würdest du Kollegen sehen, die machen um den Tod ein Riesengeschiss, stellen Kerzen und Kreuze auf, entzünden Duftkerzchen. Ich finde das albern. Irgendwann sind wir eben tot. Da muss man keinen Akt draus machen. Heute er«, er deutete auf Eric, »morgen du«, er wies mit dem Finger auf sie, »übermorgen ich. Die Mutter ist froh, ihn endlich los zu sein. Das hat sie mir selbst gesagt. Die hatte ja kein eigenes Leben. Andererseits, was pflegt sie ihn auch fünfzig Jahre lang? Mir würde das nicht einfallen.«

Svenja schwieg bedrückt. Was sollte sie darauf antworten? Er schien sich an ihrer Schweigsamkeit nicht zu stören.

»So, jetzt räumen wir noch den Müll weg, sonst macht mir Mareike wieder eine Szene. Deren Genöle halte ich heute nicht auch noch aus. Und dann können wir noch mal eine Pause machen, bis die Nachtablösung eintrudelt. Wie hast du dich denn nun entschieden? Willst du in den Kreis der Pflegenden eintreten, oder hast du jetzt schon die Nase voll?«

Er lachte und bückte sich nach Pflegematerial, das er unachtsam neben den Mülleimer geworfen hatte. Dabei fielen vier Ampullen aus seiner Brusttasche. Mit leisem Klacken landeten sie auf dem Linoleumboden. Rasch sammelte er drei von ihnen wieder auf und warf sie in den großen Müllsack, wo sie eigentlich wegen der Verletzungsgefahr nicht hingehörten, wie Svenja inzwischen wusste. Eine der Ampullen war ihr direkt vor die Füße gerollt. Sie hob sie auf und las laut, was darauf stand. »Ajmalin.« Ihre Blicke trafen sich. Ihrer voller Entsetzen, seiner erschrocken.

Svenja dachte fieberhaft nach. Was sollte sie tun? Die verdeckte Ermittlung an dieser Stelle beenden und ihn verhaften? Das wäre das einzig Richtige gewesen, das war ihr später, als sie die Szene immer wieder rekapitulierte, klar. Leider kam sie auf diese naheliegende Maßnahme nicht. Stattdessen hörte sie sich sagen: »Ajmalin, ist das nicht ein Antiarrhythmikum?« Ausgerechnet diesen Satz musste sie sagen, von allen Sätzen, die einem in solch einem Moment einfallen konnten, ausgerechnet diesen! Woher sollte denn eine junge Frau ohne medizinische Vorkenntnisse, die gerade einmal eine Woche in der Klinik hospitiert hatte und sonst in einer Kita putzte, so ein Detailwissen haben?

»Ja«, antwortete er einsilbig, »das ist es«, nahm ihr die Ampulle aus der zittrigen Hand und warf sie in den Müllbeutel.

»Mareike hat mir gesagt, die gehören in den Glasmüll, nicht in den Müllsack«, stammelte sie, während sie sich anschickte, in dem Plastiksack nach den Ampullen zu suchen.

»Papperlapapp, Mareike hat eine Zwangsneurose, die bleiben da drin.« Maik riss ihr den Beutel aus der Hand, band ihn zu und brachte ihn selbst in den Entsorgungsraum.

Der Rest des Abends verging wie im Flug. Svenja fühlte sich ausgelaugt, sie wollte nur noch nach Hause, schlafen und erst morgen wieder nachdenken. Immerhin besaß sie noch die Geistesgegenwart, Mareike nach der Übergabe an die Nachtschicht zu bitten, dafür zu sorgen, dass die Leiche von Eric nicht an den Bestatter übergeben würde, den die Mutter sicher schon bestimmt hatte. Das war kein Problem, Mareike einigte sich mit dem diensthabenden Arzt, der noch die Totenschau durchführen musste, dass auf dem Totenschein »ungeklärte Todesursache« anzukreuzen sei, dann verabschiedete sie sich.

Svenja saß noch einen Moment erschöpft allein in der Umkleide und ließ die Ereignisse Revue passieren. Auch Maik war schon gegangen, und allmählich kamen die ersten Zweifel an ihrem Vorgehen in ihr auf. Sie hätte ihn einfach verhaften sollen. Aber so schnell konnte man nicht von der Rolle der *Praktikantin* in die Rolle der *Kommissarin* schlüpfen. Und morgen war auch noch ein Tag. Morgen würde sie mit den Kollegen als Kommissarin wiederkommen, Akten beschlagnahmen, prüfen, ob jemandem Ajmalin verordnet worden war, und den Müll durchsuchen. Jetzt hatten sie ihn doch! Okay, sicherstellen sollte sie den Müll heute noch, sonst wurde der am Ende noch in der Nacht oder am frühen Morgen abtransportiert. Aber wohin damit? Sie ging zurück in den Entsorgungsraum, nahm alle fünf Müllsäcke, die die Spätschicht gefüllt hatte, und band sie zu. Sicherheitshalber ging sie auch in Zimmer drei und nahm den Kanülenabwurf mit für den Fall, dass Maik auch dort Ampullen entsorgt hatte. Die Nachtschwester, eine ältere, etwas einsilbige Frau namens Johanna, schien sich nicht weiter darüber zu wundern, und Svenja war froh, keine langen Erklärungen abgeben zu müssen. Schließlich rief sie Oberarzt Heinrich an und informierte ihn über ihren Verdacht. Er klang verschlafen, versprach aber, sich nicht nur um die Müllsäcke und den Kanülenabwurf zu kümmern, sondern auch von der Leiche Blut zu sichern.

Inzwischen war es fast dreiundzwanzig Uhr. Noch eine kurze Nachricht an Klaus und eine an Kammowski. Sie hatte heute keine Lust mehr auf den Sandmann. Sie wollte nur noch nach Hause.

KAPITEL 38

Maik saß in seinem Auto und versuchte nachzudenken. Der Regen prasselte auf das Metalldach des Parkhauses, was einen ohrenbetäubenden, blechernen Lärm machte. Windböen pfiffen um die Pfeiler, die das Dach trugen, und ergriffen dann und wann sein Auto, versetzten es in Schwingungen, schienen es mit sich fortreißen zu wollen. Er merkte es kaum. Kein Mensch hielt sich jetzt noch hier oben auf. Besucher gab es nachts nicht, die Spätschicht war schon gegangen, die Nachtschicht längst da. Ohnehin hatte nicht jeder Mitarbeiter eine Parkkarte. Parkplätze waren knapp und mussten vom Mitarbeiter bezahlt werden. Das Geld sparten die meisten sich. Die U-Bahn war nur wenige Schritte entfernt, der Bus hielt direkt vor der Tür. Viele kamen auch mit dem Fahrrad. Jenny, seine Frau, hatte ihn immer wieder bedrängt, die achtzig Euro pro Monat für den Parkplatz könne man besser anlegen, aber er hatte darauf bestanden. Mit den öffentlichen Verkehrsmitteln brauchte er eine Dreiviertelstunde. Außerdem war er vor einigen Jahren einmal nach der Spätschicht in der S-Bahn angegriffen worden, seither mied er sie, zumindest in der Nacht. Und er hatte sich ein Elektroschockgerät zugelegt, das er im Handschuhfach aufbewahrte.

Denken konnte man das, was nun von ihm Besitz ergriffen hatte, eigentlich nicht nennen. Es dachte in ihm. Wut und Ärger, aber auch Angst schwollen immer wieder an und ebbten ab, um ihn gleich darauf wie eine Freak Wave mit sich zu reißen, ohne dass er dem etwas entgegenzusetzen hatte. Er wollte sich auch gar nicht gegen diese Riesenwelle stemmen, er wollte sich von ihr tragen lassen und mit ihr untergehen. Es war wie ein Rausch. Diese Wut war gerecht, sie war notwendig, sie war reinigend, auch wenn sie ihn gleich zum Platzen bringen würde. Was erdreistete sich diese kleine Schlampe, ihn zu kritisieren? Noch keine Woche da, und schon plapperte sie Mareikes dämliche Sprüche nach. *Glasampullen gehören in den Glasabwurf.* Alles kleine, nichtssagende Bitches, die sich ihm überlegen fühlten. Und wie sie ihn angestarrt hatte! *Ajmalin, ist das nicht ein Antiarrhythmikum?* Hatte sie ihn etwa beobachtet? Ahnte sie etwas? Sie hatte ihn in den letzten Tagen oft so merkwürdig angeschaut. Er hatte sich ständig beobachtet gefühlt. Anfangs hatte er gedacht, sie bewundere ihn, aber inzwischen war er sich sicher, dass sie ein falscher Fuffziger war, eine von denen, die dich erst anbaggern und dann ihr wahres Gesicht zeigen. Er wusste nicht, was, aber irgendwas hatte sie zu verbergen. Wieder schwappte die Welle wie eine heiße Flut über ihn hinweg, nahm ihm fast den Atem.

Was, wenn er sie einfach kaputtmachte? Sie ausschaltete? Sie hatte ihm erzählt, dass sie neu war in Berlin, allein lebte, hier noch niemanden kannte. Dass sie eigentlich aus Hamburg kam, sich aber mit ihren Eltern überworfen hatte, weil die erwarteten, dass sie irgendwas studierte, was sie aber nicht wollte. Heute war eh ihr letzter Praktikumstag. Es würde also Wochen dauern, bis jemand sie vermisste.

Was machte sie immer noch in der Klinik? Sie müsste längst hier sein. Er hatte ihr den Tipp gegeben, Raffaela wegen einer Gast-Einfahrerlaubnis für die Dauer ihres Praktikums zu fragen, die bekommen sonst nur Angehörige von Langzeitpatienten, aber Maik wusste, wie man so etwas deichselte.

Und wie dankte sie es ihm? Indem sie ihm nachspionierte! Wie die geguckt und dann gestottert hatte! Sie musste etwas beobachtet haben, sich irgendetwas zusammenreimen. Ein kalter Schauer durchzog seinen Körper. Draußen stürmte es jetzt so stark, dass man automatisch fröstelte, obwohl es hier im Auto ja nicht kalt war. Wo blieb sie nur? Hatte sie vielleicht bereits die Polizei gerufen und wartete nun drinnen auf ihr Eintreffen? Oder hatte sie sich entschieden, das Auto wegen des schlechten Wetters stehen zu lassen? Es standen außer seinem nur noch drei Autos auf dem Parkdeck. Welches davon wohl ihres war? Keines hatte eine Hamburger Nummer. Wahrscheinlich war es der kleine blaue Polo drei Parkbuchten weiter. Oder war sie heute vielleicht gar nicht mit dem Auto gekommen? Aber sie kam doch immer mit dem Wagen, das hatte sie ihm erzählt. Ob er noch einmal mit ihr reden sollte? Aber was sollte er ihr sagen?

Er musste sich jetzt entscheiden. Sie konnte jeden Augenblick aus dem Fahrstuhl treten. Eigentlich hatte er sich entschieden. Er hatte den Elektroschocker schon in der Anoraktasche. Außerdem hatte er sich zwei komplette weiße Schutzoveralls aus dem Schrank genommen, wie sie verwendet werden, wenn eine Seuche ausbricht, und natürlich hatte er an Handschuhe gedacht und an Mullverbände.

In dem Augenblick, als sie aus dem Fahrstuhl trat und das Geräusch hinter sich wahrnahm, wusste sie, dass sie einen Fehler gemacht hatte. Sie hatte ihrem Gefühl nicht getraut, das doch gesagt hatte: *Er hat was gemerkt.*

Doch als der Gedanke in ihrem Bewusstsein ankam, spürte sie schon den furchtbaren Schmerz in der Flanke, und dann sank sie zusammen wie ein nasser Sack. Sie war nicht bewusstlos, aber sie konnte sich nicht mehr bewegen, sah alles wie durch einen weißen Nebel. Sah eine unscharfe Gestalt, fühlte, wie sie über den Boden geschleift wurde. Jemand steckte ihr etwas in den Mund. Dann fühlte sie erneut den schrecklichen Schmerz, diesmal am Rücken, und versank in eine sie sanft umarmende Ohnmacht.

Die Schlampe war nicht gleich bewusstlos, aber sie strauchelte und fiel zu Boden. Er verpasste ihr eine doppelte Dosis Tavor. Es dauerte etwas, bis das wirkte, deshalb gab er ihr noch einen zweiten Elektroschock, der streckte sie nieder, sie war jetzt wehrlos. Er musste schnell handeln, es standen noch zwei weitere Autos auf dem Parkdeck. Am Ende kam doch noch jemand vorbei. Was würde er dann tun? *Das Überraschungsmoment nutzen und zwei Leichen entsorgen*, schoss ihm durch den Kopf, aber noch gab es keine Notwendigkeit.

Rasch drehte er ihr die Arme auf den Rücken und band sie mit einer Mullbinde, die er aus dem Verbandswagen mitgenommen hatte, zusammen. Auch die Beine fesselte er. Er schaute sich um, sie waren immer noch allein, niemand hatte sie beobachtet. Schließlich schob er ihr eine weitere Portion Tavor-expidet in die Wangentasche, das wurde rasch resorbiert, und sie würde lange schlafen. Während der Autofahrt konnte er nicht gebrauchen, dass sie aufwachte. Wieder checkte er die Umgebung. Niemand da. Rasch zog er den Kunststoffoverall, die Handschuhe, eine OP-Haube und blaue Plastiküberschuhe an, um keine Spuren zu hinterlassen. Er hatte die geniale Idee, sie nicht mit seinem, sondern mit ihrem Wagen wegzubringen. Mit der OP-Kappe Auto fahren? Das sah komisch aus, andererseits, es war dunkel, niemand sah ihn, höchstens mal an einer Ampel, wenn ein Wagen direkt neben ihm zum Stehen kam. Er überlegte es sich anders, kramte in seinem Handschuhfach, fand die blaue Baumwollmütze und streifte sie über die OP-Haube.

Er wandte sich wieder der Schlampe zu. Sie stöhnte leise vor sich hin, schien allmählich zu sich zu kommen, würgte, spuckte eine weiße, schaumige Masse aus, ein Gemisch aus Speichel und Tabletten. Wirkte das Tavor nicht? Sicherheitshalber schockte er sie noch einmal und schob noch eine Tavor hinterher. Wenn sie an der Dosis krepierte, war ihm das auch egal, er hatte eh beschlossen, dass sie wegmusste. Sie war selbst schuld. Einen Maik Thomasson behandelte man nicht so.

Er durchwühlte ihre Taschen nach dem Autoschlüssel, fand nichts. Panik ergriff ihn. Schließlich entdeckte er den elektrischen Türöffner für ihren Wagen auf dem Boden, da, wo er ihr den ersten Schock verpasst hatte. Sie hatte ihn wohl bereits in der Hand und ließ ihn fallen, als der Elektroschock sie lähmte. Er drückte auf den Öffner. Ihr Auto blinkte auf, weiter weg, als ihm lieb war. Es war nicht der Polo. Es war der SUV. Wie konnte sich die Schlampe so ein teures Auto leisten, während er mit einem verbeulten Skoda umherfahren musste? Am liebsten hätte er sich ihr Auto unter den Nagel gerissen, aber das ging natürlich nicht. Er startete den Wagen. Ein satter, gesunder Klang, nicht so schepprig wie seine eigene alte Karre. Er schaute sich noch einmal um, niemand hatte das Parkdeck betreten. Kein Wunder, es war inzwischen halb zwölf, da endete keine Schicht.

Der Vorteil eines SUV war, dass er einen großen Kofferraum hatte. Wieder schrillte eine Alarmglocke in ihm. Wie kam eine Praktikantin ohne Ausbildung und Einkommen, die sich mit ihren Eltern überworfen hatte, zu so einem Auto?

Egal, vielleicht hatte sie etwas von ihren Großeltern geerbt. Oder sie arbeitete nebenher als Nutte.

Obwohl sie sehr schlank war, brachte es ihn an seine körperlichen Grenzen, sie in den Kofferraum zu wuchten, denn er war ein eher untersetzter, nicht sehr kräftiger Typ. Und wieder schien sie wacher zu werden. Sie stöhnte, bewegte sich. *Verdammt, wie viel Tavor steckte die denn weg?* Er schlug zu, einmal, zweimal. Sie sackte in sich zusammen. Nun hatte sie ein blaues Auge und eine blutende Lippe. Das hatte sie jetzt davon. Er merkte nicht, dass sie einen Schuh abstreifte, während er sie einlud. Er dachte, sie wollte ihn treten. Sie zappelte mit den Beinen. *Ha, das hätte sie wohl gern, ihn in die Eier treffen. Das wollten sie alle. Nicht bei ihm.* Er verpasste ihr noch eine. Allmählich machte ihm das Spaß, allerdings schmerzte jetzt die Hand.

Auf der Stadtautobahn erfasste ihn ein Hochgefühl. Das lief doch alles nach Plan. Er war gut, richtig gut. Nur die Hand war angeschwollen. Blöderweise reichte das Benzin der dummen Kuh nicht aus, warum hatte sie ein leer gefahrenes Auto? Es blieb ihm nichts anderes übrig, als in Michendorf anzuhalten und zu tanken. Das war eine ärgerliche Unterbrechung, aber zum Glück hatte er Weitsicht bewiesen, als er die zweite Garnitur Schutzkleidung mitgenommen hatte. Er war sich sicher, dass niemand ihn beim Ausziehen des Overalls beobachtete, er war dafür extra auf einen entlegenen Teil der Raststätte gefahren, hier standen nur Trucks, und die Fahrer schliefen längst. Die OP-Haube samt Mütze, die blauen Überschuhe und die Handschuhe behielt er zunächst an. Bevor er sich wieder hinters Steuer setzte, breitete er ein OP-Einmaltuch auf dem Fahrersitz aus. Niemand sollte dort Spuren seiner Kleidung nachweisen können. Er kicherte. Als Pfleger wusste man sich schließlich steril durch die Gegend zu bewegen. Dann fuhr er an der Tankstelle vor, zog die Überschuhe und die Handschuhe aus, tankte, warf die abgelegte Schutzkleidung in den Mülleimer an den Zapfsäulen, zahlte, streifte neue Überschuhe und Handschuhe über, fuhr zum Ende der Raststätte, nahe der Ausfahrt, und zog dort einen frischen Overall an. Sollten sie hier mal nach DNA-Spuren von ihm suchen! Lästig war es und zeitraubend, aber trotz der geringen Vorbereitungszeit wirklich perfekt geplant. Schade, dass man niemandem davon erzählen konnte.

Er lauschte. Die Schlampe war immer noch bewusstlos. Alles klappte wie am Schnürchen. Er war stolz auf sich, gratulierte sich zu seinem umsichtigen Verhalten. Er war schon fast auf dem Beschleunigungsstreifen der Autobahn, als ihm klar wurde, dass er doch einen Fehler gemacht hatte. Er hatte nicht an ihr Handy gedacht. Sein eigenes hatte er extra in der Klinik gelassen. So konnte er immer sagen, er hätte es dort vergessen. Er stieg auf die Bremse. Aus dem Kofferraum war lautes Stöhnen zu hören, als der Körper gegen die Abgrenzung zum Fahrgastraum prallte. Er legte den Rückwärtsgang ein und kam am äußersten Zipfel der Raststätte zum Stehen. Wenn dieses auffällige Bremsmanöver nun jemandem aufgefallen war? Jemandem, der sich die Nummer merkte? Ängstlich spähte er nach draußen. Niemand kam angelaufen oder angefahren, aber das Hochgefühl, das ihn eben noch erfüllt hatte, löste sich in nichts auf. Er kannte das nur zu gut. Immer schwankte er zwischen diesen Extremen: Mal fühlte er sich allen überlegen, dann hatte er das Gefühl, die Welt erobern zu können, doch bald danach überfielen ihn Selbstzweifel, und er fühlte sich gelähmt, klein und schwach wie ein Käfer, den Fußtritten der anderen, die sich über ihn lustig machten, schutzlos ausgeliefert. Das Schlimmste war: Er hatte den Eindruck, dass die Hochs immer seltener werden, immer härter erarbeitet werden müssen. Eine Weile war er nun wie erstarrt, wusste nicht mehr, was er tun sollte. Jetzt und hier konnte er den Fehler nicht ungeschehen machen. Er hoffte einfach, dass ihn niemand gesehen hatte. Man musste doch auch mal Glück haben im Leben! Wenn man nur alles einfach hätte hinter sich lassen können, einfach abhauen, von der Bildfläche verschwinden. Zigaretten holen gehen und nie wiederkommen. Er dachte an die Arbeit in der Klinik. Sie wurde ihm immer lästiger. Sie ödete ihn an. Wenn die Familie nicht gewesen wäre, hätte er sie längst an den Nagel gehängt. Diese von Maschinen am Leben gehaltenen, schwitzenden und stinkenden Fleischberge, die gewendet, gedreht und gepflegt werden mussten – ekelhaft. Lediglich die kurzen Hochs der Reanimationen halfen dabei, diese Qual durchzustehen.

Wenn er nicht wäre, gäbe es Kollegen auf der Station, die noch nie bei einer Reanimation dabei waren, manche drückten sich regelrecht davor. Das hatte er schon oft erlebt. Da ging Alarm los, und plötzlich waren alle verschwunden. Er sah sich als Ausbilder. Das hatte kürzlich auch der Oberarzt bestätigt. *Maik,* hat er gesagt, *wenn wir Sie nicht hätten!* »Dann hätten Sie einen anderen«, hatte er schlagfertig geantwortet, aber das Lob hatte ihn durch den ganzen Tag getragen. Und jetzt sollte ausgerechnet eine Praktikantin, eine Loserin, die es bisher noch nicht mal zu einem Berufsabschluss gebracht hatte, ihm einen Strich durch die Rechnung machen. So, wie die die Ampulle und dann ihn angestarrt hatte, war ihm sofort klar gewesen, dass sie Verdacht geschöpft hatte. Das konnte er nicht auf sich beruhen lassen. Sicher nicht! Da ging es jetzt für ihn um alles!

Das Handy. Was sollte er jetzt damit machen? Schließlich stieg er aus, schaute sich um, suchte und fand einen Stein, mit dem er auf das Gerät einschlug, bis es völlig demoliert war. Er staunte, wie oft er zuschlagen musste. Wie stabil diese Teile heute waren. Nur das Glas ging dauernd kaputt, bei seinem hatte er es schon mehrmals austauschen müssen. Aber das machten die extra. Daran verdienten die.

Doch jetzt wohin damit? In einen Mülleimer auf dem Rastplatz? Er wollte nicht noch mal zurücklaufen oder -fahren. Das konnte auffallen. Die Schlampe im Kofferraum schien zwar wieder still zu sein, aber das Risiko wollte er nicht eingehen. Außerdem: ein Handy im Müll. Das konnte jemand finden und sich Fragen stellen. Sollte er es mitnehmen und woanders entsorgen? Er beschloss, es der Schlampe wieder in die Tasche zu stecken. Bei der Gelegenheit konnte er ihr noch mal eine Tavor verpassen. Da, wo er sie hinbrachte, würde man weder sie noch das Handy jemals wiederfinden.

Noch einmal schaute er sich um. Niemand interessierte sich für ihn. Diese Ecke der Raststätte war dunkel und verlassen. Er ließ den Motor an und reihte sich in den spärlichen Verkehr der nächtlichen Autobahn ein. Wie einfach das alles funktionierte! Er war wieder stolz auf sich. Auch weil er so rasch eine perfekte Lösung gefunden hatte. Das hatte er neulich in einem Film gesehen, wie jemand eine Leiche in einem alten Wasserschacht entsorgt hatte. Und genau so einen Schacht kannte er, noch dazu in einer Gegend, wo niemand so schnell suchen würde.

Der Sturm hatte etwas nachgelassen. Jetzt regnete es heftig. Man sah fast nichts. Aber er kannte sich auf dem weitläufigen

Gelände gut aus, war oft hier rumgestromert, da hatte es immer viel zu entdecken gegeben. Er wusste, wo der alte, mit einer gusseisernen Platte gesicherte Wasserschacht war. Mit dem Wagenheber ließ sich die Platte aufstemmen. Das hatte er vor Jahren schon mal gemacht, als er das Gelände auf seinen Touren mit Kollegen vom Fotoklub erkundet hatte. Sie hinabzuwerfen, gestaltete sich schwieriger als erwartet, sie hing schlaff in seinen Armen, und hier war kein glatter Betonboden wie auf dem Parkdeck. Am Ende schaffte er es, aber danach war er schweißgebadet. Als er den dumpfen Aufprall ihres Körpers hörte und anschließend den Deckel wieder positioniert hatte, spürte er Erleichterung. Die Handtasche mit dem Handy hatte er ihr hinterhergeworfen. Wieder dachte er, wie schade es war, dass man niemandem von der Aktion erzählen konnte. Auf der Rückfahrt kramte er in seiner Hemdtasche nach einer Zigarette, rauchte sie, um runterzukommen, achtete darauf, die Kippe aus dem Fenster zu werfen. Dann fuhr er zurück zum Krankenhaus, stellte ihr Auto dort ab, wo sie es geparkt hatte, warf die Schutzkleidung in eine der großen Mülltonnen auf dem Wertstoffhof der Klinik – hier fielen ein alter Overall, Handschuhe und OP-Kappe unter Tausenden anderen nicht auf – und fuhr nach Hause.

Die Familie schlief längst, niemand bemerkte, dass er seit Stunden überfällig war. Wenn er Spätschicht hatte, kam er oft erst gegen dreiundzwanzig Uhr nach Hause, manchmal auch später, wenn er noch irgendwo ein Bier trinken ging. Dann schlief er immer im Wohnzimmer auf der Couch, damit er niemanden weckte und seinerseits nicht geweckt wurde, wenn Frau und Kinder morgens früh aufstehen mussten.

KAPITEL 39

Um kurz nach dreiundzwanzig Uhr wurde Klaus unruhig. Wo blieb sie denn nur? Die dämliche Spätschicht ihrer noch dämlicheren verdeckten Ermittlung war doch längst vorbei! Wieder ging die Tür vom Sandmann auf, wieder war es nicht Svenja. Immerhin war es Matze.

»Wo bleibt Svenja?«, empfing er Kammowski, bevor der sich auch nur niedergelassen hatte. »Diese Schicht ist doch längst vorbei!«

»Keine Ahnung. Schau doch mal auf dein Handy, hat sie sich nicht gemeldet?«

»Ich mache seit einer halben Stunde nichts anderes«, antwortete Klaus entnervt, zog das Handy dann aber doch aus der Hosentasche und sagte überrascht: »Tatsächlich, sie hat gerade geschrieben, dass sie zu müde ist, um noch zum Sandmann zu kommen. Ich ruf sie mal an.« Er suchte sie in seiner Kontaktliste, das Freizeichen ertönte. »Sie geht nicht dran, das ist komisch. Sie hat mir doch eben erst diese Nachricht geschickt.«

»Vielleicht gehört sie zu den braven Bürgern, die nicht mit dem Handy am Ohr Auto fahren.«

»Sie hat eine Freisprechanlage.«

Kammowski sah auf sein eigenes Handy. Er hatte auch eine Nachricht von Svenja. Abgeschickt um 22:57 Uhr.

»Könnte sein, dass ich enttarnt worden bin. Letztes Opfer: Eric Klein. Oberarzt weiß Bescheid. Alles Weitere morgen früh. Muss jetzt ins Bett.«

Sein Gesichtsausdruck hatte wohl Bände gesprochen. Klaus riss ihm das Handy aus der Hand und stöhnte laut auf. »Ich sage doch, ihr ist etwas Schreckliches passiert.«

»Nun mal den Teufel nicht an die Wand. Sie schreibt, dass sie nach Hause will. Sicher ist sie nur noch nicht angekommen. Oder sie hat es sich anders überlegt und ist mit Kollegen aus dem Krankenhaus noch was trinken gegangen.«

Klaus antwortete nicht. Stattdessen verabschiedete er sich hastig und fuhr zu Svenja nach Hause. Erst vor Kurzem hatte sie ihm einen Schlüssel zu ihrer Wohnung anvertraut, so wie sie einen zu seiner hatte. Er wartete, schaute alle drei Minuten aufs Handy, sprach ihr unzählige Male auf die Mailbox. Keine Antwort. Gegen halb eins fuhr er zu sich nach Hause. Da war sie auch nicht. Um eins rief er Kammowski an. »Du musst etwas tun. Sie ist verschwunden!«

Gemeinsam fuhren sie in die Klinik und erfuhren von der Nachtschicht, dass Svenja dort gegen dreiundzwanzig Uhr weggegangen war. Nein, es sei keine Rede davon gewesen, dass man noch gemeinsam etwas unternehmen wolle. Svenja habe von der Stationsschwester für die Zeit ihres Praktikums eine Parkkarte für das Parkdeck der Klinik bekommen. Ein Pfleger erklärte ihnen, wie sie dorthin kamen. Das Auto war nicht da.

»Sie ist noch irgendwo anders hingefahren«, sagte Kammowski schließlich.

»Glaube ich nicht, das hätte sie mir gesagt.«

»Frauen sagen nicht immer alles, Klaus«, erwiderte Kammowski, doch als er Klaus' unglückliches Gesicht sah, ergänzte er: »Vielleicht ist in der Familie was passiert. Vielleicht ist sie zu ihren Eltern gefahren.«

Klaus schüttelte den Kopf. »Warum soll dann das Handy aus sein? Wie gesagt, sie hat eine Freisprechanlage, sie würde das Handy während der Fahrt nach Hamburg laden. Außerdem hat sie sich mit ihren Eltern zerstritten. Die wollen immer noch, dass sie Lehrerin wird und einen jüngeren Mann heiratet.«

Kammowski grinste schief, riss sich dann aber zusammen. Das war nicht der Zeitpunkt, um mit Klaus über seine Beziehung zu Svenja zu sprechen, die auch er nicht befürwortete. Schließlich sagte er: »Ich wüsste nicht, was wir heute Nacht noch tun könnten, Klaus. Lass uns nach Hause fahren, vielleicht ist sie ja inzwischen da. Wenn sie sich in einigen Stunden nicht gemeldet hat, starten wir eine Suchaktion.«

Um halb sechs rief Klaus wieder an. »Immer noch keine Nachricht. Das Handy ist aus.« Die Panik in seiner Stimme gellte durchs Telefon.

Noch auf der Fahrt ins LKA benachrichtigte Kammowski Thomandel. »Svenja ist verschwunden.«

Eine Stunde später waren alle Kollegen in Alarm versetzt. Doro telefonierte die Eltern in Hamburg aus dem Bett. Dort hatte Svenja sich nicht gemeldet. Bei Freunden und Bekannten hatte Klaus sich schon in der Nacht erkundigt. Die Funkzellenabfrage ergab schließlich, dass ihr Handy um ein Uhr nachts im Bereich Michendorf in einer Funkzelle eingeloggt gewesen war. Danach war es ausgeschaltet worden. Was hatte sie dort gemacht?

Gegen dreizehn Uhr fuhren sie mit Kollegen von der Spurensicherung in die Klinik. Zunächst wurden die Mitarbeiter der Spätschicht befragt, die kurz vor dreizehn Uhr dreißig nach und nach eintrudelten. Mareike und Claudia wurden erwartet, Maik hatte drei Tage frei.

Aus Schwester Mareikes Sicht war in der Spätschicht nichts Außergewöhnliches passiert. Ein Patient sei gestorben, aber das sei erwartet worden. Dr. Heinrich berichtete allerdings, dass Svenja ihn kurz vor dreiundzwanzig Uhr angerufen hatte, um ihm mitzuteilen, dass der Tod von Eric Klein wahrscheinlich von Maik herbeigeführt worden sei. Mareike war überrascht. Davon hatte sie nichts mitbekommen. Sie selbst sei direkt nach Dienstschluss gegen zweiundzwanzig Uhr gegangen.

Max Werner veranlasste, dass die Leiche von Eric Klein beschlagnahmt und in die Gerichtsmedizin gebracht wurde. Heinrich hatte, wie er Svenja versprochen hatte, den Müll und das Blut sichergestellt und übergab beides den Kollegen der Spurensicherung. Eines der Röhrchen mit Blut des Verstorbenen hatte er ins Krankenhauslabor gegeben, der Medikamentenspiegel lag aber noch nicht vor.

Dann ließen sie sich in die Umkleide führen und den Spind zeigen, den Svenja wahrscheinlich genutzt hatte. Es gab nur zwei für die nicht fest angestellten Kollegen, sie waren beide leer.

Anschließend gingen sie noch einmal alle Wege ab, die Svenja genommen haben konnte. Über den Aufzug, über die Treppe zum Parkdeck.

Klaus war dabei. Im Laufe der Zeit war er immer stiller und blasser geworden. Auf einmal schrie er auf. »Ihr Auto! Jetzt steht ihr Auto da. Wie ist das möglich?« Wieder versuchte er, sie auf dem Handy anzurufen. *Der gewünschte Gesprächsteilnehmer ist zurzeit nicht erreichbar. The person you are calling is not available.*

Klaus stürzte auf das Auto zu, versuchte, die Tür zu öffnen, doch sie war verschlossen.

Kammowski mühte sich, ihn zurückzuhalten. »Nichts anfassen! Der Wagen muss sofort in die KTU.«

Während Kammowski nach der KTU telefonierte, schritt Klaus unruhig das Parkdeck ab. Plötzlich stieß er einen weiteren Schrei aus und zeigte auf etwas, das auf dem Boden lag. Svenjas Turnschuh, da war er sich sicher.

Hektisch wurden alle Verkehrsüberwachungs- und Tankstellenaufzeichnungen der Region der Funkzelle gesichtet, in die Svenjas Handy zuletzt eingeloggt gewesen war – ohne Erfolg. Im LKA herrschte ängstlich-angestrengte Betriebsamkeit. Leider gab es auf dem Parkdeck der Klinik weder eine Videoüberwachung noch eine Ein- und Ausfahrdokumentation. Jeder Berechtigte erhielt einen Chip, mit dem man den Schlagbaum öffnen konnte.

Schließlich hatten sie etwas: Svenjas Nummernschild war in einer Verkehrsüberwachung aufgezeichnet worden, um 0:37 Uhr auf der A10 kurz hinter Michendorf. Es sah so aus, als säße nur eine Person im Wagen. Das Bild war zu unscharf, als dass man die Person hätte erkennen können. Es sah aus, als trüge sie eine Mütze. Kammowski rief Klaus an. Trug Svenja eine Mütze? Nein, sie hasst Mützen. Wieso er das wissen wolle.

Kammowski kam sich schäbig vor, aber er durfte Klaus nichts sagen. Es würde auch nichts bringen, sondern ihn nur weiter beunruhigen.

Klaus sah das anders: »Scheißkerl, elender! Sag mir, was du weißt!«

Kammowski legte auf. Sein Hals fühlte sich geschwollen an, er meinte, nicht mehr richtig schlucken zu können. Der Puls pochte in seinen Schläfen. Er nahm zwei Aspirin.

Wie war Svenjas Wagen um 0:37 Uhr nach Michendorf gekommen, und warum stand er am nächsten Tag wieder auf dem Parkdeck der Klinik?

Um fünfzehn Uhr verhafteten sie Maik Thomasson wegen des Verdachts des Mordes an Eric Klein. Die Mutter des Patienten habe einen Riesenaufstand gemacht, dass die Leiche beschlagnahmt worden sei, berichtete Heinrich am Telefon. Das Serum, das Heinrich dem Patienten post mortem abgenommen hatte und das im Krankenhauslabor untersucht worden war, wies einen sehr hohen Ajmalin-Spiegel auf. Die Bestätigung durch die Gerichtsmedizin fehlte noch. Die Ampullen waren in den Müllsäcken gefunden worden. Es gab keine Fingerabdrücke darauf, aber das Medikament stand nicht auf der Verordnungsliste von Eric Klein, und Maik Thomasson war in der Nacht für ihn zuständig gewesen. Das reichte fürs Erste, um ihn zu verhaften. Er stritt alles ab und behauptete, nicht zu wissen, wo Svenja geblieben sei. Er habe sich gegen dreiundzwanzig Uhr von ihr verabschiedet und sei nach Hause gefahren.

Gegen siebzehn Uhr fuhr Kammowski mit Kevin zur Ehefrau von Maik Thomasson.

Sie war eine Frau Mitte dreißig, der man ansah, dass sie zwei Kinder geboren hatte und danach nicht mehr viel Zeit gehabt hatte, auf ihr Äußeres zu achten. Sie wirkte nicht ungepflegt, das nicht, aber die Schlabberhose und das zu enge T-Shirt passten farblich nicht zusammen. Die glatten dunkelblonden Haare hatte sie zu einem Pferdeschwanz zusammengebunden, was bei jungen Mädchen nett aussah, bei nicht mehr ganz jungen Frauen aber meist Anzeichen eines nicht vorhandenen Haarschnitts war, zumindest sah Kammowski das so. Er zuckte zusammen. Warum war er in Gedanken so streng mit dieser Frau, die ihn gerade mit einem Gemisch aus Angst, Misstrauen und Verzweiflung ansah?

»Was wollen Sie denn von meinem Mann, was hat er denn getan?«

»Können Sie uns sagen, wann Ihr Mann gestern nach Hause gekommen ist?«

»Natürlich kann ich das. So gegen elf. Da kommt er immer, wenn er Spätschicht hat.«

»Sind Sie sicher, dass es gestern auch so war? Waren Sie noch wach, oder sind Sie wach geworden, als er zu Ihnen ins Bett kam? Haben Sie auf die Uhr gesehen?«

»Nein«, gab sie kleinlaut zu. »Nach der Spätschicht schläft er immer im Wohnzimmer. Dann kann ich mich morgens mit den Kindern rausschleichen, die werden ja so früh wach, und er kann noch etwas länger schlafen.« Letzte Nacht habe sie ihn gar nicht mehr gehört. Das Einzige, was sie sagen könne, sei, dass er zu Hause gewesen sei, als sie gegen acht mit den Kindern das Haus verließ. Seine Schuhe hätten im Flur gestanden, seine Jacke am Haken gehangen, und der Autoschlüssel habe auf dem Tischchen im Flur gelegen.

KAPITEL 40

Svenja wurde jetzt seit vierundzwanzig Stunden vermisst, und sie hatten überhaupt keine Spur. Den ganzen Nachmittag und Abend hatten sie Thomasson verhört, ihn immer wieder mit denselben Fragen beschossen, hatten versucht, ihn mürbezumachen. Aber sie hatten auf Granit gebissen. Thomasson hatte kaltschnäuzig immer dasselbe gesagt und irgendwann gar nicht mehr geantwortet oder nur wiederholt: »Das habe ich Ihnen schon gesagt.«

»Wann haben Sie die Klinik verlassen? Wann haben Sie Svenja Hansen zuletzt gesehen?«

Er sei nach dem Dienst nach Hause gefahren, was Svenja Hansen gemacht habe, wisse er nicht. Auch als sie ihn mit dem Mord an Eric Klein durch Ajmalin konfrontierten, reagierte er nicht. »Der Mann war krank. Wir haben mit seinem Tod gerechnet. Wie das Medikament Ajmalin in seine Blutbahn gekommen ist, weiß ich nicht. Ich habe es ihm nicht gegeben.«

»Aber Sie waren an diesem Tag für Herrn Klein zuständig. Geben Sie zu, dass meine Kollegin Svenja Hansen Sie beobachtet hat, als Sie das Ajmalin verabreichten. Sie hat Oberarzt Heinrich davon in Kenntnis gesetzt. Aus der Nummer kommen Sie nicht mehr heraus. Sie sollten jetzt zu Ihrem eigenen Nutzen mit uns kooperieren. Geben Sie zu, Sie haben Panik bekommen. Sie haben realisiert, dass Sie entdeckt worden sind. Was haben Sie mit ihr gemacht?«

»Ich gebe gar nichts zu. Sie kann mich nicht beobachtet haben, denn ich habe dieses Medikament nicht gespritzt. Wenn sie mich bei einer Spritze beobachtet hat, dann bei einer, die Herr Klein von den Ärzten verordnet bekommen hat. Wenn sie etwas anderes behauptet, müssen Sie mir das beweisen. Ich habe nur meinen Dienst getan. Woher soll Ihre Frau Hansen denn wissen, was ich spritze, selbst wenn sie sagt, sie hätte etwas beobachtet? Ist sie etwa vom Fach? Kann sie die Medikamente unterscheiden? Ich weiß nicht, wo Ihre Kollegin ist. Ich wusste nicht einmal, dass sie Polizistin ist. Mir hat sie jedenfalls gesagt, dass sie Krankenschwester werden will, wovon ich ihr übrigens abgeraten habe.«

Der Haftrichter zögerte. Svenja Hansen hatte Oberarzt Heinrich gegenüber nicht geäußert, dass sie selbst aussagen könne, dass Thomasson das Medikament gespritzt hatte. Auch die Kollegen der Station hatten keine entsprechende Beobachtung zu Protokoll gegeben. Auf den sichergestellten Ampullen waren keine Fingerabdrücke. Der Verdächtige stritt alles ab. Als Haftrichter habe er auch die Interessen des Beschuldigten zu vertreten. Er müsse anmerken, dass es nicht in Ordnung sei, sich gleich zu Beginn der Ermittlungen auf einen einzigen möglichen Täter einzuschießen. Und alle weiteren Verdächtigungen, zum Beispiel bezüglich des Todes von Frau Wohlgemut, seien ja noch Mutmaßungen. »Aber gut. Die Tatsache, dass Frau Hansen verschwunden ist …«

Für alle anderen stand allerdings fest: Svenja hat Thomasson auf frischer Tat ertappt, und er hat sie unschädlich gemacht. Kammowski, der die meisten Verhöre führte, wurde immer ungehaltener. Thomasson blieb kalt wie ein Frosch. Kammowski regte sich immer mehr auf.

Um dreiundzwanzig Uhr sah es durch die Überwachungsscheibe des Verhörraums so aus, als würde Kammowski gleich auf Thomasson losgehen. Der schrie dann auch plötzlich laut um Hilfe. Da schritt Thomandel, der das Verhör vom Nebenraum aus verfolgt hatte, ein. Er brach das Verhör ab, schickte Kammowski nach Hause und machte selbst weiter.

»Herr Oberkommissar, ich möchte Anzeige erstatten. Dieser Polizist hat mich gerade gewürgt. Ich möchte sofort zu einem Arzt gebracht werden.«

»Also, Herr Thomasson, noch einmal von vorn. Wo waren Sie um dreiundzwanzig Uhr gestern Abend? Was haben Sie nach dem Dienst gemacht? Stand das Auto von Frau Hansen da noch auf dem Parkdeck? …«

Um ein Uhr dreißig schickten sie den Verdächtigen unverrichteter Dinge in seine Zelle zurück.

KAPITEL 41

Als Svenja zu sich kommt, liegt sie gefesselt in einem engen Schacht. Sie hat furchtbaren Durst, der Kopf dröhnt. Sie hat einen ekelhaften Geschmack im Mund, von Blut und den Tabletten, die er ihr in die Wangentasche gesteckt hat. Sie versucht, auszuspeien, aber der Mund ist trocken. Die gemauerten Wände des Schachts sind feucht, sie meint Moos zu riechen. In ihrer Verzweiflung leckt sie daran, reißt schließlich mit den Zähnen Moos aus den Fugen und kaut es. Es schmeckt säuerlich und bitter, und als sie es hinunterschluckt, hat sie für einen Moment die Befürchtung, dass es in ihrer trockenen Kehle stecken bleiben könnte. Ihr rechter Fuß schmerzt fürchterlich, sie muss ihn sich bei dem Aufprall gebrochen haben. Sie versucht, die Position des Fußes zu verändern und dadurch etwas Linderung zu erreichen, schreit aber sofort auf. Die Bewegung macht es nur noch schlimmer. Der Schrei hallt von den Wänden wider. Es ist ein dumpfer Hall, er trägt nicht weit. Niemand wird sie hören. Es ist dunkel. Niemand wird sie sehen. Sie wird in diesem Loch verrecken. Irgendwann weint sie sich in den Schlaf.

KAPITEL 42

Auch achtundvierzig Stunden später schwieg der Verdächtige Maik Thomasson beharrlich. Thomandel ließ Kammowski nicht mehr an die Verhöre, weil er fürchtete, er könnte die Beherrschung verlieren. Stattdessen wechselten sich Max Werner und Kevin Ordyniak ab. Die Gerichtsmedizin hatte den erhöhten Ajmalin-Wert im Blut von Eric Klein bestätigt und sah die Intoxikation als wahrscheinlichste Todesursache an. Sie hatten jedes Staubkorn im Wagen von Svenja analysiert, jeden Fingerabdruck kontrolliert. Von Thomasson hatten sie keinen gefunden. Aber etwas anderes hatten sie gefunden: einige Haare, Blut und etwas Eingetrocknetes. Die Toxikologen hielten es für ein Gemisch aus Speichel und dem Beruhigungsmedikament Tavor.

Klaus war sofort losgefahren und hatte ihre Haarbürste und die Zahnbürste gebracht, damit sie einen DNA-Vergleich anstellen konnten, aber die KTU machte ihnen nicht viel Hoffnung. Bei den DNA-Analysen gab es einen Engpass. Bisher waren die DNA-Abgleiche für die Polizei in Berlin immer von einem Institut der Charité durchgeführt worden. Schon in normalen Zeiten hatten sie manchmal monatelang darauf gewartet, doch jetzt hatten private Institute erfolgreich wegen Bevorzugung der Charité geklagt, und die Charité hatte die Arbeit eingestellt und angekündigt, dass das Institut geschlossen würde. Mehr als 300 000 DNA-Proben lagen ohnehin noch auf Halde, und niemand wusste, wie es weitergehen würde. Wenn sie sich da mit ihrer DNA-Probe einreihten, bekamen sie vielleicht in drei Jahren einen Bescheid.

Kammowski legte einen seiner legendären Tobsuchtsanfälle hin. »Tu endlich was!«, schrie er Thomandel an. »Und wenn du den Polizeichef persönlich anrufst. Hier geht es um Svenja!«

Große Hoffnung hatten sie in die Funkzellenabfrage von Thomassons Handy gesetzt. Der Richter hatte endlich genehmigt, dass sie die Daten abfragten. Das Ergebnis war niederschmetternd. Er schien das Handy an dem Tag, als Svenja verschwand, in seinem Spind in der Klinik gelassen zu haben; vergessen, wie er behauptete.

Doro bestellte alle Mitarbeiter der Klinik ein, die am Tag von Svenjas Verschwinden Spät- oder Nachtdienst gehabt hatten, und sie startete eine Anfrage bei den Taxifahrern, die an diesem Abend Transporte von oder zur Klinik übernommen hatten. Eine Zeugin meldete sich und sagte aus, sie habe die beiden eng umschlungen auf dem Parkdeck gesehen. Es habe einvernehmlich gewirkt.

Maik Thomasson schwieg weiter. »Die Zeugin muss mich mit jemandem verwechseln.« Er sei niemals mit Frau Hansen Arm in Arm gegangen.

Später stellte sich heraus, dass die Zeugin viel früher auf dem Parkdeck gewesen war und die zwei gar nicht gesehen haben konnte. Die Kollegen von der Nachtschicht auf der Intensivstation konnten ja angeben, wann in etwa sie die Station verlassen hatten.

Kammowski schaute sich im Spiegel an. Er sah aus wie ein Zombie. Seit fast zweiundsiebzig Stunden hatte er nicht geschlafen. Dauerkopfschmerzen nagten an seinen Schläfen, wurden von Schmerzmitteln in die Schranken gewiesen, setzten sich aber immer wieder durch. Wegen der vielen Schmerzmittel meldete sich der Magen. Die Magentabletten begannen gerade etwas zu helfen, da ging der Kopfschmerz wieder los.

Klaus rief jede Viertelstunde an. Svenjas Eltern waren aus Hamburg angereist und wohnten in seinem Gästezimmer. Die Telefonate waren kurz. Keine neuen Erkenntnisse. Im Sandmann trafen sie sich nicht mehr. Sie hätten einander nicht in die Augen gucken können. Klaus sah in der gesamten Polizei – und damit auch in Kammowski als deren Vertreter – den Schuldigen. Er sprach nur noch von »ihr«, wenn er seine immer bizarrer werdenden Vorwürfe loswerden musste. Kammowski ließ ihn reden. Da gab es nichts zu deuteln. Sie waren elende Versager. Sie hatten keinerlei Idee, wo dieses Schwein Svenja hingebracht hatte. Ihre Überlebenschancen schrumpften mit jeder Stunde. Wenn sie nicht schon lange tot war.

Nichts, aber auch nichts lief so, wie es sollte. Die Exhumierung der Leiche von Frau Wohlgemut wurde aus Gründen, die niemand nachvollziehen konnte, auf Donnerstag verschoben. Der Haftrichter tat sich schwer damit, weitere Untersuchungshaft anzuordnen, er sah keine Fluchtgefahr. »Maik Thomasson hat Familie, zwei kleine Kinder, und bislang haben Sie zu wenige Indizien, die darauf hindeuten, dass er etwas mit dem Verschwinden von Frau Hansen oder mit den Toten in der Klinik zu tun hat.«

Kammowski, der als ermittelnder Kommissar bei dem Haftprüfungstermin anwesend war, stand kurz vor einer Explosion. »Was glauben Sie denn, aus welchem Grund eine Kommissarin, die als verdeckte Ermittlerin arbeitet und per

Handy mitteilt, dass sie die observierte Person überführt hat, direkt nach dem Einsatz verschwinden und ihr Handy ausschalten sollte? Die Zeit läuft uns davon! Wenn Frau Hansen noch lebt, müssen wir sie bald finden. Und wenn Sie den Mann freilassen, kommen wir gar nicht mehr an ihn ran.«

Der Haftrichter sah ihn lange an und sagte dann: »Also gut, Herr Kammowski. Sie bekommen noch einmal vierundzwanzig Stunden. Wenn Sie mir bis dahin nichts vorlegen können, wird Herr Thomasson auf freien Fuß gesetzt. Und mäßigen Sie in Zukunft Ihren Ton.«

Kammowski murmelte rasch eine Entschuldigung und ein Danke und sah zu, dass er vom Acker kam.

Thomandel zwang Kammowski, mit der Psychologin zu reden. Nachdem Kammowski den dritten Wutanfall erlitten und zwei Termine bei der Psychologin ignoriert hatte, verlor Thomandel selbst die Beherrschung und schrie Kammowski dermaßen an, dass die Kollegen es durch die verschlossene Tür hörten.

»Pottverdorri noch mal, entweder du gehst da jetzt hin, oder du wirst vom Dienst suspendiert und hast ein Disziplinarverfahren an der Backe, und halt endlich mal die Fresse, Mathias, du bist nicht der Einzige, der Svenja gesund wiederhaben möchte. Aber solange ich hier das Sagen habe, werden wir trotzdem alle Gesetze und Vorschriften einhalten.«

Die ganze Etage hielt kurz den Atem an und lauschte. »*Pottverdorri,* das kenne ich gar nicht. Was soll das heißen?«, fragte Kevin in die Runde, aber niemand antwortete ihm.

Kammowski fügte sich und suchte die Psychologin auf. Das erwies sich sogar als hilfreich, denn er sprach mit ihr nicht über seine Ängste, sondern befragte sie zum möglichen Täterprofil. Frau Wischnewski war der Ansicht, dass der Täter impulsiv gehandelt hatte. Das hieß aber auch, dass er nicht lange im Voraus geplant hatte, wie er Svenja töten und entsorgen konnte. Es musste etwas geben, auf das er instinktiv zurückgreifen konnte, vielleicht, weil er täglich damit umging. Zum Teil wussten sie es ja bereits. Maik Thomasson hatte Svenja mit Tavor sediert, einem Beruhigungsmittel, das er sicher von der Intensivstation entwendet hatte. Aber wo hatte er sie hingebracht? Die Ehefrau. Sie mussten die Ehefrau noch einmal ausquetschen.

KAPITEL 43

Als Svenja erneut zu sich kommt, dringt etwas Licht in den Schacht. Er ist an die vier Meter tief und offenbar mit einer Platte abgedeckt, die nicht ganz dicht schließt. Mit den gefesselten Händen tastet sie den Boden ab. Der Durchmesser liegt bei etwa anderthalb Metern. Sie kann hier nur gekrümmt kauern. Ihre Hände berühren auch allerhand Müll, unter anderem eine kaputte Glasflasche und Scherben. In den folgenden Stunden versucht sie, damit die Fesseln zu zerschneiden. Es gelingt ihr nicht. Die Scherbe schneidet da, wo sie sie mit den Fingern hält, in die Haut ein. Dann rutscht sie ab, die Glasscherbe dringt tief in die Hand. Sie zieht sie heraus. Warmes Blut rinnt über ihren Arm. Hat sie sich die Schlagader verletzt? Sie hat keine Hand frei, um die Blutung zu stoppen. Also versucht sie, sich auf ihre Hände, die noch immer auf dem Rücken gefesselt sind, zu legen und dadurch Druck auf die Blutung auszuüben. Nach kurzer Zeit schlafen die Hände ein. Irgendwann schläft auch sie ein. Als sie wieder erwacht, muss sie dringend Urin lassen, es geht einfach nicht mehr anders. Die warme Flüssigkeit breitet sich in ihrem Schoß aus, und sie kann auch die Tränen nicht mehr zurückhalten. Sie hat einmal gehört, dass Menschen sich durch Trinken ihres Urins vor dem Verdursten gerettet haben. Sie ist sich nicht sicher, ob sie ihren Urin hätte trinken können, aber der ist nun eh verloren. Aufs Neue versucht sie, die Glasscherbe zu ergreifen – es gelingt ihr nicht. Die Finger sind taub, fühlen sich geschwollen an und lassen sich nicht mehr bewegen. Die

Lage wird immer aussichtsloser. Wenn nur der Durst nicht so schrecklich wäre! Sie zwingt sich, mehr Moos auszusaugen, isst auch wieder davon. Dann wird ihr übel, sie übergibt sich. Wieder wird es dunkel um sie. Hier unten ist es kalt. Sie friert. Sie bibbert. Wenigstens scheint die Hand nicht mehr zu bluten. Das taube Gefühl in den Fingern ist einem Kribbeln gewichen. Das ist unangenehm, aber es macht ihr Mut. Die Hände leben noch. Wieder tastet sie nach der Glasscherbe. Wieder verletzt sie sich. Aber sie lässt nicht nach. Sie will, sie kann sich nicht damit abfinden, hier zu verrotten. Endlich gibt die Mullbinde nach. Jetzt sind die Hände frei. Als das Blut ungehindert in die Hände strömen und wieder abfließen kann, schmerzt das sehr, doch das gibt sich nach einigen Minuten. Die gefesselten Beine zu befreien, ist danach ein Kinderspiel. Sie tastet nach der Wunde am Handgelenk. Es blutet nicht mehr. Trotzdem wickelt sie die Mullbinde über die Wunde, vielleicht schützt das etwas. Wenn sie jetzt eine Infektion bekäme, wäre das ihr sicherer Tod.

Der Gedanke bringt sie zum Lachen. Es ist ein böses, ein sarkastisches Lachen, keines, das guttut. Sie wird hier verdursten und verhungern und, wenn das noch nicht reicht, am Ende eine Infektion bekommen. Schluss mit diesen Gedanken. Positiv denken! Sicher suchen sie nach ihr. Aber wie sollen sie sie finden? Sie hat keine Vorstellung davon, wo sie ist. Sie weiß, er hat sie mit ihrem Auto irgendwohin gefahren, kann sich aber nicht erinnern, wie lange die Fahrt gedauert hat. Irgendwann schläft sie. Vielleicht eine Stunde, vielleicht auch nur einige Minuten. Als sie wieder erwacht, tastet sie ihr Gefängnis ab. Es fühlt sich an wie ein alter Abwasserschacht. Die Wände sind feucht, mit Moos bewachsen und aus Ziegeln gemauert. Sie wird hier niemals ohne Hilfe rausklettern können, nicht mit dem gebrochenen Fuß. Sie schläft ein, sie wird wieder wach, sie hat kein Zeitgefühl mehr, an dem Lichtstrahl, der von oben hereinfällt, kann sie immerhin erkennen, ob es Tag oder Nacht ist. Sie hat Hunger und Durst. Hustenbonbons fallen ihr ein. Hatte sie nicht noch zwei in ihrer Handtasche, hat er ihr die nicht hinterhergeworfen? Vorsichtig tastet sie danach. Auf dem Boden liegt wirklich viel Müll. Ob es hier Ratten gibt? Sie ekelt sich vor Ratten. Was ist das? Ein Campingstuhl? Schließlich ertastet ihre Hand die Tasche. Sie kramt darin.

Es gibt Menschen, die immer etwas zu essen und irgendein Getränk bei sich haben. Ein Butterbrot, einen Schokoriegel, einen Müsliriegel, eine Flasche Wasser. Man weiß ja nie, was kommt. Sie gehört nicht zu diesen Menschen. Sie findet es eklig, wenn andere überall, wo sie gehen und stehen, ihre Stullen auspacken müssen. Was würde sie jetzt für einen Müsliriegel und ein Wasser geben! Noch besser wäre eine Cola. Svenja mag keine Cola, sie hat noch nie gern Cola getrunken. Seit ihrer Kindheit versucht sie es immer wieder einmal. Kommt immer zum selben Ergebnis: schmeckt nicht. Sie kann gar nicht verstehen, warum sich andere so dafür begeistern. Das heißt, doch, eine Situation gab es, da hat sie auch Cola getrunken. Als sie mit einer Freundin eine Rucksackreise durch Mexiko und Guatemala gemacht hat. Da waren sie oft in entlegenen Gegenden unterwegs, und da sie kein offenes Wasser trinken wollten und es überall nur Cola und rote Fanta gab, die noch furchtbarer schmeckte, hat sie in der Not oft Cola getrunken, wenn sie durstig und staubig in einer Spelunke ankamen und es nichts anderes aus verschlossenen Flaschen gab. Und hat die Cola dann nicht auch gut geschmeckt? Sehnt sie sich deshalb jetzt nach einer kalten Cola mit Eis und etwas Zitrone? Sie sieht das Glas mit dem Eis und dem Zitronenschnitz vor sich. Halluziniert sie jetzt schon?

Sie kramt weiter in ihrer Tasche. Kann man Lippenstift essen? Wohl kaum. In der Seitentasche, wo sie die Bonbons vermutet, findet sie nur eine Packung Kaugummi ohne Zucker. Na, wenigstens die Zähne werden sich freuen, denkt sie. Sie sucht weiter nach den Bonbons. Plötzlich ertastet sie ihr Handy. Hoffnung flammt auf, so heftig, dass sie einen Stich in der Herzgegend verspürt. Hat er ihr das Handy gelassen? Hat er es vielleicht vergessen? Dann ertastet sie, dass es zerstört ist. Sie versucht trotzdem, es anzuschalten. Was ist das? Es geht tatsächlich an! Sie versucht, die PIN einzugeben. Nichts passiert. Nach einigen Minuten geht es wieder aus. Der Akku ist wohl leer. Jetzt schreit sie ihre Verzweiflung durch den Schacht hinauf in den Sternenhimmel, den sie da oben vermutet, aber nicht sieht. Sie wird hier sterben. Sie will nicht sterben, aber es wird so kommen. Sie weint sich in den Schlaf, denkt noch, dass Weinen in ihrer Situation eine Flüssigkeitsverschwendung ist und sowieso nicht hilft, kann die Tränen aber nicht stoppen.

Als sie erwacht, fühlt sie sich etwas besser. Von dem Campingstuhl sind die Plastiklehnen abgebrochen. Ob sie die als Schiene für ihren Fuß verwenden kann? Mit der einen Mullbinde hat sie ihre verletzte Hand umwickelt. Die von den Füßen hat sie durchgeschnitten, den Rest hat sie abgewickelt. Ob das reicht, um den Unterschenkel zu schienen? Es reicht nicht. Sie will versuchen, die Wand hochzuklettern. Schließlich geht sie in jeder freien Minute klettern, und der Schacht ist gemauert, es ist keine glatte Betonwand. Da gibt es raue Stellen, Vorsprünge. Mit dem gebrochenen Fuß geht das aber nicht. Sie muss das Bein stabilisieren. Also wickelt sie die Binde von der verletzten Hand wieder ab. Die Wunde blutet nicht mehr. Die schmutzige Binde ist ohnehin kein Schutz. Mit beiden Mullbinden und den Plastikteilen gelingt es ihr einigermaßen, das Bein zu schienen. Es schmerzt nicht mehr ganz so schrecklich. Aber nur, wenn sie den Fuß nicht belastet. Damit die Wand hochklettern? Sich abstützen? Das wird niemals gehen. Das muss gehen! Sonst verreckt sie hier. Sie beißt die Zähne zusammen, drückt sich vom Boden ab und steht. Sie hat jetzt einen Plan. Den wird sie umsetzen. Und wenn sie abstürzt? Besser in den Tod stürzen als verdursten. Systematisch tasten ihre Hände nach Vorsprüngen und Griffkanten in der Mauer, und sie beginnt den Aufstieg.

KAPITEL 44

Maik Thomassons Ehefrau, Jenny Thomasson, saß am Küchentisch und starrte vor sich hin. Das Frühstück hatte sie nicht angerührt. Sie hatte keinen Appetit. Die Kinder hatte sie für heute bei ihren Eltern untergebracht. Aber jetzt war es in der Wohnung ganz still, und sie hatte nichts mehr, womit sie sich hätte ablenken können. Sie konnte einfach nicht glauben, was ihrem Mann da alles vorgeworfen wurde. Er war vielleicht nicht der mitfühlendste Ehemann, manchmal auch etwas faul und unbeherrscht, aber schließlich verdiente er auch das Geld; sie selbst arbeitete seit der Geburt der Zwillinge nur noch sporadisch und nur, wenn er freihatte. Manchmal stritten sie, weil er von ihr verlangte, dafür zu sorgen, dass die Kinder still waren, wenn er nach dem Nachtdienst oder nach dem Spätdienst morgens schlafen wollte. Er hatte nicht gewollt, dass sie in den Kindergarten gingen. Sie sei schließlich zu Hause, da müssten die Kinder nicht von Fremden erzogen werden, hatte er immer gesagt. Das hatte sie eingesehen. Aber Vierjährigen das Lachen und Sprechen zu verbieten, während er schlief, war auch nicht so einfach. Die Wohnung war nicht groß, das Wohnzimmer war der größte Raum, und da schlief er nach den Nacht- und Spätdiensten immer, während sie sich wie die Mäuschen in der winzigen Küche aufhalten mussten. Das Kinderzimmer war noch kleiner, da passten gerade mal die zwei Kinderbettchen und ein Kleiderschrank hinein. Bei gutem Wetter gingen sie daher immer auf den Spielplatz, aber wenn es regnete, musste sie die

Kinder zu Hause beschäftigen. Da war es schon vorgekommen, dass sie ihn geweckt hatten und er ärgerlich geworden war. Aber er hatte niemals die Hand gegen sie oder die Kinder erhoben, und nun sollte er eine Polizistin und mehrere Patienten ermordet haben? Undenkbar. Er war doch so stolz auf seine Arbeit in der Klinik! Erzählte, wenn sie mit Freunden zusammensaßen, so gern von seinen Einsätzen.

Es klingelte. Sie spähte durch den Spion in den Hausflur. Da war wieder dieser Kommissar Kammowski. Was wollte der schon wieder? Sonst kamen sie immer zu zweit und redeten auf sie ein, bis ihr der Kopf dröhnte. Dreimal schon hatten sie sie verhört, einmal hatte sie sogar ins LKA fahren und eine Aussage machen müssen. Diesmal war er allein. Kurz erwog sie, gar nicht zu öffnen, dann ließ sie ihn doch ein.

Kammowski nuschelte einen kurzen Gruß, sagte nicht viel, fragte nur: »Darf ich mich etwas umsehen?«

Sie nickte. Also spazierte er durch ihre Wohnung, als handele es sich um eine Galerie, wo es interessante Kunstwerke zu besichtigen gab. Sah sich hier etwas genauer an, dann dort, schien sie selbst kaum zu registrieren.

»Kann ich Ihnen irgendwie behilflich sein?«, fragte sie schließlich, und in ihrer Stimme schwang Angst, aber auch ärgerliches Aufbegehren. Dieses Abschreiten ihrer Wohnung erschien ihr doch zu merkwürdig.

»Frau Thomasson«, sagte er schließlich. »Ich weiß, dass Sie sich gar nicht vorstellen können, dass irgendetwas von dem, was wir Ihrem Mann vorwerfen, den Tatsachen entsprechen könnte.« Er machte eine Pause und fuhr dann fort: »Er wird zu Hause ein ganz anderer Mensch sein. Es ist nur so, ich kann Ihnen versichern, dass sehr, wirklich sehr viel dafürspricht, dass Ihr Mann Patienten in der Klinik ein Medikament gespritzt hat, ohne dass es vom Arzt verordnet war. Wir wissen noch nicht viel über seine Motive, er spricht ja nicht mit uns, aber wir vermuten, dass er das nicht getan hat, um diese Menschen zu töten, sondern um bei den Reanimationen, die dadurch nötig wurden, glänzen zu können. Um von anderen bewundert zu werden. Ich gehe davon aus, dass wir das in absehbarer Zeit alles werden beweisen können. Ihr Mann wird dann für lange Zeit ins Gefängnis gehen.« Wieder machte er eine Pause.

Jenny Thomasson öffnete den Mund, sagte dann aber doch nichts, sondern schloss ihn wieder. Ihr spukten Bilder im Kopf herum. Wie sie neulich beim Grillen mit Freunden zusammengesessen hatten und Maik, bereits etwas angetrunken, damit geprahlt hatte, wie viele Menschen er schon gerettet hätte, dass er darin besser sei als die Ärzte, die das inzwischen neidlos anerkennen würden. Das war ihr etwas peinlich gewesen, aber sie war auch die Einzige, die nichts getrunken hatte. Die anderen hatten sich nicht daran gestört. So war das ja manchmal bei solchen Treffen, jeder packte seine Angebergeschichten aus, und je mehr Alkohol im Spiel war, desto doller wurden sie. Das nahm doch niemand ernst!

»Wie Sie wissen, hatten wir unsere Kollegin Svenja Hansen als verdeckte Ermittlerin in die Klinik geschickt, damit nicht noch mehr passiert. Nach dem Spätdienst, den sie zusammen mit Ihrem Mann hatte, ist sie verschwunden. Wie vom Erdboden verschluckt. In besagter Spätschicht ist ein Patient gestorben. Wir gehen davon aus, dass auch in diesem Fall Ihr Mann die Finger im Spiel hatte und dass unsere Kollegin etwas beobachtet hat. Wir vermuten, dass Ihr Mann sie irgendwo hingebracht hat, und hoffen, dass er sie nicht getötet hat. Aber wenn sie jetzt noch lebt, wird es höchste Zeit, dass wir sie finden. Haben Sie irgendeine Idee, wo Ihr Mann sie hingebracht haben könnte? Gibt es irgendwo eine Datsche, ein Wochenendhaus, einen Schrebergarten, ein Versteck?«

Jenny Thomasson schüttelte den Kopf. »Um einen Garten bemühen wir uns schon lange, aber das hat noch nicht geklappt. Die Wartezeiten sind lang. Und ein Wochenendhaus können wir uns nicht leisten. Schauen Sie sich doch mal um, wir haben ja schon Probleme, die Wohnung hier zu finanzieren.«

Kammowski folgte ihren Blicken und blieb bei den Fotos an der Wohnzimmerwand hängen. Große Fotos von alten Gebäuden und Ruinen. Sie zeugten durchaus von einem künstlerischen Blick auf die Welt.

»Schöne Bilder«, sagte er.

»Ja.« Jenny Thomasson lächelte. »Mein Mann ist Hobbyfotograf, er hat schon bei einigen Amateurwettbewerben Preise gewonnen. Besonders interessieren ihn alte, verfallende Gebäude, und es gibt Künstlerkollegen, die dieses Hobby teilen. An vielen Wochenenden ziehen sie gemeinsam durch die Gegend und suchen nach neuen Objekten.« Sie schwieg, sagte nicht, dass es oft Anlass für Streit war, wenn er sie wegen der Fotografiererei auch am Wochenende noch mit den Kindern allein ließ.

Fasziniert betrachtete Kammowski die Bilder. »Wissen Sie, wo das hier aufgenommen ist?«

»Ja, das ist die alte Klinik in Beelitz-Heilstätten. Sie wissen schon, die alte Lungenheilanstalt. Die Bilder sind aber schon einige Jahre alt. Heute darf man die Gebäude gar nicht mehr ohne Erlaubnis betreten. Na ja, früher wahrscheinlich auch nicht. Ich habe aber gehört, dass die jetzt wieder etwas draus machen wollen.«

Die letzten Sätze hörte Kammowski gar nicht mehr. Er murmelte einen kurzen Gruß und ließ eine verdutzte Jenny Thomasson allein in ihrer Wohnung zurück.

KAPITEL 45

Svenja kommt sich vor wie eine Maschine, die alles, was einen Menschen stören kann – Emotionen, Schmerz –, einfach ausschaltet. Knapp einen Meter hat sie schon geschafft, ist aber immer wieder abgestürzt, und nicht nur einmal hat der Schmerz des Aufpralls sie kurz die Besinnung verlieren lassen. Aber sie übt und übt immer wieder. Merkt sich jeden Griff, jeden Schritt, jeden Vorsprung, jede Unebenheit in der Wand. Wo es keine gibt, versucht sie, mit einem Stück Metall von dem Campingstuhl Löcher in die Fugen zu kratzen. Und sie zwingt sich zu Pausen, in denen sie Moos isst und die feuchten Wände ableckt. Aber auf diese Art vier Meter hochklettern? Ist das zu schaffen? Natürlich nicht, aber sie verbietet sich diesen Gedanken, es gibt keine Alternative.

Irgendwann scheint es oben zu regnen. Wassertropfen ploppen auf die Sitzfläche des Campingstuhls, sie hält die Fläche mit beiden Händen, fängt jeden Tropfen auf, so lange, bis ihre Arme schmerzen und es aufhört zu tropfen. Dann leckt sie die dreckige Fläche sorgsam ab. Noch nie hat ihr Wasser so gut geschmeckt.

Sie schläft, sie trainiert, sie stürzt ab, sie schläft, sie trainiert. Erst der Griff zur Linken oberhalb ihrer linken Schulter, dann den linken, unverletzten Fuß auf den Vorsprung knapp oberhalb des Bodens; die rechte Hand krallt sich in eine vorspringende Felsplatte, die in die Ziegelwand integriert worden zu sein scheint. Dann das Schwerste: den verletzten Fuß nachziehen und auf dem kleinen Vorsprung absetzen und sich mit beiden Händen hochziehen, bis der linke Fuß wieder Halt findet, um den schmerzenden rechten zu entlasten. »Todesangst versetzt Berge«, flüstert sie vor sich hin.

Drei verschiedene Wege hat sie inzwischen für den ersten Meter erkundet. Erst der letzte scheint geeignet, noch weitere Klimmzüge zu ermöglichen. Oberhalb der Felsplatte gibt es einen etwas größeren gemauerten Absatz, dessen Sinn sich ihr nicht erschließt. Egal. Hier kann sie mit beiden Füßen kurz stehen und sich mit der linken Hand in den Löchern festkrallen, die sie mit dem Metallstück in den Mörtel zwischen zwei Ziegeln gebohrt hat. Leider ist es ihr dabei aus der Hand gefallen. Jetzt muss sie entweder wieder hinunter, es holen, oder fortan auf ihr Werkzeug verzichten. Vorsichtig tastet sie die gewölbte Wand mit der Rechten ab. Was ist das? Ihre Finger ertasten kaltes Metall. Ein Metallbügel ist in die Wand gelassen, daran kann sie sich mühelos festhalten. Sie rüttelt daran, er scheint fest zu sitzen. Sie kann ihr Glück kaum fassen. Rasch ertasten ihre Finger die Region oberhalb des Metallbügels. Tatsächlich, im Abstand von vielleicht sechzig Zentimetern kommt ein weiterer. Es handelt sich um eine Art Treppe, damals vermutlich für Revisionsarbeiten im Schacht angelegt. Wenn sie es jetzt schafft, sich mit den Füßen auf die unterste »Stufe« zu stemmen, und wenn die Stufen bis nach oben angelegt sind, was sie vermutet, aber nicht sicher weiß, und wenn noch alle erhalten sind und wenn sie sie alle noch tragen und wenn sie nicht abstürzt …

Svenjas Gehirn arbeitet auf Hochtouren. Sie ist jetzt hellwach. Sie darf keinen Fehler machen, sie hat nur einen Versuch. Einen weiteren Absturz würde sie sicher nicht überleben. Sie würde nicht noch einmal die Kraft aufbringen, sich den Schacht hinaufzuarbeiten.

KAPITEL 46

Kammowski raste mit überhöhter Geschwindigkeit auf der A10 dahin, da, wo man nur achtzig fahren durfte, wie er sehr wohl wusste. Parallel blaffte er Anweisungen in sein Handy. Er brauchte jemanden, der sich auf dem weitläufigen Gelände auskannte. Doro versprach, sich zu melden, sobald sie jemanden gefunden hätte. Sie würde alle Kollegen informieren, in spätestens anderthalb Stunden wollten sie mit einer Einsatztruppe jeden Quadratmeter der Anlage durchsuchen.

Wenig später rief Doro zurück, und sie klang sehr aufgeregt. »Du hast recht mit deiner Vermutung, Kammowski! Svenjas Handy ist noch mal überprüft worden. Es hat sich gestern einmal ganz kurz in einer Funkzelle angemeldet, war dann aber wieder weg. Besagte Funkzelle liegt in Beelitz-Heilstätten.«

Die Gedanken ratterten durch seinen Kopf, automatisiert, als hätten sie nichts mit ihm zu tun. Schließlich sagte er: »Weißt du, was das heißt, Doro?« Seine Stimme klang belegt.

Doro lachte: »Klar weiß ich das. Das heißt, dass sie das Handy gestern angemacht hat, und das wiederum heißt, dass sie noch lebt.« Eine kleine Pause folgte. »Oder zumindest, dass sie gestern noch gelebt hat.«

Wenn nicht jemand anders das Handy gefunden und angeschaltet hat, rasten Kammowskis Gedanken weiter, und er versuchte verzweifelt, sie zu bremsen. Vergebens. Er gehörte nicht zu den gläubigen Menschen, die beten, aber auf der

Fahrt von Spandau bis nach Beelitz-Heilstätten holte er alle nicht gesprochenen Gebete seines Lebens dreimal nach. »Bitte, lass sie noch am Leben sein.«

Obwohl er schon so lange in Berlin lebte, war Kammowski noch nie in Beelitz-Heilstätten gewesen. Das Gelände lag nur rund fünfzig Kilometer südwestlich von Berlin und war ein beliebtes Ausflugsziel. Er wusste nur, dass es sehr groß war. Wo sollte er mit dem Suchen beginnen? Rasch orientierte er sich im Internet.

Der ab 1898 von der Landesversicherungsanstalt Berlin errichtete Komplex erstreckt sich auf einer Gesamtfläche von ca. 200 Hektar. Er gliederte sich damals in Lungenheilstätten im Nordwesten und die Sanatorien zur Behandlung nicht ansteckender Krankheiten im Südosten. Im Zweiten Weltkrieg wurden die Heilstätten teils schwer beschädigt. Bis 1994 dienten sie als Militärhospital der sowjetischen Armee. Einige Gebäude wurden inzwischen saniert und durch neue Gebäude ergänzt. Es wurden eine neurologische Rehabilitationsklinik, ein Parkinson-Fachkrankenhaus sowie eine Rehabilitationsklinik für Kinder eingerichtet. In Bahnhofsnähe entstanden auch einige Einfamilienhäuser. In den folgenden Jahren stockte die Sanierung der Denkmalsubstanz. Ein großer Teil der Anlage verfiel und wurde durch Vandalismus stark beschädigt. Erst vor einigen Jahren stimmte die lokale Stadtverordnetenversammlung für einen neuen Bebauungsplan. Ein neues Wohngebiet soll entstehen, welches durch eine Straße vom Bahnhof her erschlossen wird. Historische Bauten sollen dabei erhalten bleiben.

Zweihundert Hektar. Wo sollte er da allein mit dem Suchen beginnen? *Das bringt nichts,* musste er sich eingestehen. Wieder rief er Doro an. Die hatte bereits ganze Arbeit geleistet. In etwa einer Stunde würden eine Hundeführerstaffel und fünfzig weitere Beamte das Gelände systematisch durchforsten. Treffpunkt sollte die Beelitzer Stadtverwaltung in der Altstadt sein, weil sich dort das Bauamt befand, das die Pläne des gesamten Komplexes zur Verfügung stellen konnte.

»Okay, danke, wir bleiben dann in Verbindung«, sagte Kammowski und wollte das Telefonat gerade beenden, als Doro hinzufügte: »Ich muss dir noch was sagen, Kammowski, aber flipp jetzt bitte nicht aus.«

»Was?« Kammowskis Blick wurde starr. »Sag schon, was ist passiert?«

»Maik Thomasson ist freigelassen worden. Du weißt schon, der Haftrichter …«

»Okay, danke. Aber ganz ehrlich? Es ist mir im Moment scheißegal, wo dieser Kerl sich aufhält. Ich habe jetzt wirklich andere Sorgen.«

KAPITEL 47

Unter Aufbietung aller ihr noch verbliebenen Kraft hatte sie sich mit gekrümmtem Rücken gegen den gusseisernen Deckel gedrückt, und endlich hatte er nachgegeben und war zur Seite gerutscht. Nun lag sie rücklings im Gras und schaute in den Himmel, der so tat, als sei nichts geschehen, und sein freundlichstes, von kleinen Schäfchenwolken durchsetztes Blau darbot. »Verräter«, fauchte sie und schaute sich um. Sie sah Wald und Büsche, ein verfallenes Gebäude, von der Natur zurückeroberte Ruinen. Ein alter Schuppen, vielleicht zwanzig Meter entfernt, war von Brombeergestrüpp überwuchert. Sie konnte die schwarzen Früchte genau erkennen. Das Wasser lief ihr im Mund zusammen. Das verletzte Bein hinter sich herschleifend, robbte sie zu dem Schuppen und stopfte sich reife schwarze Beeren in den Mund. So, wie sie es als Kinder gemacht hatten. Da hatten sie immer Angst gehabt, sie könnten einen Wurm mitessen, hatten es aber dennoch nicht lassen können, von den Früchten am Bahndamm zu naschen. Da, wo sie eigentlich nicht hindurften. Es war streng verboten gewesen und gerade deshalb so reizvoll.

Würmer waren ihr jetzt egal. Sie konnte gar nicht aufhören zu essen. Saft rann ihr über das Kinn, es störte sie nicht. Die Dornen des Gestrüpps, das seine Früchte nicht freiwillig hergab, ritzten tiefe Kratzer in ihre Haut. Sie leckte herunterrinnendes Blut auf und ließ nicht nach, immer neue Früchte vom Busch zu reißen und zu verschlingen. Ein Hubschrauber überflog das Wäldchen, in dem sie sich befand. Sie schrie und winkte, aber natürlich hörte und sah sie niemand. Jetzt hatte sie es so weit geschafft! Aber wie konnte sie sich bemerkbar machen? Hier schien es weder Straße noch Weg zu geben. Offenbar war sie weit weg von jeder Zivilisation. Es konnte Wochen dauern, bis hier mal wieder ein Spaziergänger vorbeikam, und wenn sie den Sonnenstand richtig interpretierte, ging es auf den Abend zu. Noch war es warm, aber sie hatten bereits Herbst, nach Sonnenuntergang würde es sich empfindlich abkühlen. Sie wusste, sie musste versuchen, weiterzukommen, vielleicht an eine Straße oder ein bewohntes Haus. Aber sie konnte nicht mehr. Erschöpft sank sie ins Gras und fiel in einen kurzen Schlaf.

Als sie erwachte, stieg aus dem Gras schon die feuchte Kühle der Dämmerung auf. Sie war immer noch furchtbar durstig und fröstelte. Die Brombeeren gluckerten in ihrem Bauch, und trotzdem konnte sie nicht anders, als wieder davon zu essen. Als der schlimmste Durst gestillt war und sie die Taschen ihrer Jacke mit weiteren Früchten gefüllt hatte, schaute sie sich um. Etwa fünfzig Meter entfernt lag ein längerer Ast unter einem Haselnussstrauch. Wenn der nicht zu alt und spröde war, konnte sie ihn vielleicht als Gehhilfe verwenden. Der erste brach unter ihrem Gewicht, und sie fiel zu Boden. Der zweite trug sie, und das Humpeln gelang besser als gedacht. Aber in welche Richtung sollte sie gehen? Sie sah sich die alten Gemäuer genauer an. Da hatte es einmal eine Zufahrt gegeben, jetzt kaum noch kenntlich, weil Gräser und Gestrüpp drüber hinweggewuchert waren. *Zufahrtswege münden in Zufahrtsstraßen und dann in große Straßen,* hoffte sie und machte sich auf den Weg.

KAPITEL 48

Der Leiter des Bauamts hatte die große Karte im Maßstab von 1:500 auf den imposanten Konferenztisch gelegt. »Hier sind die Kliniken, da ist alles erschlossen. Hier sehen Sie den Bahnhof. In dieser Region«, er wies auf einen Bereich der Karte, »ist der Baumkronenpfad, und dieses Gebiet ist in den letzten Jahren bebaut worden. Wenn ich Sie richtig verstanden habe, suchen Sie nach einer verlassenen Gegend, wo nicht alle naselang jemand vorbeikommt.« Er blickte fragend auf.

Kevin und an die zwanzig weitere Mitarbeiter des LKA waren Thomandels Aufruf gefolgt und standen vor dem Gebäude bereit. Thomandel, Kammowski und Max Werner waren hineingegangen. Dreißig Streifenbeamte warteten auf dem nahe gelegenen Parkplatz auf weitere Order. Doro hatte auch die Berliner Rettungshundestaffel alarmiert, eine ehrenamtliche Truppe mit insgesamt fünfzehn Teams. Kammowski hatte Klaus informiert, der alles hatte stehen und liegen lassen, um benutzte Kleidung von Svenja zu bringen, an der sich die Hunde orientieren konnten. Alle standen bereit, gemeinsam das Gelände zu durchsuchen.

»Ich würde mich an Ihrer Stelle auf dieses Gebiet konzentrieren.« Der Leiter des Bauamts wies auf eine Stelle im Südosten. »Hier stehen das ehemalige Sanatorium für Männer, das Hospital und einige andere marode Gebäude, die noch nicht restauriert sind. Eigentlich ist das Betreten dieser Bauten verboten.«

Eine halbe Stunde später hatten sie das Gebiet in Planquadrate eingeteilt, und gegen achtzehn Uhr begann die Suche.

Thomandel selbst saß in einem Hubschrauber der Bundeswehr, kreiste über dem Gelände, versuchte, die Aktion aus der Luft zu koordinieren. »Männer«, sprach er sie über Funk an – es schien, als wollte er ihnen, vor allem aber sich selbst Mut zusprechen, hörte sich aber an, als übe er für einen Laienkriegsfilm –, »Männer, wir haben jetzt noch anderthalb Stunden bis zur Dämmerung. Als Nächstes möchte ich eine Erfolgsmeldung hören.«

Svenja würde ihm das nicht durchgehen lassen, dachte Kammowski, und dann begann er wieder mit seinen stummen Gebeten. Diesmal in leichter Abwandlung: *Bitte lass uns sie finden. Bitte lass sie noch am Leben sein. Bitte lass sie gesund sein …*

Sie hatten die Autos vor dem ehemaligen Hospital geparkt und nahmen sich zunächst den Bereich östlich vom Männersanatorium vor. In den vielen heruntergekommenen Gebäuden vermuteten sie die meisten Möglichkeiten, jemanden wegzusperren. Systematisch gingen sie das Gelände in einem lang gestreckten Verband ab.

Plötzlich tauchte am Waldesrand eine Gestalt auf. Sie stützte sich auf einen Stock, humpelte.

»Sveeenja«, rief Klaus und rannte los.

Kammowski, der nur Klaus' Schrei gehört hatte und dann seinem Blick gefolgt war, tat es ihm gleich. Da er schneller rennen konnte als Klaus, was den schon in der Schulzeit geärgert hatte, gelang es ihm, zu überholen und Svenja als Erster in die Arme zu nehmen.

»Das wurde jetzt aber mal Zeit, Kollege«, sagte Svenja und lachte, während ihr die Tränen über die Wangen liefen. Dann verlor sie die Besinnung und sackte in Kammowskis Armen zusammen.

Kammowski ließ sie ins Gras sinken, strich ihr sanft durchs Haar und küsste sie auf die Wange, da, wo sich die Tränen eine Straße durch die tiefrote Brombeerfarbe gespült hatten. Dann leckte er sich die Lippen. »Gott sei Dank, kein Blut.«

»Lass die Finger von ihr«, schrie Klaus, »das ist meine Freundin!«

»Schon gut, ich will sie dir nicht wegnehmen«, lachte Kammowski. »Aber ich glaube, sie muss jetzt erst mal in ein Krankenhaus.«

KAPITEL 49

Als Kammowski sie am nächsten Mittag in der Klinik besuchen wollte, stand Svenja, auf einem Bein balancierend, neben dem Bett und packte ihre Sachen. Klaus hatte ihr am Tag zuvor noch das Nötigste gebracht. »Stell dir vor, die lassen mich schon nach Hause. Das Bein ist gestern Abend noch operiert und in eine Schiene gepackt worden. Ich soll viel trinken und zu einem niedergelassenen Chirurgen zur Wundkontrolle gehen, sonst ist alles in Ordnung. Sie haben mir die hier gegeben, ich darf den rechten Fuß nicht belasten.« Sie hielt zwei Unterarmgehstützen in die Höhe.

»Und was ist damit?«, fragte Kammowski zweifelnd und zeigte auf ihren Arm, wo eine Infusion in die Vene lief; der dazugehörige Beutel hing an einem Infusionsständer.

»Nichts, was ich nicht durch Trinken selbst erledigen könnte, haben sie gesagt. Da läuft jetzt nur noch der Rest rein, und dann wird das Ding rausgezogen.«

Kammowski mit seinem Blumenstrauß stand etwas hilflos da und wusste nicht, was er tun oder sagen sollte.

Sie lächelte und griff nach den Blumen. »Die nehme ich mit nach Hause«, entschied sie. »Wenn sie noch nicht ausgepackt sind, dann waren sie noch gar nicht hier.«

Kammowski sah sie fragend an.

»Na, wenn man Blumen, die einem ins Krankenhaus gebracht worden sind, mit nach Hause nimmt, soll das doch Unglück bringen.«

Erschrocken nahm er ihr den Strauß wieder ab. »Dann lass sie lieber hier, ich kauf dir neue.«

Svenja knuffte ihn in die Seite. »Wir sind doch nicht etwa abergläubisch, Herr Hauptkommissar?«

»Nie und nimmer, ich doch nicht, keine Spur, aber man muss das Unglück ja nicht herausfordern. Du bekommst neue, basta.« Mit großer Geste warf er die Blumen in den Mülleimer.

In diesem Moment kam Klaus zur Tür herein, umarmte Svenja, schubste Kammowski, schien wieder bester Laune zu sein. All die furchtbaren Dinge, die er Kammowski in den vergangenen Tagen entgegengeschleudert hatte, Vorwürfe und Unterstellungen – alles vergessen. Kammowski schluckte. Bei ihm ging sie nicht ganz so schnell, die Umstellung von Feind auf Freund. Sie quatschten noch ein bisschen und verabredeten sich für den nächsten Tag zum Abendessen bei Klaus.

»Stell dir vor«, flüsterte Klaus konspirativ, als Svenja kurz ins Bad verschwunden war, um auch dort ihre Sachen einzusammeln, »jetzt haben mich ihre Eltern doch noch ins Herz geschlossen.«

»Mag sein, aber ich habe dich noch nicht ins Herz geschlossen. Denk immer daran: Ich hab dich im Blick!« Mit zwei Fingern seiner Rechten zeigte er erst auf seine Augen und dann auf Klaus.

»Streitet ihr etwa?«, fragte Svenja neugierig.

»Nein, wir sind uns ganz einig«, beeilte Kammowski sich zu sagen, schaute Klaus noch einmal durchdringend an, verabschiedete sich und verschwand.

Thomandel, der Kammowski nach der Rettungsaktion für einen Tag in Zwangsurlaub geschickt hatte, war bereits am Morgen in der Klinik gewesen und hatte höchstpersönlich

Svenjas Aussage aufgenommen. Da sie Maik Thomasson schwer belastete, wurde umgehend ein erneuter Haftbefehl ausgestellt.

Am Nachmittag schickte Thomandel Kevin mit zwei Streifenpolizisten los, um Maik Thomasson erneut zu verhaften. Eine Stunde später rief Kevin aufgeregt an. »Der hat uns die Tür vor der Nase zugeschlagen, hat sich verbarrikadiert und droht damit, seine Familie zu töten, wenn wir reinkommen.«

Dieser Kevin, nichts, aber wirklich gar nichts konnte man dem anvertrauen. Ein beherzter Schritt, und er hätte den Mann überrumpeln können. Der war doch nicht bewaffnet an die Tür gegangen und hätte gegen drei Polizisten nichts ausrichten können!

Als Thomandel wenig später mit Max Werner am Tatort eintraf, hatte sich auf der Straße schon eine Menschentraube versammelt, die auf ein Spektakel hoffte. Rasch gab er Anweisungen, den Straßenabschnitt zu räumen und abzusperren; ein Spezialkommando war alarmiert, die Psychologin unterwegs. Er selbst ging die Treppe hoch und klingelte an der Wohnungstür.

»Herr Thomasson. Seien Sie doch vernünftig, Sie wollen doch nicht wirklich Ihre Frau und Ihre Kinder gefährden. Kommen Sie mit erhobenen Händen heraus und ergeben Sie sich!«

»Ich habe eine Waffe. Entweder Sie verschwinden sofort von meiner Tür, oder ich bringe alle um«, schallte ihm aus der Wohnung entgegen. »Und ich will auch auf der Straße keinen Polizisten mehr sehen, ist das klar?«

Sie positionierten einige Beamte im Treppenhaus, wiesen die Nachbarn an, in ihren Wohnungen zu bleiben, und warteten im Mannschaftswagen der Polizei das Eintreffen der Psychologin ab.

»Er fühlt sich in die Enge getrieben, sein Verstand hat ausgesetzt, der handelt jetzt nur noch impulsiv, die Konsequenzen sind ihm egal«, schätzte der Psychologe, die Lage ein, nachdem man ihn kurz in Kenntnis gesetzt hatte.

»Aber er ist Krankenpfleger und kein Gangster! Der wird doch keine Waffen in der Wohnung haben. Wenn wir die Wohnung einfach stürmen, haben wir doch gute Chancen, ihn zu überwältigen«, meinte Werner.

Thomandel nickte. »Vielleicht hast du recht, Max. Aber wir können nicht zu hundert Prozent sicher sein, er behauptet jedenfalls etwas anderes. Und selbst wenn er unbewaffnet ist – er hat keine Aussicht mehr, dass sich alles zum Guten wenden könnte. Wer weiß, was ihm in der Zwischenzeit noch einfällt?«

»Ja, das sehe ich auch so. Er steht mit dem Rücken zur Wand. Möglich, dass er sich für einen Suizid entscheidet, für einen erweiterten Suizid, das hieße, dass er seine Familie mit in den Tod reißen würde«, pflichtete der Psychologe bei. »Ich bin auch der Meinung, Sie sollten möglichst schnell handeln.«

Sie waren per Funk mit Kollegen verbunden, die vor der Wohnungstür Wache standen.

»Hier ist alles sehr ruhig, verdächtig ruhig, man hört keinen Mucks von drinnen«, machte der Kollege durch das Funkgerät Meldung.

»Wir müssen ihn in ein Gespräch verwickeln, mit ihm reden, bis das Einsatzkommando da ist, er darf nicht auf dumme Gedanken kommen«, sagte Thomandel und begab sich wieder ins Treppenhaus. Auf dem Absatz oberhalb der Ebene, auf der die Thomassons wohnten, hatten sich trotz der polizeilichen Anweisung, in ihren Wohnungen zu bleiben, schaulustige Nachbarn versammelt. Thomandel scheuchte sie in ihre Wohnungen zurück.

Eine ältere Frau blieb beharrlich. »Herr Kommissar, ich muss Sie sprechen. Ich glaube, der ist allein in der Wohnung. Die Frau ist mit den Kindern auf den Spielplatz gegangen.«

»Sind Sie sicher?«

»Ja, ziemlich sicher. Ich habe die drei im Treppenhaus getroffen, und wir haben ein paar Worte gewechselt.«

»Wann war das?«

»Vor ungefähr einer Stunde.«

»Aber Sie wissen nicht sicher, ob sie nicht inzwischen nach Hause gekommen sind?«

»Nein, ich war ja selbst beim REWE um die Ecke, etwas einholen.«

»Wissen Sie, auf welchen Spielplatz Frau Thomasson üblicherweise geht?«

Sie schickten sofort einen Streifenwagen hin, und wenige Minuten später kam die erlösende Funkmeldung: Mutter und Kinder wohlauf.

»Na, dann können wir jetzt ja wohl«, ließ sich der Einsatzleiter des Sonderkommandos vernehmen. Er gab seinen Leuten einen Wink, und drei Minuten später waren die Wohnungstür aufgebrochen und Thomasson außer Gefecht gesetzt. Er hatte auf der Couch gesessen und sich widerstandslos überwältigen lassen. Eine Waffe wurde nicht gefunden.

KAPITEL 50

Kerstin Lauterbach stand abseits auf einem der Seitenwege und beobachtete, wie man den Sarg ihrer Mutter aus dem Grab hob. Er war noch gut erhalten, an der Sache war nichts Schauerliches, sie war erleichtert. Die Friedhofsangestellten arbeiteten rasch und routiniert.

»Es wird einige Tage dauern, bis wir das Ergebnis haben«, sagte Kammowski, der unbemerkt zu ihr getreten war.

Sie zuckte zusammen. »Jetzt haben Sie mich aber erschreckt, Herr Kammowski«, rief sie, lächelte aber.

»Wir möchten uns bei Ihnen bedanken«, sagte Kammowski. »Wenn Sie nicht so hartnäckig gewesen wären, hätte es vielleicht noch lange gedauert, bis wir Herrn Thomasson auf die Schliche gekommen wären. Inzwischen hat er ein umfassendes Geständnis abgelegt. Diese Exhumierung wird nicht die letzte sein.«

Sie nickte. »Ist für die Angehörigen nicht einfach, wühlt noch einmal alles auf. Und viele werden ja gar nichts geahnt haben. Sie dachten, dass ihre Lieben an einer Krankheit gestorben sind, und nun erfahren sie, dass es Mord war. Aber ich kann endlich wieder ruhig schlafen.« Sie atmete hörbar ein und aus. »Es war furchtbar, diese Gewissheit in sich zu spüren und nichts bewegen zu können, niemanden überzeugen zu können.«

»Sie haben viel bewegt.«

»Aber wie mühsam war das! Geben Sie zu, Herr Kammowski, Sie habe ich auch genervt mit meinen ewigen Anrufen.«

»Stimmt, Sie waren eine echte Nervensäge«, bestätigte Kammowski grinsend. »Aber Sie hatten die ganze Zeit recht, und wir müssen uns heute bei Ihnen entschuldigen.« Er deutete eine Verbeugung an, und dann verabschiedete er sich.

KAPITEL 51

Die Verhöre von Maik Thomasson hatten einen anderen Charakter angenommen. Hatte er zunächst verstockt geschwiegen, gab er jetzt freimütig Auskunft. Ja, er schien die Verhöre regelrecht zu genießen. Nun, da entschieden war, dass er für lange Zeit hinter Gittern verschwinden würde, schien er gar nicht genug Menschen auf dem Gewissen haben zu wollen. Einem Mitgefangenen gegenüber hatte er angeblich geprahlt, er sei der *größte Massenmörder* in der Geschichte. Keiner habe mehr Morde auf dem Gewissen.

In vielen Fällen konnte er sich an Einzelheiten gar nicht erinnern. Es war ja nicht so, dass er die Tötungen geplant hatte. Er hatte den Menschen nicht nach dem Leben getrachtet. Es war mehr eine Art Wettspiel mit sich selbst gewesen. Schaffte er es, den Patienten »zurückzuholen«, oder nicht? Oft hatte er aus Langeweile gehandelt oder weil ihn etwas geärgert hatte. Die betroffenen Menschen waren ihm dabei völlig gleichgültig gewesen. Er war bei der Auswahl keiner Methode gefolgt. Es waren nicht die besonders Kranken oder die Leidenden, die er hatte erlösen wollen. Es war passiert, wenn ihn eine Kollegin geärgert, ein Angehöriger Forderungen gestellt oder einfach er selbst keine Lust gehabt hatte zu arbeiten. Manchmal hatte es auch überhaupt keinen Anlass gegeben. Kein Wunder also, dass er sich an die einzelnen Fälle nicht mehr erinnerte.

»Und wie war es bei Eric Klein? Da ging es doch gar nicht um eine Reanimation, oder?«, fragte Kammowski, der im

Laufe der Verhöre immer fassungsloser geworden war. »Da hatte die Betreuerin doch bereits verfügt, dass nicht reanimiert werden sollte?«

»Nein, da habe ich mich über den Oberarzt geärgert. Dass der das einfach so kraft seiner Wassersuppe angeordnet hatte, mit der Behandlung weiterzumachen, obwohl das Ethikkomitee der Klinik sich anders entschieden hatte.«

Da die verhörenden Kripobeamten auf Einzelheiten drängten, wurde Thomasson immer ungeduldiger, »großzügiger«, maßloser in seinen Geständnissen. »Setzen Sie sie ruhig mit auf die Liste, ich kann mich zwar nicht erinnern, aber der habe ich bestimmt auch was gespritzt.«

Nachdem sich die Gerichtsmediziner bei Frau Wohlgemut festgelegt hatten: *Tod durch Überdosis Ajmalin,* waren alle Todesfälle beider Stationen, auf denen Maik Thomasson gearbeitet hatte, zu untersuchen. Die Staatsanwaltschaft hatte sämtliche Krankenakten beschlagnahmt. Eine Taskforce mit zwanzig Mitarbeitern war dabei, die Akten durchzuarbeiten, die Angehörigen zu informieren, Exhumierungen zu beantragen.

Es würde Monate dauern, bis alles aufgeklärt war. Inzwischen gingen die Ermittler von mehr als zweihundert Fällen aus. Viele der Leichen waren feuerbestattet worden, nicht alle Fälle würde man aufklären können.

Für die Angehörigen, die ihre Verwandten zum Teil schon vor Jahren betrauert hatten, war es fürchterlich, nun zu erfahren, dass diese wahrscheinlich ermordet worden waren. In einer Institution, die doch Leben bewahren und retten sollte.

Auch die Exhumierungen, die die Staatsanwaltschaft anordnete, waren für viele Angehörige schwer zu verkraften.

In den folgenden Monaten gingen sie alle Todesfälle der

Intensivstationen beider Krankenhäuser einzeln durch und verhörten Maik Thomasson immer wieder.

Martina Steffens? Konnte sein, da hatten die Angehörigen so genervt. Tobias Küppers? Das war doch dieser fette Zweihundert-Kilo-Typ, der sich überall aufgelegen hatte, eine Qual, den zu lagern, der hätte die Intensivstation ohnehin nicht mehr lebend verlassen. Franka Langer? Nein, da habe er seine Hände ausnahmsweise mal nicht im Spiel gehabt. »Die sicher nicht. Die hat es allein geschafft. Da war ja auch dauernd der Ehemann da und hat genervt.«

In den letzten Jahren habe er meist Ajmalin oder Lidocain verwendet. Mit Kalium habe er schon lange nicht mehr gearbeitet. Damit sei er im Ursulinenstift aufgefallen. Auf den Intensivstationen werde der Blutspiegel von Kalium sehr häufig bestimmt. Kalium sei auch schwerer zu steuern, er habe die Leute schließlich nicht umbringen, sondern nur dafür sorgen wollen, dass er und die Kollegen bei der Reanimation nicht aus der Übung kamen.

Schließlich hatte man bei siebenundzwanzig der exhumierten ehemaligen Patienten des Klinikums Moabit Rückstände eines Herzmedikaments entdeckt. Diese siebenundzwanzig Taten gestand Thomasson »pauschal«. Pauschal bedeutete, dass er sich nicht an jede einzelne erinnern konnte. Die Dunkelziffer lag vermutlich viel höher. Irgendwann mussten sie sich damit abfinden, dass es schlichtweg nicht möglich war, zu ermitteln, wie viele Menschen Maik Thomasson wirklich getötet hatte.

»Das grauenhafte Wirken von Maik Thomasson sprengt die Vorstellungskraft«, sagte der Sprecher der Staatsanwaltschaft in einer Pressekonferenz.

Svenja war wieder im Dienst. Thomandel hatte ihr allerdings untersagt, an den Verhören von Thomasson teilzunehmen. Äußerlich wirkte sie völlig unbeschadet, machte ihre Arbeit, gab sich wie immer, freundlich, wirkte unbeschwert.

»Was hast du?«, fragte sie, als Kammowski mal wieder von einem der Verhöre mit Maik Thomasson ins Büro zurückkehrte und niedergeschlagen wirkte.

»Ach, ich weiß auch nicht. Es ist schwer auszuhalten, wie dieser Widerling durch unsere Verhöre eine Bühne bekommt, um sich wichtigzutun. Kannst du dir das vorstellen? Der gibt regelrecht damit an! Keine Spur von Mitleid, von Reue.«

Svenja nickte. »Was sagen eigentlich die psychiatrischen Gutachter zu dem Mann? Der muss doch krank sein, oder?«

»Die sagen, er ist nicht krank, er ist keinesfalls schuldunfähig. Der hat genau gewusst, was er tut, aber es war ihm egal.«

»Und das soll nicht krank sein?«, zweifelte Svenja.

»Na ja, zumindest war er nicht durch Alkohol oder Drogen steuerungsunfähig, er hatte keine Psychose oder so. Der Gutachter sagt, er hat ein extrem geringes Selbstbewusstsein und war ständig auf der Suche nach Anerkennung.«

»Ich finde, die Krankenhäuser haben eine Mitschuld. Die hätten viel eher was merken müssen, hätten die Hinweise ihrer Mitarbeiter ernster nehmen müssen.«

»Ja, die Staatsanwaltschaft prüft noch, ob sie bei dem einen oder anderen Mitarbeiter der Krankenhäuser Anklage erheben wird.«

Eine Zeit lang arbeiteten sie schweigend jeder an seinem Schreibtisch. Dann sagte Kammowski: »Weißt du, was ich auch merkwürdig finde? Dass Thomasson den Mord an Franka Langer von sich weist. Fast alle anderen gesteht er oder hält es zumindest für möglich, dass er mitgemischt hat. Bei ihr sagt er: *Die hat es allein geschafft*. Außerdem hätte er in Moabit nicht mehr mit Kalium *gearbeitet*. Bei Frau Langer, die in der Nacht vom achtundzwanzigsten auf den neunundzwanzigsten April vorigen Jahres gestorben ist, ist noch während der Reanimation das Kalium abgenommen worden, und laut ihrer Krankenakte war der Wert viel zu hoch.«

»Vielleicht ist es in diesem Fall so, wie er sagt, und sie ist ohne fremdes Zutun gestorben. Oder er lügt, und sie gehört zu den Fällen, die wir nicht klären können. Du hast doch selbst gesagt, er erinnert sich nicht mal an alle Taten und er lügt, dass sich die Balken biegen. Warum sollte er hier die Wahrheit sagen?«

»Da hast du sicher recht«, sagte Kammowski.

KAPITEL 52

Kammowskis Mutter starb in der Nacht zu ihrem 84. Geburtstag. Ein friedlicher Tod in einer lauen Frühlingsnacht, durchdrungen vom Duft der blühenden Linden. *Ob sie den noch wahrgenommen hat?* Die Straße vor dem Heim war von Linden gesäumt. Sie standen in voller Blüte und berieselten die Autos darunter mit ihrem klebrigen Saft. Unwahrscheinlich, dass sie den Duft noch wahrgenommen hatte. Der Geruchssinn war mit das Erste, was sich bei der Alzheimererkrankung verabschiedete.

Friedlicher Tod, das sagte man wohl so, wenn jemand am Abend ins Bett gebracht wurde und am Morgen im selben aufgefunden wurde, so als sei er gerade erst eingeschlafen. Auf der Seite liegend, eingerollt, die Hand unter dem Kopf, eine Position, die sie zum Schlafen immer eingenommen hatte. Aber was war am Tod schon friedlich? Am Ende war ein ganzes Menschenleben mit all seinen Gedanken, Worten, Taten und Gefühlen doch einfach ausgelöscht.

Obwohl er nun schon lange damit gerechnet hatte, traf es Kammowski, als das Heim gegen sieben Uhr morgens anrief, wie ein Faustschlag in den Leib.

Es waren harte letzte Jahre gewesen, für sie und auch für ihn. Oft war es ihm lästig geworden, und an ihrem herben Charakter hatte er sich vor der Demenz oft gerieben. Aber er hatte sie sehr geliebt. Sie war ein streitsüchtiger und doch großzügiger, warmherziger Mensch gewesen, und sie hatte auch Kleinigkeiten in vollen Zügen genießen können. Auch noch in den letzten Phasen, als sie den Kaffee nicht einmal mehr als solchen hatte benennen können, war es vorgekommen, dass sie versonnen den Milchschaum von ihren Lippen leckte und ein inbrünstiges »Lecker!« von sich gab. Was blieb von einem Menschen außer solchen Erinnerungsfetzen?

Es war schwer gewesen, zuzusehen, wie sich ihre Person im Nichts der Demenz auflöste.

Ich weiche und ich war. Ich war und ich weiche.

Jetzt hatte sich ihre Prophezeiung vollendet.

Kammowski weckte Charlotte, rief im LKA an, und dann gingen sie gemeinsam ins Heim, wuschen sie, zogen ihr ihre Lieblingskleidung an, und Charlotte schmückte den Raum mit Blumen und Kerzen. Sie tat das alles weinend, aber mit einer großen zärtlichen Selbstverständlichkeit, obwohl es für sie der erste Kontakt mit dem Tod in der eigenen Familie war.

Sie hat nicht leiden müssen, sagten die Schwestern. Und: *Sie hat kein Bettlager gehabt,* es war ein guter Zeitpunkt, *um zu gehen.*

Kammowski nickte, aber es war ihm kein Trost. Es gab einfach keinen Trost.

Dann warteten sie auf die restliche Familie, die sich für den Abend angekündigt hatte.

Sie sieht schon so anders aus, dachte Kammowski, während er ihr starres und blasses Gesicht betrachtete. Die Haut über den Wangen war eingefallen und gelb. War das Leben aus dem Körper entwichen, war der nur noch eine leblose Hülle, wie die Haut, die die Schlange nach der Häutung zurücklässt. *Die Schlange kriecht weiter,* dachte er. *Was aber bleibt von uns?*

»Mein herzliches Beileid, und denken Sie bitte daran, dass das Zimmer innerhalb einer Woche geräumt sein muss«, sagte die stellvertretende Heimleiterin beim Abschied. Es war ihr sichtlich peinlich, das sagen zu müssen, aber sie war für den reibungslosen Ablauf verantwortlich, und der nächste Bewohner war schon über seine Einzugsoption informiert worden.

KAPITEL 53

Es ging wieder auf Mai zu. Die Obstbäume standen in voller Blüte, es war ein warmer, fauler Sonntagnachmittag. Sie saßen im Biergarten des Sandmann und sahen den Hummeln zu, die eifrig von Blüte zu Blüte eilten, um den Nektar des Flieders, der vom Nachbargrundstück herüberhing, zu sammeln. Klaus merkte an, wie wichtig es doch für den Menschen sei, einmal gar nichts zu tun, und schlug vor, vom Kaffee mit Kuchen zu einem gepflegten Bier überzugehen.

Christine hatte den Fall zum Anlass genommen, einen Artikel über die Mechanismen zu schreiben, die dazu führten, dass Menschen wie Maik Thomasson in Kliniken so lange ungehindert agieren konnten. Sie hatte mehrere Fälle recherchiert, und immer hatten Mitarbeiter etwas gemerkt, waren misstrauisch geworden, aber entweder hatten sie ihre Beobachtungen aus falsch verstandener Kollegialität oder Desinteresse nicht weitergegeben, oder die höheren Etagen waren mehr um den Ruf ihres Hauses als um den Schutz des einzelnen Patienten bemüht gewesen. Sie plädierte in ihrem Text dafür, dass Stellen eingerichtet wurden, wo man als Klinikmitarbeiter Beobachtungen auch anonym melden konnte. Lange diskutierten sie darüber, ob das nicht dem Denunziantentum Tür und Tor öffnen würde, und kamen zu keinem Ergebnis.

Schließlich entschieden Christine und Svenja, noch einen Spaziergang machen zu wollen, die Männer aber waren zu faul. Sie wünschten später im Sandmann abgeholt zu werden.

Kammowski kam das sehr zupass. Er hatte Klaus schon länger einmal allein sprechen wollen, es hatte sich aber keine Gelegenheit ergeben.

»Wie hat Svenja die Sache verkraftet, was meinst du?«, fragte er daher, kaum dass die Frauen gegangen waren.

Klaus überlegte lange. »Ich glaube nicht, dass sie will, dass ich mit dir darüber spreche.« Er zögerte, und Kammowski ließ einmal mehr die Stille für sich arbeiten. »Sie hat Albträume, sie hat Flashbacks«, sagte Klaus schließlich. »Sie entwickelt Panikattacken. Sie glaubt aber immer noch, dass sie das allein schafft.«

»Das habe ich mir schon gedacht«, murmelte Kammowski und nahm einen Schluck von seinem Bier. »Sieh zu, dass du sie in Behandlung bekommst.«

Klaus nickte. »Ich werde es versuchen.«

»Ist es dir ernst mit ihr?«, fragte Kammowski nach längerem Schweigen.

»Mir war es noch nie ernster«, antwortete Klaus.

Diesmal nickte Kammowski. »Was ist, wenn sie Kinder will?«

»Dann wird es allerdings schwierig«, sagte Klaus mit belegter Stimme.

Kammowski sah ihn alarmiert an.

Klaus räusperte sich. »Dann brauchen wir eine größere Wohnung. Noch Fragen, Kienzle?« Er griff nach seinem Bier.

»Für heute nicht, Hauser, aber demnächst wieder in dieser Sendung«, antwortete Kammowski und trank auch noch einen Schluck. Dann fragte er: »Der Wievielte ist heute eigentlich?«

»Heute ist der neunundzwanzigste April, warum fragst du?«

»Nur so«, sagte Kammowski. Dann stand er auf, teilte dem verdutzten Klaus mit, dass er beschlossen habe, nun auch noch einen Spaziergang zu machen, und bat ihn, Christine zu sagen, dass er in etwa zwei Stunden zu Hause sein werde.

»Aber ihr könnt mich doch nicht alle allein hier lassen«, jammerte Klaus, doch als er merkte, dass sein Jammern nichts half, seufzte er nur und winkte Anja nach einem weiteren Bier.

KAPITEL 54

Kammowski öffnete die kleine Eisenpforte, die rechts vom Hauptweg des Friedhofs für Fußgänger vorgesehen war. Die Aufhängung musste mal wieder geölt werden, das Quietschen schmerzte in den Ohren. Ein unvermittelter Windzug fuhr durch das dichte Blätterwerk der mächtigen Ulmen, die rechts und links des Eingangs standen, und brachte es zum Rauschen.

Kammowski sah zu den Bäumen auf.

Wie zwei Alte, die hier seit hundert Jahren auf der Bank sitzen und einander über die neuesten Entwicklungen des Tages auf dem Laufenden halten, dachte er grinsend. *Schau dir den Kammowski da unten an,* feixte die Ulme zur Linken, *der denkt, er hat den Jahrhundertfall erfolgreich gelöst, dabei weiß er gar nichts. Und der Ulmenmann zur Rechten schüttelte sich vor Lachen, und seine alten Knochen knarzten und ächzten.*

»Was wisst denn ihr schon«, fauchte Kammowski die Bäume an und schaute sich im selben Moment erschrocken um. Er wollte hier keineswegs dabei beobachtet werden, wie er sich mit Bäumen unterhielt. Aber die Sorge war unbegründet. Es war kurz vor sechs, der Friedhof schloss um sieben, weit und breit war keine Menschenseele zu sehen. Die Luft war noch mild; es war ein überraschend schöner Frühlingstag gewesen, und der kurze Regenschauer am Mittag hatte daran nichts geändert. Jetzt dampfte es von den Gräbern und Beeten, ein leicht modriger, würziger Geruch hing in der Luft.

Zügig passierte Kammowski den Soldatenfriedhof aus dem

Ersten Weltkrieg, dessen Grabinschriften kaum noch leserlich und von Moos überwuchert waren. Die gesamte Anlage wirkte etwas heruntergekommen und ungepflegt. Nicht so, wie Kammowski die Friedhöfe seiner Kindheit in Erinnerung hatte. Damals war es in der Familie üblich gewesen, dass man nach der sonntäglichen Kirche einen Gang zu den Gräbern machte. Seine Großmutter war sogar jeden Tag zum Friedhof gegangen, um die Gräber zu pflegen. Sie hatte zwei Kinder und ihren Mann überlebt. Der tägliche Weg war ihr Spaziergang, Pflichterfüllung, Tagesstruktur und Trauerarbeit zugleich gewesen. In schwarzem Kostüm und Hut war sie energisch ausgeschritten, bei jedem Wetter, bewaffnet mit einer großen Handtasche, aus der sie alles hervorzauberte, was man auf dem Friedhof brauchte: neue Blumen, die kleine Hacke, Poliermittel für den Grabstein, Gartenschere, Ersatzkerzen, Streichhölzer, ein Taschentuch, altes Brot, ein Bonbon.

Manchmal hatte Kammowski die Kerzen auf den Gräbern anzünden dürfen. Die Oma hatte seine Hand geführt, und *ratsch* war das Streichholz entzündet, und der Geruch von Schwefel zwickte in der Nase, und die aufregende Angst, sich zu verbrennen, hatte von ihm Besitz ergriffen. Dann hatten sie darüber gefachsimpelt, welche Blumen von den allgegenwärtigen Friedhofskaninchen gemieden und welche bis auf die Stängel abgefressen wurden; hatten überlegt, was das wohl für Menschen gewesen waren, die jetzt dort ruhten; hatten registriert, welche Gräber zuwucherten und welche gepflegt wurden; hatten Gräber gesichtet, bei denen sich die Erde abgesenkt hatte, weil der Sarg zusammengebrochen war, wie die Großmutter ihm erklärte – mit einer Miene, die sowohl ängstliches Grauen als auch wohliges Interesse zum Ausdruck brachte. Und ihm war auch ein Schauer über den Rücken gelaufen, wenn er sich vorstellte, wie die Erde jetzt ungehindert auf den armen Toten fiel. Dann hatte er sich in den tröstenden Arm der Großmutter geflüchtet, und alles war wieder gut gewesen. Irgendwann hatte er doch noch gefragt, ob die Würmer die Menschen denn wirklich auffressen würden, und die Oma hatte genickt und gesagt, das sei wohl der Lauf der Welt.

Und manchmal hatte die Oma sich breitschlagen lassen, noch den Umweg über das Kindergräberfeld zu nehmen. Hier waren die Gräber besonders schön geschmückt, und Kammowski hatte sich vorgestellt, wie es wäre, wenn er tot und hier beerdigt wäre. Hatte sich ausgemalt, wie Oma Kammowski und die Eltern an seinem Grab weinten und dass dort vielleicht auch so ein schöner weißer Engel mit rotem Herz stünde. Dann war er aber auch gern wieder gegangen, um am Teich mit dem Brot, das Oma aus ihrer Tasche zauberte, die Enten zu füttern.

Kammowski hatte gelesen, dass die deutsche Friedhofskultur neuerdings zum Weltkulturerbe gerechnet wurde. Damit war nicht etwa Förderung verbunden, denn es waren nicht die Friedhöfe selbst, die Parkanlagen, die geschützt wurden, sondern die Art des Totenkults. Aber gehörte der nicht längst der Vergangenheit an? Wer pflegte denn heute noch Angehörigengräber? Er selbst hatte die Gräber seiner Familie seit Jahren nicht mehr besucht. Wer wohnte schon noch an dem Ort, an dem er seine Wurzeln hatte? Zum größten Teil existierten die Gruften gar nicht mehr, waren nach Ablauf der Frist von den nächsten Angehörigen nicht wieder aufgekauft worden. Vor Jahren hatte er einmal nach dem Grab seiner Großmutter gesucht. Es war einer Grasfläche gewichen, wie viele andere Gräber auch. Seine Mutter hatte sich eine Seebestattung gewünscht und auch bekommen. Sie hatte ihre Kinder nicht mit

Grabpflege belasten wollen. Mit Wehmut dachte er nun daran, dass er nie ihr Grab würde besuchen können. Wohin mit der Trauer, wenn es keinen Ort gab, wo man sie hintragen konnte?

Er ließ den großen Urnenfriedhof rechts liegen und steuerte ein Gräberfeld an, das, von einer Hainbuchenhecke umgeben, offenbar neu angelegt worden war. Es gab hier erst wenige frische Grabstellen.

Vor einer stand reglos der Mann, den Kopf gesenkt, in der Rechten einen Fliederzweig. Er schien ganz in sich und seine Trauer versunken, schaute aber kurz auf und nickte Kammowski zu, als dieser sich näherte. Wenn er erstaunt war, Kammowski hier zu sehen, ließ er sich das nicht anmerken. Auch Kammowski sagte zunächst nichts.

»Ich wollte ihr nur kurz etwas Flieder bringen. Der ist dieses Jahr wieder früh mit der Blüte.«

Kammowski nickte. Träge Stille breitete sich zwischen ihnen aus. Sie hatte nichts Bedrohliches, eher etwas Verbindendes.

»Woher wussten Sie, dass ich hier bin?«

»Wusste ich nicht.«

Diesmal nickte der Mann. »Überfluss mochte sie nicht.« Er wies auf den einzelnen Fliederzweig in seiner Hand. Sie hat es eher einfach geliebt. Aber in diese Wohncontainer hätte sie auch nicht gewollt.« Er zeigte auf den Bereich, der sich hinter der Hecke anschloss; dort waren Begräbnisstätten für Urnen angelegt, und zwar so, dass gleich mehrere Urnen übereinander Platz fanden.

Wieder nickte Kammowski. Er fand diese neue Begräbnisform auch etwas verstörend. Hier konnte man nicht einmal ein paar Blumen auf ein individuelles Grab legen. Außerdem waren diese Betonklötze, wenngleich mit Marmorplatten verziert, in seinen Augen der Inbegriff stilistischer Verfehlung. Aber sie kamen vermutlich dem Zeitgeist näher.

»Ich mag die auch nicht«, sagte er und wandte sich wieder dem Mann zu, der immer noch seinen Fliederzweig in der Hand hielt. »Sie haben sie sehr geliebt.«

Es war, als müsste der Mann überlegen. Dann sagte er: »Sie war alles für mich.« Er brach ab, als hätten seine Worte den Sachverhalt nicht ganz getroffen. Schließlich fragte er: »Sind Sie religiös, Herr Kommissar?«

Kammowski zuckte etwas hilflos mit den Achseln »Manchmal ja.«

Ein Lächeln huschte über das Gesicht des Mannes und brach sich sogleich wieder in seiner Trauer. »Mir geht es ähnlich, aber wenn ich beschreiben soll, was ich für diese Frau empfunden habe, dann komme ich nicht umhin, göttliche Fügung für möglich zu halten.« Er suchte nach Worten. »Verstehen Sie, es war diese absolute Gewissheit, dass diese Frau für mich geschaffen war und ich für sie. Von der Sekunde an, als wir uns trafen, bis zu ihrem letzten Atemzug.« Der Mann sah ihn aufmerksam an. Als er merkte, dass Kammowski mit einer Antwort zögerte, fuhr er fort: »Ja, ich weiß schon, das ist eine sehr romantische Sichtweise, aber ich habe es eben immer genau so empfunden. Meine Frau war da auch pragmatischer. Sie war eher der Meinung, dass zwei Menschen, wenn sie sich verlieben, sich im besten Falle aufeinander zubewegen und genau diejenigen Facetten ihrer Persönlichkeit entwickeln, die in dieser einen Zweisamkeit Sinn machen, sodass sie gemeinsam ein neues Ganzes werden können. Was im Umkehrschluss bedeutet: Hätten sie sich einem anderen Partner geöffnet, wären sie anders geworden, genauso einmalig, aber eben etwas anders.« Wieder machte er eine Pause. »Mich hat diese Sichtweise gestört, jedenfalls am Anfang. Es hat mir gefallen, mir vorzustellen, dass wir unter Billionen möglicher Paarbildungen die einzig richtige, von einer höheren Macht vorbestimmte waren. Ich wollte mir nicht vorstellen, dass sie mit einem anderen Mann vielleicht genauso glücklich geworden wäre. Ich war lange eifersüchtig. Eifersüchtig auf eine theoretische Alternative.« Er schüttelte den Kopf, grinste etwas verlegen. »Aber Sie sind nicht gekommen, um mit mir über Partnerwahl zu philosophieren?«

»Wollen wir uns vielleicht einen Moment setzen?«, fragte Kammowski und wies auf eine Bank ein Stück den Weg hinauf Richtung Urnenfriedhof. Der Mann nickte, legte seinen Fliederzweig aufs Grab und folgte Kammowski, der bereits in Richtung der Bank unterwegs war.

»Ich wollte Ihnen mitteilen, dass wir den Fall weitgehend abgeschlossen haben und der Meinung sind, dass möglicherweise auch Ihre Frau den Machenschaften von Maik Thomasson zum Opfer gefallen ist. Wir werden uns damit abfinden müssen, dass wir nicht alles aufarbeiten und beweisen können, aber wir glauben inzwischen, dass dieser Kerl mehr als hundert Menschen auf dem Gewissen haben könnte.«

Dr. Langer nickte leise. »Es ist gut, dass Sie ihm das Handwerk gelegt haben. Es ist schrecklich, sich vorzustellen, dass ausgerechnet an einem Ort, an dem man Hilfe erfahren möchte und selbst hilflos ist, in einem Krankenhaus, solche Dinge passieren.« Wieder zögerte er und fuhr dann fort: »Aber nicht immer ist der Tod das Schlimmste, was uns passieren kann.«

»Sie meinen, bei Ihrer Frau war der Tod eher Erlösung?« Und als der Mann wieder nickte: »Darf ich Sie etwas Persönliches fragen, Herr Langer? Haben Sie nie mit Ihrer Frau darüber gesprochen, wie im Fall der Fälle verfahren werden sollte? Ich meine, so etwas kann man doch heute vorab klären.«

»Wir haben sogar oft darüber gesprochen. Sie hatte große Angst davor, irgendwann hilflos an Maschinen zu hängen. Wir hatten einen ähnlichen Fall bei Freunden. Immer wieder hat sie gesagt, dass sie so nicht enden will. Sie war eine starke, auf ihre Unabhängigkeit bedachte Frau. Sie hat immer gesagt, sie will nicht am Ende ihres Lebens auf die Hilfe Fremder angewiesen sein. Und plötzlich waren wir genau in dieser Situation, und ich musste zusehen, wie sie über Wochen unendlich gelitten hat. Ich stand hilflos daneben und konnte nichts tun.«

Tränen glänzten in seinen Augen, er wischte sie achtlos mit dem Handrücken weg.

»Aber Sie sind doch der nächste Verwandte Ihrer Frau. Sie hätten mit den Ärzten darüber sprechen können, hätten vermitteln können, dass es nicht der Wille Ihrer Frau war, durch Maschinen und Schläuche am Leben erhalten zu werden. Hätte man dann nicht schon früher alle lebenserhaltenden Maßnahmen begrenzen können? Sie sind doch vom Fach!«

Lange schwieg der Mann. Dann sagte er: »Ach, wissen Sie, solche Entscheidungen haben ja viele Facetten. Selbst wenn Sie genau zu wissen meinen, was Ihr geliebter Angehöriger gewollt hätte – man hat ja selbst auch Gefühle, man hat Hoffnung, die man nicht aufgeben möchte. Außerdem war ich nicht ihr nächster Angehöriger. Wir waren nicht verheiratet. Und wir hatten es leider versäumt, eine Vorsorgevollmacht auszufüllen, in der sie mich als ihren Bevollmächtigten hätte verfügen können. Man denkt immer, das hat noch Zeit. Irgendwas kommt immer dazwischen, anderes ist doch wieder wichtiger. Und wie gesagt, man rechnet nicht damit, dass genau dieser Fall so plötzlich eintritt. Wie bei Franka, die von einem Tag auf den anderen schwer krank wurde. Wir hatten es einfach versäumt, das schriftlich zu regeln.«

Er streckte sich einmal kurz und holte tief Luft, als müsse er erst Mut fassen, um weiterzusprechen.

»Franka hatte einen Sohn aus einer früheren Ehe. Es war eine unerträgliche Ehe mit viel Missgunst und Gewalt, und sie hat lange gebraucht, um sich daraus zu befreien. Als sie den Mann schließlich verließ, war der Junge dreizehn Jahre alt. Er entschied sich, beim Vater zu bleiben, und verweigerte danach jeden Kontakt zu seiner Mutter. Dieser Sohn ist heute erwachsen und hat es seiner Mutter nie verziehen, dass sie die Familie verlassen hat. In der Klinik aber hat er sich als der einzige Verwandte vorgestellt und wollte mir sogar verbieten, an ihrem Krankenbett zu sitzen. So weit ist er dann zum Glück doch nicht gegangen. Als ihm dämmerte, dass er der Alleinerbe ihres Vermögens sein würde, ward er ohnehin nicht mehr gesehen und wartete nur auf den Tag ihres Todes.« Ein bitterer Ausdruck trat auf sein Gesicht. »Franka hat all die Jahre versucht, in einen normalen Kontakt zu ihrem Sohn zu kommen, aber der Zug war wohl abgefahren. Der Sohn hat sich hartnäckig von ihr verraten und verlassen gefühlt. Die einzige Genugtuung, die er für sich akzeptieren konnte, war, sie auszunehmen wie eine Weihnachtsgans. Das hat er all die Jahre, die ich ihn kenne, gemacht, und mit ihrem Tod hat es seinen Höhepunkt gefunden.«

»Das heißt, Sie haben gar nichts geerbt?«

»Nein, aber das macht nichts. Ich bin nicht reich, aber ich komme gut zurecht. Wir haben die Wohnung, die formal mir allein gehört, und ich habe mein eigenes Einkommen. Mehr brauche ich nicht. Das Geld war das Letzte, was mir an Franka wichtig war.«

Kammowski nickte. Niemand sprach, und das lautstarke Zwitschern der Vögel aus der Hainbuchenhecke hinter ihnen füllte die Gesprächspause wie ein Intermezzo. Die Sonne warf bereits längere Schatten.

Kammowski schaute auf die Uhr. »Der Friedhof wird bald geschlossen. Wir wollen uns hier lieber nicht einschließen lassen.«

Sie standen auf.

»Bei der Lösung des Falles hat uns ein anonymer Informant sehr geholfen.«

»Ach ja, wieder dieser anonyme Brief?« Allenfalls ein leises Zucken im Augenwinkel des Mannes wies auf eine gewisse Anspannung hin.

»Wir wissen nicht, wer er ist, aber der Informant muss profunde medizinische Sach- und Ortskenntnis haben«, fuhr Kammowski unbeirrt fort. »Er hat uns darauf gebracht, den Kaliumspiegel bei den Verstorbenen zu untersuchen.«

»Hm, dann hat dieser Pfleger seine Opfer mit Kaliuminjektionen getötet?«, fragte der Mann leichthin.

»Das genau ist etwas merkwürdig.« Kammowski machte eine Kunstpause, bevor er weitersprach. »Nur ein Tod im Moabiter Klinikum ist vermutlich durch Kalium verursacht worden: der Ihrer Frau. Zumindest war der letzte Wert, kurz nach der Reanimation, die sie ja zunächst überlebt hatte, sehr hoch. Man hat noch versucht, den Wert zu senken, aber es war zu spät. Bei den anderen Opfern hat Maik Thomasson mit den Medikamenten Lidocain oder Ajmalin versucht, eine Herzkrise auszulösen.« Wieder schwieg er und forschte im Gesicht seines Gegenübers, das aber keinerlei Regung zeigte. »Thomasson bestreitet jede Mitwirkung am Tod Ihrer Frau. Das muss nicht viel heißen. Es gibt über die Jahre so viele Opfer, dass er sich nicht mehr an alle Fälle erinnern kann. Aber er sagt, dass er zwar früher, in der anderen Klinik, gern Kalium verwendet, dann aber damit aufgehört hat. Zuletzt hat er jedenfalls kein Kalium mehr eingesetzt. Bei Ihrer Frau sind aber sehr hohe Kaliumwerte gemessen worden.«

»Auf einer Intensivstation kann das ja viele Ursachen haben«, sagte Martin Langer vorsichtig.

»Auch das wissen Sie sicher besser als ich«, erwiderte Kammowski vage.

Die Spannung zwischen ihnen war mit Händen zu greifen. Es war noch nicht alles gesagt. Sie waren am Friedhofstor angekommen, und keiner sprach. Die Ulmen unterhielten sich auch nicht mehr miteinander, wie Kammowski feststellte.

Mit einem Mal verdunkelte sich der Horizont, den eben noch die untergehende Sonne in warme Farben getaucht hatte. Ein großer Schwarm Krähen näherte sich von Westen her, kreiste in großen Wogen am Himmel, verdeckte die Sonne, gab sie wieder frei, nahm hinzustoßende Kleinschwärme auf, schwoll an, teilte sich in ästhetische Bögen, um erneut eine einheitliche Formation zu bilden und sich schließlich mit meckerndem Gekreische auf seinem Schlafplatz, den beiden Ulmen, niederzulassen. Dort begann ein lautstarker Kampf ums Revier, das gegen rangniedere Artgenossen und die sie beobachtenden Männer verteidigt werden musste. Als die Vögel begriffen, dass von Letzteren keine Bedrohung ausging, und jeder seinen Schlafplatz gefunden hatte, wurde es allmählich still.

Eine Zeit lang blieben Kammowski und Langer, fasziniert

von dem beeindruckenden Schauspiel, noch stehen und lauschten dem Abendlied, das die Natur um sie herum anstimmte.

»Ich muss dann mal«, sagte Kammowski schließlich.

»Sie wollen mich nicht mitnehmen?«, fragte der Mann.

Kammowski sah ihn etwas schief von der Seite an. »Nichts für ungut, aber es ist schon spät, und ich bevorzuge es doch, allein nach Hause zu meiner Freundin zu gehen. Ich muss Sie in Ihrer Trauer wohl allein lassen.«

»Und das Kalium?«

Kammowski schüttelte leicht den Kopf. »Es bleiben Ungereimtheiten, das schon. Aber ob dieser Thomasson jetzt die Wahrheit sagt – wer weiß das schon? So, wie der uns angelogen hat …«

Wieder schwiegen sie.

Trotz seiner exzellenten Selbstbeherrschung war dem Mann eine gewisse Erleichterung anzuhören, als er sagte: »Sprechen Sie mit Ihrer Freundin heute Abend vielleicht mal über eine Vorsorgevollmacht, Herr Kommissar.«

»Sicher nicht. Wenn ich das mache, verlässt sie mich. Sie fühlt sich ohnehin seit Monaten vernachlässigt. Der Fall hat mich ziemlich absorbiert.«

»Ja, so ist es immer. Der Krug geht so lange zum Wasser, bis er bricht.«

Kammowski nickte und grinste. »Vielleicht morgen.« Dann hob er die Hand zum Gruß und wandte sich in Richtung Parkplatz.

Und als wollten sie das Gesagte mit der Weisheit ihrer zweihundert Jahre Erfahrung kommentieren, nahmen die Ulmen ihr Raschelkonzert wieder auf, und Kammowski bildete sich ein, dass sie ihm diesmal beipflichteten.

NACHWORT

Zunächst möchte ich mich bei Ihnen, liebe Leserin, lieber Leser, herzlich bedanken. Der ein oder andere hat nun schon das dritte Buch von mir gelesen, und viele haben sich die Mühe gemacht, mir zu schreiben, und mich ermutigt, weiterzumachen. Das war mir eine große Hilfe, und jede Ihrer E-Mails hat mich sehr gefreut; so manche Anregung hat mir weitergeholfen. Wenn Sie also Lust haben, dann schreiben Sie mir auch diesmal wieder oder erstmals Ihre Meinung an sabine@fitzek.de.

Zum Thema dieses Buches: Morde in Krankenhäusern und Pflegeheimen erschüttern die Öffentlichkeit immer wieder. Erst im April dieses Jahres kamen in einem Potsdamer Heim anscheinend mehrere Menschen mit Behinderung durch die Hand ihrer langjährigen Pflegerin gewaltsam ums Leben. Die Ermittlungen laufen noch, aber offenbar war die Tat für niemanden vorhersehbar gewesen. Zurück bleiben traumatisierte Angehörige, die sich fragen, wie so etwas passieren konnte.

Der Fall des Niels Högel, der von 1999 bis Mitte 2005 als Krankenpfleger in Niedersachsen tätig war, ging als größte Mordserie in die bundesdeutsche Kriminalgeschichte ein. Er sprengte in seinem Ausmaß nicht nur unser aller Vorstellungsvermögen, sondern regte auch zum Nachdenken darüber an, ob die gegebenen Strukturen, die Gesetze und Kontrollmechanismen in Kliniken und Heimen ausreichen, um Derartiges in Zukunft zu verhindern.

Im Fall Högel leiteten die Behörden 332 Ermittlungsverfahren ein. Viele Fälle konnten nicht geklärt werden, weil der Beschuldigte sich nicht mehr an Einzelheiten erinnerte, weil Patienten feuerbestattet waren oder der Zustand der Leichen keine toxikologischen Untersuchungen mehr zuließ. Nach früheren Prozessen wurde Niels Högel am 6. Juni 2019 letztmalig in 85 Fällen schuldig gesprochen und zum zweiten Mal zu einer lebenslangen Freiheitsstrafe verurteilt. Das Gericht stellte hierbei die besondere Schwere der Schuld fest. Das Urteil wurde am 11. September 2020 vom Bundesgerichtshof bestätigt.

Im Nachgang gab es sowohl gegen einen Staatsanwalt als auch gegen die Kliniken und einzelne Klinikmitarbeiter Anschuldigungen, sie seien Hinweisen nicht mit Nachdruck nachgegangen, hätten aus Beobachtungen keine oder die falschen Schlüsse gezogen.

Im Februar 2015 installierte der Niedersächsische Landtag einen Sonderausschuss zur *Stärkung der Patientensicherheit und des Patientenschutzes,* der vorhandene Kontrollmechanismen im Gesundheitswesen kritisch hinterfragen sollte. Als Konsequenz sollen in Niedersachsen bis zum 1. Januar 2022 an allen Krankenhäusern Stationsapotheker eingestellt und klinikinterne Arzneimittelkommissionen (AMK) etabliert werden, die Medikamentenauffälligkeiten registrieren und hinterfragen. In jeder Klinik soll ein anonymes Fehlermeldesystem eingerichtet werden (Critical Incident Reporting System, CIRS), in dem Klinikmitarbeiter Auffälligkeiten anonym anzeigen können. Darüber hinaus wurde angeregt, regelmäßige Mortalitäts- und Morbiditäts-Konferenzen (MMK) abzuhalten, in denen akute Verschlechterungen und Todesfälle systematisch hinterfragt werden.

Auch in Krankenhäusern anderer Bundesländer sind CIRS, MMK-Konferenzen und klinikinterne Arzneimittelkommissionen längst etabliert, wenn auch nicht immer gesetzlich vorgegeben.

Aber selbst die beste Struktur muss letztlich scheitern, wenn der Einzelne sich seiner Verantwortung nicht bewusst ist, wenn Arbeit als quälendes Hamsterrad empfunden wird, in dem man zwar täglich notgedrungen seinen »Strampeldienst« ableistet, aber nicht mehr mit dem Herzen dabei ist.

Obwohl sich dieser Krimi auf die Ereignisse rund um Niels Högel bezieht, ist dies kein Tatsachenroman. Die Einzelheiten der Ereignisse, die Charaktere der beteiligten Menschen sind frei erfunden und haben nichts mit der Person Niels Högel, mit seinen Opfern oder seinem Umfeld zu tun. Insbesondere die beschriebenen Motive, Handlungen und Persönlichkeiten beteiligter Personen sind frei erfunden.

Mich hat auch weniger die Person des Täters interessiert als vielmehr die theoretische Frage, wie es möglich ist, dass solche Taten in den Kliniken so lange unbemerkt bleiben oder, noch schlimmer, bemerkt, aber nicht entsprechend gewertet werden. Auch hier habe ich keinerlei Recherche im Fall Högel oder anderer realer Fälle betrieben, die über das Lesen einschlägiger Berichte in der Presse hinausgegangen wäre, sondern allein aus meiner eigenen klinischen Erfahrung geschöpft und Situationen und Personen frei konstruiert und erfunden. Mit den tatsächlichen Abläufen damals in den Kliniken Oldenburg und Delmenhorst, wo Niels Högel sein Unwesen trieb, haben sie nichts zu tun.

Berlin, im Juli 2021